《2015中国区域经济发展报告》

学术委员会

上海财经大学创新基地建设项目资助
国家社科基金重大项目"新型城镇化背景下城市边界调整与
城市综合承载力提升路径研究"阶段性成果

2015

中国区域经济发展报告
——中国城市群可持续发展

2015 ZHONGGUO QUYU JINGJI FAZHAN BAOGAO

上海财经大学区域经济研究中心
张学良　主　编

人民出版社

责任编辑：陈　登

图书在版编目（CIP）数据

2015 中国区域经济发展报告：中国城市群可持续发展/张学良 主编.
　—北京：人民出版社，2016.4
ISBN 978 - 7 - 01 - 016100 - 6

Ⅰ.①2… Ⅱ.①张… Ⅲ.①区域经济发展-研究报告-中国- 2015
②城市群-可持续发展战略-研究报告-中国　Ⅳ.①F127②F299.27

中国版本图书馆 CIP 数据核字(2016)第 080150 号

2015 中国区域经济发展报告

2015 ZHONGGUO QUYU JINGJI FAZHAN BAOGAO
——中国城市群可持续发展

上海财经大学区域经济研究中心

张学良　主编

人 民 出 版 社 出版发行
(100706　北京市东城区隆福寺街 99 号)

北京新华印刷有限公司 印刷　新华书店经销

2016 年 4 月第 1 版　2016 年 4 月北京第 1 次印刷
开本：710 毫米×1000 毫米 1/16　印张：25.25
字数：384 千字

ISBN 978 - 7 - 01 - 016100 - 6　定价：75.00 元

邮购地址 100706　北京市东城区隆福寺街 99 号
人民东方图书销售中心　电话 (010)65250042　65289539

前　　言

　　2003 年以来，上海财经大学区域经济研究中心根据我国区域经济发展的重大命题，邀请国内相关学者共同参与进行专题研究，每年编写并出版《中国区域经济发展报告》，针对中国区域经济发展中的重大理论及现实问题进行专题研究，2003 年的主题是"国内及国际区域合作"，2004 年的主题是"东北老工业基地振兴"，2005 年的主题是"长江三角洲区域规划及统筹发展"，2006 年的主题是"长江经济带区域统筹发展及'黄金水道'建设"，2007 年的主题是"中部塌陷与中部崛起"，2008 年的主题是"西部大开发区域政策效应评估"，2009 年的主题是"长江三角洲与珠江三角洲区域经济发展比较"，2010 年的主题是"长三角区域一体化研究"，2011 年的主题是"从长三角到泛长三角：区域产业梯度转移的理论与实证研究"，2012 年的主题是"同城化趋势下长三角城市群区域协调发展"，2013 年的主题是"中国城市群的崛起与协调发展"，2014 年的主题是"中国城市群资源环境承载力"。2007 年还以"区域发展总体战略与城市群规划"为专题撰写了《2007 年中国区域经济发展报告特刊》。2003 年至今这一系列报告已连续出版了 12 年共 13 本，在社会上形成了很好的口碑，成为上海财经大学的一大品牌。

　　从 2013 年开始，我们在听取了国内外区域经济研究专家学者的建议基础上，将研究方向进一步聚焦，重点关注中国城市群，编写体例也更为成熟。《中国区域经济发展报告》2013 年的主题确定为"中国城市群的崛起与协调发展"，初步提出了"城市群经济"的理论体系，形成了"总论"

"专题研究""数据分析"三部分的编写体例。2014 年的主题确定为"城市群资源环境承载力",继续进行深入研究。2015 年的主题为"中国城市群可持续发展"。2015 年中央城市工作会议提出创新、协调、绿色、开放与包容的发展理念,为城市可持续发展注入了新理念。自工业革命以来,人类社会创造了超过以往所有时代的物质财富,同时也面临人口膨胀、发展失衡、资源枯竭、环境恶化等重大挑战。1962 年美国生物学家蕾切尔·卡逊在《寂静的春天》中提出了可持续发展的思想,从 1972 年开始,联合国每隔 20 年会召开一次可持续发展大会,2012 年,联合国可持续发展大会通过了成果文件《我们憧憬的未来》,达成了"可持续发展是每一个国家、每一个组织、每一个人的共同责任"的广泛共识。城市是全球可持续发展的主要载体,工业革命以来城市逐渐成为人类经济、社会活动的中心,得到了空前的繁荣和发展,城市人口数量已由 1800 年占世界总人口的 10%,增至 2008 年的 50%。与此同时,城市也出现了一系列严重的问题:城市规模越来越大,给地球造成巨大的压力;不同历史时期和阶段的城市环境、经济和社会问题相互作用和累加,使得本来问题已十分严重的城市更加脆弱。只有城市走上可持续发展之路,才会有国家乃至全球的可持续发展。与《2013 中国区域经济发展报告》相类似,我们提出城市资源环境承载力的提升与城市可持续发展,需要放在城市群与区域的更大空间视角来思考,城市的可持续发展也需要与城市群的可持续发展相结合,加强区域合作,优化资源在区域的优化配置,利用城市之间的协同发展来化解各类"城市病",实现城市可持续发展。此外,在《2015 中国区域经济发展报告》里,我们还将在城市群竞争力分析的基础上,进一步提出城市群可持续发展竞争力的实证框架,对中国城市群可持续发展进行实证分析。

本报告的研究思路和整体框架如下:第一部分为总论,包括第 1 章和第 2 章。第 1 章分析了中国城市化与城市群经济发展的新特征,提出了城市可持续发展需要向城市群可持续发展转变,并总体介绍了中国城市群可持续发展竞争力的实证分析结果;第 2 章结合本报告的主题,重点介绍了城市群可持续发展的内涵与理论分析框架。第二部分为专题研究,是本报告的主体部分,包括从第 3 章到第 7 章的内容。第 3 章完善了城市群可持续发展竞争力的理论分析基础,继续将中国城市群划分为成熟型城市群、发展型城市群与形成型城市群这三大类，并运用规范分析方法，对中国城市群的可持续发展进行了详细分析；第 4—6 章根据第 3 章对中国城市群的划分，分别就成熟型城市群、发展型城市群与形成型城市群展开分析；第 7 章提出了提升中国城市群可持续发展的战略思路与战略举措。第三部分为数据分析，包括第 8 章，重点整理了中国城市群的主要统计资料。需要说明的是，本研究报告参考了许多参考文献，在此表示感谢，没有完全一一列出，敬请读者谅解。

　　本研究报告是上海财经大学创新基地建设项目，也是国家社科重大项目"新型城镇化背景下城市边界调整与城市综合承载力提升路径研究"的阶段性成果。报告的主题设计、框架确定、观点整合、课题组织由张学良负责。各章撰写工作如下：第 1 章，张学良、王舒宁；第 2 章，张学良、杨朝远；第 3 章，张学良、李培鑫；第 4 章，李丽霞、孟美侠；第 5 章，杨嬛；第 6 章，郑法川；第 7 章，豆建民、张可；第 8 章，廖翊杰。

张学良

2015 年 12 月于上海财经大学红瓦楼

目 录

第一部分 总 论

第二部分 专题研究

第三部分　数据分析

第一部分　总　论

1

中国城市群
发展的新趋势

1.1 中国城镇化与城市群发展的新趋势

改革开放以来，中国经济取得奇迹式增长，在过去三十多年的时间里，年均增长率高达 9.8%，经济总量位居全球第二。与中国经济高速增长相伴随的是城镇化的快速发展，中国城镇居民从 1978 年的 1.7 亿增加到 2014 年的 7.5 亿，城镇化率则从 1978 年的 17.9% 增加到 2014 年的 54.77%，平均每年提高 1 个百分点，近年来城镇化率的增长还有加快的趋势，城市群也成为城镇化的主体形态。快速的城镇化使得城市资源环境承载能力面临挑战，如何实现城市可持续发展成为当代中国需要回答的重大现实命题。总体来说，改革开放以来中国的城镇化进程和城市群发展呈现出了以下的特点：

（1）城镇化水平不断提高，但相比经济发展水平和非农化率仍存在一定滞后

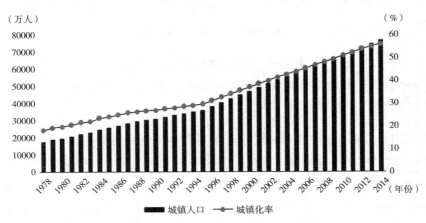

图 1—1　中国城镇人口和城镇化率演变趋势

资料来源：国家统计局网站。

改革开放以来，中国的城镇化开始得到发展，城镇人口比重不断上升，图 1—1 显示了这种变化趋势。进一步分阶段来看，中国的城镇化率在 1996 年首次突破 30%，在此之前的近 20 年时间里，中国的城镇化进程相对较为缓慢，从 1978 到 1996 年，中国的城镇人口由 1.72 亿增加到 3.73 亿，年均增加 1114 万人，城镇化率则由 17.92% 提高到 30.48%，年均提高 0.7 个百分点。而在 1996 年之后，中国的城镇化开始加速，从 1996 年到 2014 年，城镇人口由 3.73 亿人增加到 7.49 亿人，年均增加 2090 万人，城镇化率则从 30.48% 提高到了 54.77%，年均提高 1.35 个百分点。而目前接近 55% 的城镇化率水平也意味着中国的城镇人口数量已经超过了农村人口，城市化进入到一个新的阶段。

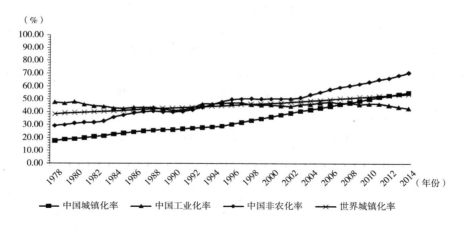

图 1—2　中国城镇化率的比较分析

注：工业化率是指第二产业产值比重，非农化率是指第二产业和第三产业的就业比重。
资料来源：国家统计局网站、世界银行网站。

图 1—2 显示了中国的城镇化水平与世界平均水平的比较，可以看出，改革开放之初的中国城镇化率只有世界平均水平的一半，但随着中国城镇化的快速推进，两者之间的差距不断缩小；而到 2012 年之后，中国的城镇化率已经超过了世界的平均水平。此外，城镇化的进程意味着劳动力从农业部门向非农部门的转移，因此这里还比较了中国的城镇化与工业化以及非农化的关系，也反映在图 1—2 之中。中国的城镇化依赖于工业化的带

动，工业化发展长期以来超前于城镇化，但自 2008 年以来，城镇化水平实现了对工业化的超越。然而，劳动力在城市不仅会从事第二产业就业，还会从事服务业，如果考虑综合反映劳动力在二产、三产就业的非农化率指标，则会发现非农化率与城镇化率的比值一直在 1.25 以上，中国城镇化的发展仍然存在一定的滞后。

（2）城镇数量不断增加，城市体系规模结构处于不断的演变之中

伴随着城镇化水平的不断提高，中国的城镇数量也在不断增加。由表 1—1 可以看出，从 1978 年到 2014 年，中国的城市数量由 193 个增加到 653 个，其中地级及以上城市由 101 增加到 292 个，县级市由 92 个增加到 361 个，与此同时，建制镇的数量也由 2176 个增加到 20401 个。而在此过程中，中国的城市体系结构也经历了由分散到集中的调整和演变。在 20 世纪 80 年代和 90 年代，中国实行的是"严格控制大城市规模，合理发展中小城市，积极发展小城镇"的城镇化战略，中小城市和小城镇在这个时期得到了快速的发展，数量急剧增加，所拥有的非农人口占全国总体的比重也不断提高，从而城市的平均规模呈现出下降的趋势，城市人口的分布更加分散。根据表 1—1，从 1978 年到 1995 年，小城市和中等城市的数量分别由 93 个和 60 个增加到了 373 个和 192 个，中小城市的非农人口占比也由 37.5% 提高到了 50.2%，同时可以发现的是，中小城市的这种发展主要表现为县级市的急剧扩张。但对此也有一点需要注意，即城市数量的增加也可能仅仅只是行政区划调整的一种反映，并不完全是由于城市化所引起，在此情况下，城市体系的分散化趋势会被高估。虽然大城市的发展在此阶段受到抑制，但也可以看到大城市和特大城市的数量却并没有减少，在一定程度上反映出其所具有的规模经济会对劳动力产生较大的吸引力，而这在 20 世纪 90 年代后期逐步放开对大城市的限制之后表现得更加明显。人口空间分布的集中化成为最近十多年来城市体系调整的主要特征，基于市场规律下的集聚经济效应，大城市和特大城市在吸引人口流入方面表现出了较大的优势。从 1995 年到 2004 年的十年时间里，大城市和特大城市的数量分别增加了 36 个和 18 个，非农人口占比则提高了 11.6%。然而，这既有可能是劳动力向大城市流动所致，也有可能是由于撤县设区的行政区划调整所致。

表 1-1　中国城市体系的演变趋势

年份	城市数量（个）			建制镇数量（个）	城市非农人口（万人）	城市平均规模（万人）	小城市		中等城市		大城市		特大城市	
	总计	地级市	县级市				数量（个）	人口占比（%）	数量（个）	人口占比（%）	数量（个）	人口占比（%）	数量（个）	人口占比（%）
1978	193	101	92	2176	7986.66	41.38	93	14.1	60	23.4	27	25.0	13	37.5
1985	324	165	159	9140	11821.74	36.49	179	17.0	93	24.3	31	19.4	21	39.3
1990	467	188	279	12084	15037.80	32.20	291	21.5	117	24.4	28	12.6	31	41.6
1995	640	213	427	17532	20022.20	31.28	373	21.4	192	28.8	43	14.8	32	34.9
2000	663	263	400	20312	23034.42	34.74	352	18.5	218	28.6	53	15.6	40	37.3
2004	661	287	374	19883	26798.45	40.54	314	14.2	218	24.8	79	19.9	50	41.1
2010	657	287	370	19410	—	—	—	—	—	—	—	—	—	—
2014	653	292	361	20401	—	—	—	—	—	—	—	—	—	—

注：小城市是指市区非农人口小于 20 万的城市，中等城市是指市区非农人口在 20 万—50 万之间的城市，大城市是指市区非农人口在 50 万—100 万之间的城市，特大城市是指市区非农人口大于 100 万的城市。城市非农人口从 2009 年不再统计。

资料来源：《新中国城市 50 年》、历年《中国城市统计年鉴》、国家统计局网站。

（3）城镇化进程存在显著的地区差异，东部地区城镇化水平高于中西部地区

由于各地区在先天发展条件和后天享受政策方面存在不同，中国的城镇化也表现出了显著的地区差异性。图 1-3 显示了 2014 年中国各个省市自治区的城镇人口和城镇化率，可以看出，东部沿海地区是中国城镇化发展水平最高的区域，集中了全国近一半的城镇人口，而中部地区和西部地区的城镇人口占比则只有 29％和 23％。此外，东部地区的平均城镇化率达到了 63.9％，远高于全国同期 54.77％的水平，相比较而言，中部和西部地区的城镇化率分别为 50.85％和 47.56％，低于全国平均水平。在一定程度上来讲，中国的东部沿海地区已经进入了城镇化发展的高级阶段，城市体系相对完善，不同规模的城市在空间上呈现出密集分布的特征，城市之间的联系日益密切，逐步形成以城市群为主体的发展格局。而对于中西部地区，城镇化的发展水平并不算高，仍然处于一个由分散走向集中的过程，需要通过培育部分核心城市来带动区域的发展。

（4）土地城镇化快于人口城镇化，导致了城市的低密度扩张

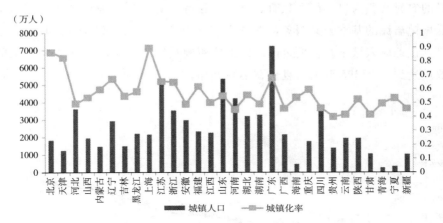

图 1—3 2014 年中国各个省份人口和城镇化水平

注：这里东部地区包含北京、天津、河北、辽宁、上海、江苏、浙江、福建、山东、广东、海南
  11 个省市；中部地区包括山西、吉林、黑龙江、安徽、江西、河南、湖北、湖南 8 省；西部
  地区包括内蒙古、广西、重庆、四川、贵州、云南、西藏、陕西、甘肃、青海、宁夏、新疆
  12 个省市区。

资料来源：国家统计局网站。

　　基于现有的土地财政制度以及政绩评价机制，中国城市化进程中存在
的一个典型特征就是土地城镇化快于人口城镇化。为了追求当地的经济发
展，地方政府热衷于通过地产开发的方式来推进城镇化，比如各个地区都
在建设新区新城，在此过程中，城市面积的扩张往往快于城市人口的增
加。2004—2014 年，中国的城市建成区面积从 30406.19 平方公里增加到
49772.63 平方公里，增加了 63.7％，而同期的城镇人口只增加了 38％。
而缺乏产业和人口的配套，政府的"造城运动"带来的只是城市的低密度
扩张及土地利用效率的下降，导致"空城"、"鬼城"的出现，不利于城市
的长期发展。

　　（5）中国市民化进程滞后于城镇化，城市发展存在"二元"结构

　　由于户籍制度的存在，中国的市民化进程滞后于城镇化。图 1—4 显示
了中国常住人口城镇化率和户籍人口城镇化率的比较，可以看出，户籍人
口的城镇化率一直以来都低于常住人口，而且两者的差距越来越大，在
2012 年，虽然城镇常住人口超过了总人口的一半，但真正具有城镇户籍的
人只占总人口的 35.3％。相应地，城市发展形成了新的"二元"矛盾，大

量的农村转移人口不能在教育、就业、医疗、养老、保障性住房等方面享
受城镇居民的基本公共服务，在城市劳动力市场上也受到一定的歧视，难
以真正地融入城市。根据全国农民工监测调查报告，2014 年中国农民工的
数量达到了 27395 万人，且仍在不断增加。

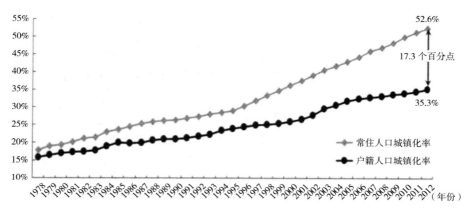

图 1—4　中国常住人口城镇化率与户籍人口城镇化率的比较

资料来源：《国家新型城镇化规划（2014—2020 年）》。

（6）城市群经济实力更加突出，城市群可持续发展有区域差异

2013 年我国城市群以占全国 28.90％的国土面积，集中了 63.8％的人
口，创造了 85.7％的国内生产总值，城市群的经济密度（人均 GDP、地均
GDP）大于全国平均水平。其中第二产业增加值占 96.7％，第三产业增加
值占 80.8％。全国 78.2％的固定资产投资在城市群地区，城市群的工业总
产值占全国的 79.3％，货物进出口总额占全国的 94.2％。此外，城市群地
区吸引了 88.2％的外商直接投资。

表 1—2　2013 年中国城市群在中国经济发展中的重要地位分析

	土地面积 （万 km²）	常住人口 （万人）	GDP （亿元）	第一产业 增加值 （亿元）	第二产业 增加值 （亿元）
城市群	277.4	86746.3	504063.7	32811.1	248322.3
占全国比重（％）	28.9	63.8	85.7	59.3	96.7

续表

	第三产业增加值（亿元）	全社会固定资产投资（亿元）	工业总产值（亿元）	货物进出口总额（亿美元）	外商直接投资实际使用额（亿美元）
城市群	222930.4	327471.4	799939.6	39182.9	2402.2
占全国比重（%）	80.8	78.2	79.3	94.2	88.2

资料来源：《中国区域经济统计年鉴（2014）》和《中国统计年鉴（2014）》。

城市群可持续发展在我国区域空间格局中总体上呈现出东高西低阶梯状的分布形态。虽然东部地区的城市群经济体量巨大，能源消耗也大，污染较大，但是其可持续发展的现状明显要好于中西部地区的城市群，经济在空间上的集聚可以一定程度上提高空间的可持续发展能力。

1.2 从城市可持续发展到城市群可持续发展

1.2.1 城市可持续发展

自工业革命以来，人类社会创造了超过以往所有时代的物质财富，同时也面临人口膨胀、发展失衡、资源枯竭、环境恶化等重大挑战。1962年美国生物学家蕾切尔·卡逊在《寂静的春天》中提出了可持续发展（Sustainable Development）的思想，之后的半个世纪可持续发展就成为全球最受关注的重大命题。1972年，联合国在斯德哥尔摩举行的人类首次环境大会上，通过了《人类环境宣言》和《人类环境行动计划》，可持续发展的概念在会上得到正式讨论；1992年，在巴西里约热内卢举行的联合国环境与发展大会上通过了《21世纪议程》，开启了人类可持续发展的新纪元；2012年，联合国可持续发展大会在里约热内卢又重新召开，会议通过的成果文件《我们憧憬的未来》达成了"可持续发展是每一个国家、每一个组织、每一个人的共同责任"的广泛共识。

城市是全球可持续发展的主要载体。工业革命以来城市逐渐成为人类经济、社会活动的中心，得到了空前的繁荣和发展。城市人口数量已由1800年占世界总人口的10％，增至2008年的50％；与此同时，城市也出现了一系列严重的问题：城市规模越来越大，给地球造成巨大的压力；不同历史时期和阶段的城市环境、经济和社会问题相互作用和累加，使得本来问题已十分严重的城市更加脆弱。只有城市走上可持续发展之路，才会有国家乃至全球的可持续发展。

21世纪是城市的世纪。提升城市可持续发展能力是21世纪各国的核心任务之一。城市可持续发展是一种全新的城市发展观，其核心是在保证城市经济效率和生活质量的前提下，使能源和其他自然资源的消费和污染最小化，使之既能够满足当代城市发展的现实需要，又能满足未来城市发展的需要。中国作为一个负责任的发展中大国，高度重视环境与发展问题，积极参与和推进全球可持续发展进程。1992年以来中国政府先后发布了《中国21世纪议程》《中国21世纪初可持续发展行动纲要》，2012年11月召开的中国共产党十八大，第一次提出要努力建设"美丽中国"，实现中华民族永续发展，并将生态文明建设放在突出地位，融入经济建设、政治建设、文化建设、社会建设各方面和全过程。在当代中国，建设"美丽中国"一定是在城镇化进程中实现，加快城镇化进程、提高城市可持续发展能力，还有转变中国经济发展方式、促进中国经济持续稳健发展的特殊内涵。

城市可持续发展更加强调"人—自然—城市"的高度统一，其内涵是多维度的，包括城市与城市的融合、人与城市的融合、城市与自然的交融、人与自然的融合。2015年12月召开的中央城市工作会议提出要贯彻创新、协调、绿色、开放和共享的发展理念，走出一条中国特色城市发展道路，这为城市可持续发展注入了新理念。本报告认为，创新是动力、协调是手段、绿色是要求、开放是条件，共享是落脚点。创新的体现是多维度的，涉及城市管理体制、决策机制、区域合作机制，规划理念和设计方法、发展动力等。城市创新发展促使城市发展效率提高，实现城市的"内部挖潜"；另一方面，城市创新活力的培养有利于吸引更多创新要素的流入和进一步释放，使创新成为城市发展的主要动力。城市协调发展不仅包括促进城乡协调发展与经济社会协调发展，还包括促进城市之间实现区域协调发展。绿色发展是城市可持续发展的根本要求，实现城市绿色发展，需要将环境容量和城市综合承载能力作为确定城市定位和规模的基本依据，把握好生产空间、生活空间、生态空间的内在联系，实现生产空间集约高效、生活空间宜居适度、生态空间山清水秀。城市应在互利共赢的开放战略中起主导性作用，做好对外开放与对内开放的统一，促进要素有序自由流动。共享发展是要着力增进人民福祉，让老百姓在共建共享发展中有更多获得感。同时，尊重市民对城市发展决策的知情权、参与权、监督权，鼓励企业和市民通过各种方式参与城市建设、管理，真正实现城市共治共管、共建共享。

1.2.2 从城市可持续发展到城市群可持续发展

实现城市可持续发展当然首先是要提升城市本身的综合承载能力，注入创新、协调、绿色、开放、共享的新理念，坚持集约发展，科学划定城市开发边界，推动城市发展由外延扩张式向内涵提升式转变。转变城市发展方式，完善城市治理能力，提升城市发展持续性与宜居性，来着力解决城市病问题。此外，城市的可持续发展也需要与区域特别是城市群的可持续发展相结合，加强区域合作，优化资源在区域的优化配置，利用城市之间的协同发展来化解各类"城市病"，实现城市可持续发展。

"城市病"是一种"发展病"，既有历史的必然性，又有发展的阶段性。1978 年以来，中国经济取得了"奇迹式"增长，1978—2013 年期间，年均增长率高达 9.8%，经济总量已位居全球第二。伴随着经济的高速增长，中国城镇化也经历了一个起点低、速度快的发展过程，中国城镇常住人口从 1978 年的 1.7 亿人增加到 2013 年的 7.3 亿人，城镇化率从 17.9% 提升到 53.7%。快速城镇化的过程中也存在着一些问题和突出矛盾，城市"摊大饼"式发展、城市开发边界的无序蔓延，使得城市内部空间结构不合理、城乡二元结构矛盾日益凸显，城镇化进程中累计的问题日益突出，城市可持续发展能力亟待提升。城市病的出现是发展病，主要体现在城市内部发展不平衡和城市间发展的不协调上。在城市内部，粗放型增长方式长期存在，再加上城市发展更多的注重经济增长，严重影响了城市的发展效率和自然环境，使得城市在发展当中受到"短板"因素的制约。在区域层面上，中国的区域经济仍然在按"行政区经济"运行，行政边界如同一堵"看不见的墙"对区域经济的横向联系产生刚性约束，在特定的城市行政边界内，发展政策、经济政策可以保持一致性，但是地方政府在追求行政区域边界内利益最大化的同时，进一步加剧了市场分割，阻碍了区域间的协调发展，城市间发展的不协调也使得单个城市与周边地区不能形成"发展合力"，从而阻碍了单个城市的可持续发展。

为什么要从区域与城市群的空间视角看城市可持续发展？2015 年 12 月召开的中央城市工作会议提出，城市发展要把握好生产空间、生活空间、生态空间的内在联系，实现生产空间集约高效，生活空间宜居适度，生态空间山清水秀。本报告认为，生产空间、生活空间与生态空间不应该仅仅指城市内部的空间，城市三个空间的协同发展应该放到一个更大的维度，至少是区域和城市群维度来思考。中央城市工作会议也提出来，要以城市群为主体形态，科学规划城市空间布局，实现紧凑集约、高效绿色发展。从城市可持续发展走向城市群可持续发展，主要是因为：

第一，城市内部很多问题可以在区域和城市群内来解决。比如城市承载力问题，以上海城市人口为例，我们现在说要控制在 2450 万人，这是从上海 6000 多平方公里的空间上的一种划定，但是如果我们从更大的空间范围，比如上海都市圈与长三角城市群的维度来看，2450 万人的论证可能会做一些新的调整。事实上，我们现在也观察到，很多人生活在昆山，生活在平湖，但是他工作在上海，"打高铁"到上海上班，这些人口到底是属于上海人口还是属于江苏人口？如果从更大的空间范围来看，城市内部的一些矛盾与冲突，就可能会通过城市之间的协作得到部分解决。

第二，城市间的合作还可以能够带来额外的好处。从经济学上讲，可以在更大的空间范围内来配置资源，例如通过交通出行的同城化作为引导，使得通勤就业同城化，产业布局的同城化，人口就业的同城化，这会带来所谓"1＋1＞2"的效应。在理论上，城市集聚会带来一个新的经济形态，即从传统的单一企业的集聚产生地方化经济、形成专业型城市，从多产业的集聚产生城市化经济、形成多样性城市，到大中小城市的集聚产生"城市群经济"，形成城市群。城市群经济好处就是由于大中小城市集聚、协调发展，带来了正的空间溢出、产生正的外部性。城市群内地方城市政府间共同建设开发区，制定统一的招商引资与环境保护的规定，可有效避免城市间恶性竞争造成的资源浪费，减少生态环境的破坏，破解发展中面临的资源约束问题，提升城市综合承载力。所以，我们需要从城市的可持续发展走向城市群的可持续发展。

中央城市工作会议进一步强调要以城市群为主体形态，实现紧凑集约、高效绿色发展。一座城市不是一个孤立、封闭的体系，应当创新区域间合作机制，构建开放高效的创新资源共享网络，以协同创新牵引城市协同发展。城市群内各城市要发挥产业的"协同效应"、创新的"正溢出效应"作用，通过城市间的创新溢出、区域协调与开放互通，逐步形成横向错位发展、纵向分工协作的发展格局，促进城市的共享发展与绿色发展。另外，需要加强"同城化"合作，通过城市群的空间载体解决单个城市发展面临的各类资源约束，避免城市间恶性竞争、环境污染等"负溢出效应"。

1.3 中国城市群可持续发展的基本情况

1.3.1 中国城市群可持续发展的基本情况

本报告在对城市群可持续发展竞争力进行理论分析的基础上，建立了一个城市群可持续发展竞争力的评价体系。城市群可持续发展是一项复杂的系统工程，通过对比一般竞争力和可持续发展竞争力、城市可持续发展和城市群可持续发展的联系和区别，本报告认为，城市群可持续发展竞争力指标体系由经济、社会和生态三个板块构成，兼顾经济可持续发展、社会和谐稳定发展、人与自然和谐发展三个方面相互支撑的子系统，既考虑城市群当前的发展水平，更关注城市群未来的发展潜力。在全球化和信息化背景下，通过城市群各个城市之间的协同发展来实现经济、社会和生态三个子系统的统筹，妥善平衡和处理好"城与城""城与自然""人与城"

"人与自然""人与人"之间的关系。各城市群可持续发展竞争力情况如图
1—5 所示。

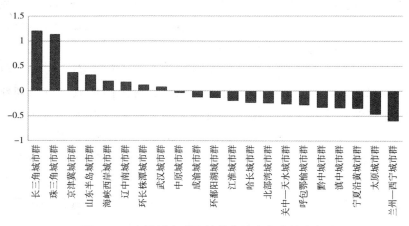

图 1—5 中国城市群可持续发展竞争力综合得分

由图 1—5 可以看出，我国城市群可持续发展竞争力综合得分在总体上
具有由东向西梯度递减的趋势，东部地区六个城市群排名居于前六位，中
部地区城市群处于中等水平，西部地区城市群的平均得分则最低。在得分
的分布方面，呈现出两端陡峭、中间平缓的特征，大部分城市群的得分分
布在−0.5 至 0.5 的区间内。长三角城市群和珠三角城市群是我国可持续
发展竞争力最强的两个城市群，无论是经济、社会还是生态可持续发展，
其优势都十分明显。京津冀城市群、山东半岛城市群和辽中南城市群构成
的环渤海城市群板块以及海峡西岸城市群、环长株潭城市群和武汉城市群
则构成了第二梯队，其综合得分为正值，具备较强的可持续发展竞争力，
整体发展高于城市群平均水平，但与长三角和珠三角城市群相比仍然存在
一定差距。中原城市群、成渝城市群、环鄱阳湖城市群、江淮城市群、哈
长城市群、北部湾城市群、关中—天水城市群和呼包鄂榆城市群属于第三
梯队，其综合得分为负，整体可持续发展竞争力低于城市群平均水平，仍
存在一定的提升和改善空间。最后滇中城市群、宁夏沿黄城市群、太原城
市群、黔中城市群和兰州—西宁城市群则属于第四梯队，其经济、社会和
生态发展整体缺乏竞争力，目前并不具备可持续发展能力。总体上看，我

国城市群可持续发展竞争力水平基本与城市群所处发展阶段相吻合，长三角、珠三角和京津冀三大成熟型城市群的可持续发展竞争力综合得分也排在前三位，而发展型城市群的可持续发展竞争力水平也较高，具有一定的发展潜力，可持续发展竞争力排名最低的城市群则基本上都是形成型城市群。但两者也并不是绝对的同步，比如环鄱阳湖城市群，作为处于形成型阶段的城市群，其人口和经济规模较小，城市体系还不够完善，但其具有较好的生态环境，在一定程度上提升了可持续发展水平。

1.3.2　城市群可持续发展竞争力模式分析

城市群可持续发展要求实现经济健康快速发展、社会公平稳定发展、人与自然和谐发展的有机统筹。就目前中国城市群的发展现状而言，经济、社会和生态三个子系统总体上较为协调，彼此之间存在明显的正向相关和相互促进的关系，经济发展在一定程度上可以推动社会环境的改善和生态效率的提高，而社会文化水平和资源环境承载力的提升也为经济的可持续发展提供了支撑。

高水平协调型城市群：长三角、珠三角、山东半岛、海峡西岸、辽中南和环长株潭城市群属于高水平协调发展型城市群，其经济、社会和生态可持续发展能力都比较强，具有较高的协调度和可持续发展竞争力。其中长三角城市群和珠三角城市群尤为突出，占据了各项排名的前两位。山东半岛、海峡西岸、辽中南和环长株潭城市群的经济、社会和生态发展也较为均衡，排名都位于前列，整体波动较小，在发展经济的同时也注重改善社会环境和生态环境。

经济优先型城市群：指的是经济可持续发展子系统得分相对较高的城市群。中原城市群和成渝城市群属于这类城市群，其中成渝城市群最为典型，其经济可持续发展排在第五名，而社会和生态发展却都只处于中下水平；相比而言，中原城市群的社会和生态发展水平虽然也不及经济发展，但差距相对较小。

社会和谐型城市群：相比经济和生态发展，这些城市群在社会可持续发展方面表现更为突出，注重发展的以人为本，具有较高的社会文化水平。例如武汉城市群在具有高社会发展排名的同时，经济和生态发展也具有一定的竞争力，可持续发展竞争力综合得分比较高。和谐稳定的社会环境能够对城市群发展起到一定支撑作用，未来需要以此为依托来促进经济增长和生态保护。

生态友好型城市群：环鄱阳湖城市群、江淮城市群、北部湾城市群和黔中城市群的可持续发展竞争力综合得分不高，经济和社会发展较为滞后，但却重视资源节约和环境保护，着力打造生态经济区，具有较高的生态可持续发展水平。良好的生态环境为城市群未来的经济社会发展提供了保障，如何利用生态环境上的发展优势来促进经济增长和改善社会环境是此类城市群未来面临的一个重要挑战。

低水平协调型城市群：关中—天水城市群、滇中城市群和兰州—西宁城市群的发展模式为低水平协调型，经济、社会和生态三个子系统较为平衡，但可持续发展竞争力都不高。虽然发展缺乏明显的亮点，但相比较而言关中—天水城市群和滇中城市群的可持续发展竞争力综合得分要高于太原、宁夏沿黄和黔中等一些社会和生态发展突出型的城市群。未来此类城市群需要进一步找准并依托自身发展的比较优势来实现可持续发展竞争力水平的提升。

2

城市群可持续发展理念与中国城市群可持续发展

2.1 引　言

　　1978—2011 年，34 年间我国经济年均增长速度达到 9.98％，创造了"中国式奇迹"。但是，2012—2014 年，经济增速分别降至 7.7％、7.5％和 7.3％，正式告别 9％以上的高增长速度，中国经济进入中低增长轨道的"新常态"。中国经济增长的新常态表明中国经济进入诸多有利于经济增长的红利加速消失、经济增长的硬约束变得更强、结构转变压力加大的时期。当前，中国经济中存在的生产能力过剩、生态破坏和环境污染、内需增长速度相对缓慢、经济结构失衡、外需增长乏力和进出口方面的失衡、收入分配差距过大等问题，是导致当前中国经济内在增长动力不足和速度下滑的直接原因，而并非根本原因。从发展经济学理论看，根本原因只有两个：一是经济发展阶段进入转型期；二是以矫正扭曲的经济体制为主导的经济体制改革，使经济增长的动力回归为正常的市场化推进（齐建国等，2015）。新常态是我国经济发展的客观规律导致经济发展阶段转变和改革进入新阶段使经济增长的内在动力发生转变的必然结果。

　　城市与城市群逐渐成为国家或地区之间竞争合作与协调发展的重要载体。从 1950 年到 2013 年，全球城市人口从 7.46 亿人增加至 39 亿人，城市人口占世界总人口比重达到了 54％（联合国，2014）。伴随着经济的高速增长，我国城镇化经历了一个起点低、速度快的发展过程，城镇常住人口从 1.7 亿人增加到 7.3 亿人，城镇化率从 17.9％提升到 53.7％，年均提高 1.02 个百分点，城市数量从 193 个增加到 658 个，建制镇数量从 2173 个增加到 20113 个。随着城镇化的深入推进，中国的城市群迅速兴起，2013 年，三大城市群①以全国约 4.69％的国土面积，集聚了全国约

---

　　①　三大城市群分别为长三角城市群，包括江苏、浙江、上海两省一市 25 个城市；珠三角城市群，包括广州、深圳、珠海、佛山、江门、肇庆、惠州、东莞、中山 9 个城市；京津冀城市群，包括北京、天津、石家庄、唐山、秦皇岛、保定、张家口、承德、沧州、廊坊 10 个城市。

22.24％的常住人口，创造了 40.41％的地区生产总值。我国城镇化建设取得了巨大成就，但与欧美发达国家甚至同为发展中国家相比仍有不小的差距（如图 2－1 所示）。同时在我国城镇化推进的过程中也积累了不少的问题，比如，农业转移人口市民化进程滞后；土地城镇化快于人口城镇化；城镇空间分布和规模结构不合理、城市群内部分工协作不够、集群效率不高；城市管理服务水平不高，"城市病"问题突出；城乡分割、城乡利益失衡的体制机制阻碍城乡一体化的问题等。我们认为，某种意义上来讲这些问题均从不同侧面共同投影出我国城市群可持续发展面临的问题与挑战。

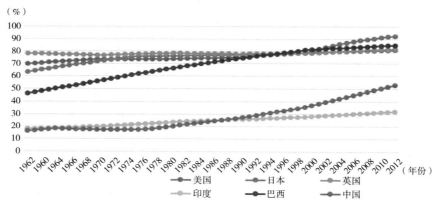

1960-2013 年城镇化率的国际对比

图 2－1　城镇化率的国际比较

资料来源：世界银行数据库。

在我国经济形势进入"新常态"的大背景下，我们将从城市群的视角来探讨可持续发展的问题。2014 年 12 月，国务院下达了关于清理规范税收等优惠政策的通知，表明我国经济发展进入有约束的增长阶段。有约束的增长将会倒逼我国中央及地方政府转变以纯粹经济增长为目的的发展理念，有助于形成以提高社会公共服务水平和保护生态环境的绿色发展理念。城市群是带动区域及城市经济发展的载体，同时也体现了国家或地区的竞争力。一座城市不是一个孤立、封闭的体系，它与临近的区域和城镇有着密切的联系，不断进行着物质与能量的交换，因此，可以说每一座城

市都是区域性城市群的重要组成部分，共同构成一个比较完整的有机整体
（姚士谋等，2006）。鉴于城市群在我国区域经济发展中的重要性，2014 年
3 月份《国家新型城镇化报告（2014—2020 年）》明确指出中国新型城镇
化的推进应以城市群为主体形态，推动大中小城市和小城镇协调发展；以
综合承载能力为支撑，提升城市可持续发展水平；以体制机制创新为保
障，通过改革释放城镇化发展潜力，走以人为本、四化同步、优化布局、
生态文明、文化传承的中国特色新型城镇化道路。显然，城市群的建设在
我国城镇化推进中具有举足轻重的战略性作用。城市群作为不同等级城市
通过集聚与扩散效应形成的一个复杂的城市"集合体"，不管在社会经济
发展方面还是生态环境方面，往往存在较强的空间溢出效应。因此，在解
决城市可持续发展问题时需要跳出单个城市的局限，以更大的视野——城
市群的协同效应来解决可持续发展面临的诸多困难。打破城市群内各城市
的行政边界、地理边界与经济边界，实现三种边界的耦合，通过城市群的
可持续发展倒逼单个城市的可持续发展。鉴于城市群空间载体的独特性与
重要性，本书将以城市群的可持续发展作为研究主题进行探讨。

2.2 可持续发展理论的研究回顾

18 世纪工业革命首先在英国爆发，并相继扩散到欧洲其他国家及北美
地区，工业革命使机器工厂代替了传统人工劳动，创造了人类有史以来的
巨大生产力。但是，那种"高生产、高消耗、高污染"的传统发展模式带
来了"人口爆炸、粮食短缺、能源危机、环境污染"等灾难性后果（张志
强等，1999）。在工业革命初期，有卓越见识的学者已经开始意识到工业
革命生产方式的不可持续性，并开始产生关注资源、环境人口、粮食问
题。英国著名经济学家马尔萨斯（Malthus）1789 年在其著作《人口原理》
中对人类社会经济发展报以悲观态度。他认为自然资源都是有限的，而人
口增长与需求却是具有着无限的趋势，人口的增长必然受到有限的自然资

源的约束，即在资源有限的硬性约束条件下，如果不存在技术进步的情况下人类社会的可持续发展将是无以为继的，马尔萨斯的观点已经体现出可持续发展的基本理念。

2.2.1 对可持续发展的探索

进入 20 世纪环境问题不断恶化，传统的发展模式受到了更严重的挑战。20 世纪 60 年代起，各国纷纷采取环保措施，治理污染改善环境质量，但最初的环境问题不仅没有解决，反而不断恶化，环境问题打破了区域和国家界限而演变成全球问题：全球气候变化、臭氧层耗减与破坏、生物多样性锐减、土地退化和荒漠化、酸雨等。也就是从那时开始，对环境问题的关注、对发展道路的反思和探索在世界范围内展开。

1962 年美国生物学家蕾切尔·卡逊出版了《寂静的春天》一书，标志着人类生态意识的觉醒和"生态时代"的开端。20 世纪 70 年代，《增长的极限》《只有一个地球》《濒临失衡的地球》等发人深省的著作相继问世，进一步对全球的传统发展模式敲响了警钟。1981 年美国世界观察研究所所长布朗出版《建立一个可持续发展的社会》，提出必须加快速度建立一个"可持续的社会"。1983 年第 38 届联合国大会通过决议成立联合国"世界环境与发展委员会"（WCED），负责制定"全球的变革日程"，并于 1987 年在第 42 届联合国大会通过世界环境与发展委员会的报告《我们共同的未来》，首次提出"可持续发展"的概念，并给出了可持续发展的定义。1989 年 12 月 22 日，联合国大会通过 44/228 号决议，决定召开环境与发展全球首脑会议。1990 年，联合国组织起草世界环境与发展大会主要文件《21 世纪议程》。1992 年 6 月在巴西里约热内卢召开的联合国环境与发展大会通过《里约环境与发展宣言》《21 世纪议程》《联合国气候变化框架公约》《生物多样性公约》等，发表里约宣言，积极接受可持续发展的理念与行动，一种全新的发展观——可持续发展，最终成为整个人类的共识。2012 年联合国再一次召开了可持续发展大会，会议通过了《我们憧憬的未来》，且达成"可持续发展是每一个国家、每一个组织、每一个人的共同责任"的广泛共识。人类在探寻合理的发展道路和发展模式方面进行了不懈努力。

表 2-1 可持续发展大事件

作者或组织机构	年份	著作或事件	内容或意义
美国生物学家卡逊（Carson）	1962	《寂静的春天》	揭示了环境与生态不断恶化的现状
美国 Meadows 为首的研究小组	1972	《增长的极限》	指出由于地球资源环境的有限性，得出"零增长"的悲观结论
联合国人类环境会议	1972	《联合国人类环境会议宣言》《只有一个地球》	大会号召各国家或地区关注环境问题
联合国环境规划署（UNEP）、国际自然资源保护同盟（INCN）、世界野生生物基金会	1980	《世界自然保护大纲》	初步形成可持续发展的思想，强调"人类利用对生物圈的管理，使得生物圈既能满足当代人的做大需求，又能保持其满足后代人的需求能力"
美国世界观察研究所所长布朗（Brown）	1981	《建立一个可持续发展的社会》	建议从速建立一个"可持续的社会"
联合国大会	1983	成立联合国"世界环境与发展委员会"（WCED）	该委员会负责制定"全球的变革日程"
联合国大会	1987	《我们共同的未来》《东京宣言》	首次提出"可持续发展"，并给出了可持续发展的定义
联合国环境与发展大会	1992	《里约环境与发展宣言》《21 世纪议程》《联合国气候变化框架公约》《生物多样性公约》	世界主要国家和地区达成可持续发展的共识
联合国可持续发展大会	2012	《我们憧憬的未来》	达成"可持续发展是每一个国家、每一个组织、每一个人的共同责任"的广泛共识

资料来源：作者整理得到。

2.2.2 可持续发展的理念

1987 年，世界环境与发展委员会把可持续发展定义为：既满足当代人的需求，又不损害子孙后代满足其需求能力的发展。可持续发展的定义体现出三项原则：（1）公平性原则，包括了代内公平、代际公平和公平分配有限资源；（2）可持续性原则，即人类的社会和经济发展不能超越资源和环境的承载能力；（3）共同性原则，指地球的整体性和相互依赖性，某个国家和地区不可能独立实现自身的可持续发展，可持续发展是全球发展的总体目标。

根据对可持续发展概念的不同解读，主要有以下几类可持续发展观：（1）可持续发展的生态观，认为可持续发展是不超越环境系统更新能力的发展，是以一种最佳的生态系统以支持生态完整性和人类生存环境得以持续的发展；（2）可持续发展的社会观，强调可持续发展的最终落脚点是人类社会，改善人类的生活质量、创造美好环境；（3）可持续发展的经济观，该观点强调经济发展是可持续发展的核心内容；（4）可持续发展的技术观，该观点认为转变经济发展模式依赖于更清洁、更有效的技术，尽可能实现零排放、零污染，从而实现人类社会的可持续发展。

一般认为可持续发展理论主要处理好两类关系，即"人与自然"之间的关系和"人与人"之间的关系（牛文元，2012）。一方面，人的生产和生活，须臾离不开自然界所提供的基础环境，包括空间环境、气候环境、水环境、生物环境等，离不开各类物质与能量的资源保证，离不开环境容量和生态服务的供给，离不开自然演化进程所带来的挑战和压力，甚至也必须承认人本身也是自然进化的产物。如果没有人与自然的和谐，没有人与自然的协同进化，没有一个环境友好型的社会，就不可能有人的生存和发展，当然就更谈不上可持续发展。另一方面，可持续发展作为人类文明进程的一个新阶段，所体现的一个核心内容是社会的有序程度、组织水平、理性认知和生产效益的推进能力。一个和谐社会的建立，从人自身各类关系的处理，诸如利益集团之间关系、民族和国家之间的关系、不同阶层不同收入人群之间的关系，当代人与后代人的关系、本地区和其他地区乃至全球之间的关系等。必须在和衷共济、和平发展的氛围中，求得整个社会的可持续进步。一个不和谐、不稳定的社会，也就失去了可持续发展的存在根本。

2.2.3　可持续发展的思想内涵

可持续发展理论有着丰富的思想内涵，并且其理念已深入至生态学、环境学、规划学、管理学及经济学等各类学科的研究领域中。可持续发展的思想内涵丰富多样，我们可以主要从以下几个方面论述：

（1）系统论的角度

人类与其赖以生存和发展的地球系统共同构成复杂的人地巨系统，即

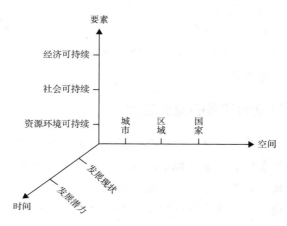

图2-2 可持续发展的三个维度

"社会—经济—自然"复合的生态系统,其中的各子系统相互联系、相互作用、相互制约。实施可持续发展必须扬弃人地二元论,树立"天人合一"的人地巨系统观,从整体上把握和解决人口、资源、环境与发展问题。可持续发展简言之就是实现人地巨系统的最优化发展。

(2)环境经济学的角度

可持续发展就是要正确处理自然资源利用与生产废弃物排放之间的关系,强化环境的价值观念、促进资源的有效利用、抑制环境污染的发生,积极开辟新的资源途径,尽可能利用可再生资源,实现经济效益、社会效益与环境效益的协调统一。

(3)生态经济学的角度

可持续发展就是追求建立在保护地球自然生态系统基础上的持续经济发展,经济发展要与生态保护相统一,经济效益、社会效益要与生态效益相统一。资源的永续利用和生态的良性循环是可持续发展的重要标志。

(4)社会伦理的角度

可持续发展的实质是人类如何与大自然和谐共处的问题。人类一方面要提高可持续发展的意识,增强可持续发展的能力;另一方面要把人口控制在可持续发展的水平上,减轻对资源和环境的压力,从而实现与大自然的和谐相处。

（5）地球的同一性角度

人类只有一个地球，可持续发展不是一个国家或一个地区的事情，而是全人类的共同目标。要实现全人类的可持续发展，必须建立起巩固的国际秩序和国际合作关系。

2.2.4 可持续发展的理论基础

可持续发展作为一种理论，必然有其建立的理论基础。尽管可持续发展问题本身的复杂性决定了其理论问题的复杂性和多样性，但是可持续发展有着内在的核心及主线，即人与自然之间的平衡与合理化，人与人之间的和谐与公正化。我们认为可持续发展主要有以下几种理论基础：

（1）资源环境承载理论

自然界一方面为人类的发展提供了所需的物资基础，另一方面容纳与消化人类活动产生的废弃物。所谓承载力，大多学者一致认为是一个阈值的概念，即如果人类生产生活活动超过资源可再生速度与自然界容纳的能力，那么自然生态环境系统就会失衡，进而产生资源枯竭、环境恶化、生态失衡等问题，最终使得人类社会的可持续发展无以为继。资源环境承载理论主要特征：一是客观性。马爱锄（2003）认为在一定的区域范围内和一定的社会经济发展水平下，资源供给能力和环境容量都是给定的，在系统机构不发生本质变化的情况下，其质和量两个规定性方面都是客观的。二是动态稳定性。首先，资源环境承载力能力作为自然界构成的一部分随着自然界的变化也是不断变化的；其次，随着人类社会的进步，资源环境的效率也是不断上升的。这些动态变化只要不产生质变，那就是动态稳定的。三是区域性和阶段性。即在不同地区与不同的发展阶段下，资源环境承载力是不一样的。按照资源环境承载理论需合理有效配置环境资源，实现人口、资源、环境与发展相协调，达到环境资源的永续利用和生态的良性发展。

（2）环境成本论

自然环境能够满足人类的需要，并且是稀缺的，因而是有价值的。然而，在人类发展中自然资源环境在生产中的作用长期被忽视，虽然，近些年来，虽然人们意识到资源环境的价值的客观存在性，但在实际的生产生活中仍然不够重视甚至不予考虑。环境成本论研究的问题是如何使环境成本最小化，甚至为零，以将环境成本与经济利益直接联系起来，在经济核算中考虑环境的成本价值以及人类生产生活中造成的环境价值损失，建立并实施环境价值损失的合理补偿机制，从而定量地观察控制环境价值损失及环境价值存量，为可持续发展决策服务。

（3）协同发展理论

可持续发展理论本身是一个复杂的系统，系统内部资源环境和社会经济要素之间存在着复杂的线性与非线性关系，因此，在研究可持续发展理论中应始终坚持协同发展的理念。本质来讲，可持续发展是人地巨系统的协同演进，也就是经济支持系统、社会发展系统、自然基础系统三大系统相互作用、协同发展，实现经济效益、社会效益和生态环境效益三个效益的统一。这一理论和观点对研究区域可持续发展的变化规律和机制提供了重要的理论基础和支撑。将相互协调的理念贯穿于可持续发展的研究中具有重要的指导意义。

2.2.5 可持续发展与绿色 GDP

绿色 GDP 概念能够更准确地说明经济和社会发展与自然资源利用、环境保护的关系，显然较传统的 GDP 指标更具有福利意义。同时，由于编制体系的缺陷，传统 GDP 指标不能够如实、全面地反映人类社会经济活动对自然资源和环境品质的负面影响。因此，绿色 GDP 概念可以较为如实地反映社会的可持续发展进程，从而促进对自然资源和环境的合理保护与利用。为了弥补传统 GDP 的缺陷，绿色 GDP 核算概念便应运而生（李伟等，2006）。

联合国统计署于 1989 年、1993 年先后发布的《综合环境经济核算》（SEEA），是关于绿色国民经济核算较为权威的指导性文件，为建立绿色国民经济核算、自然资源账户和污染账户提供了一个共同框架。绿色 GDP 核算框架一经提出，立刻受到国际经济学者与各国政府部门的高度关注。随后，2000 年、2003 年联合国在各国实践的基础上，对原有绿色核算体系框架进一步充实完善，推出了绿色核算体系框架和绿色 GDP 核算的最新版本。联合国《综合环境经济核算手册 2000》概述了综合环境经济核算体系的基本概念，运用含有虚拟数据的表式说明环境保护支出数据的编制方法，以及实物和货币形式的生产资产和非生产资产账户的编制方法，详细阐述了森林资源、土地资源、地下资产、水产资源和空气污染的核算方法。《综合环境经济核算手册 2003》系统总结了环境经济核算实践，依托国民经济核算体系，提出了核算中所应用的分类和更加具体的核算原理，系统检验了不同核算内容的可行性及其应用价值，为进一步规范世界各国绿色国民经济核算体系提供了指南。《综合环境经济核算手册 2003》经联合国统计委员会批准，由联合国、欧洲委员会、国际货币基金组织、经济合作与发展组织、世界银行等国际组织联合发布，是综合环境经济核算的最新权威文献。它是联合国统计署在 1993 年的基础上修订完成的，也是对 1993 年之后实践应用的经验总结。它对综合环境经济核算体系进行了全面阐述，详细说明了将资源耗减、环境保护和环境退化等问题纳入国民核算体系的概念、方法、分类和基本准则，构建了环境经济核算的基本框架；其宗旨在于以环境调整的国民财富、国内生产总值、国内净产出和资本积累等宏观经济指标支持社会、经济和环境综合决策，是衡量可持续发展、实施可持续发展战略的基本手段（李茂，2005）。

由于联合国统计署仅给出了绿色 GDP 核算的整体框架，并没有一套完整的、统一的规定。针对此情况，各国政府依据自身实际国情，开展了一系列的实践工作，如日本、韩国、瑞典等。

表 2－2　可持续发展在代表性国家的实践

时间	国家	可持续发展的实践工作
1994	英国	成立部门间工作组以《我们共同的未来》中关于可持续发展的定义为基础的提出了一套可持续发展指标体系。四大目标：（1）保持经济健康发展，以提高生活质量，同时保护人类健康和环境；（2）不可再生资源必须优化利用；（3）可再生资源必须可持续地利用；（4）必须使人类活动对环境承载力所造成的损害及对人类健康和生物多样性所构成的危险最小化，将英国《可持续发展战略》中所认定的环境问题通过分组而归纳在一起
1993	美国	成立"总统可持续发展委员会"（PCSD），并提出可持续发展指标体系，包含十大国家可持续发展目标，以 52 个指标构成。PCSD 的成员组成大致是：1/3 来自政府部门、1/3 来自工业部门、1/3 来自环境、民权、劳工以及土著居民组织等，总计 25 人。经过两年半深入而广泛的研究、讨论和慎重考虑，该委员会成员在许多领域达成共识。在此基础上，形成了《可持续发展的美国》一书

时间	国家	可持续发展的实践工作
1996	瑞典	从 1996 年以后便成为政府的例行工作，联合国统计署更是将瑞典作为样本国向世界各国推荐。瑞典的绿色 GDP 账户编制中有两个特别引人关注之处：（1）在瑞典的 SEEA 核算体系中，对传统 GDP 中包括的环保性支出在绿色 GDP 核算时予以扣除，这也就意味着其将防御性环保支出列为中间使用而非最终使用。（2）在核算环境品质降级方面瑞典采用的是损害法，如核算酸雨造成的损害时，要评估其对森林、农作物的损害和对于人类生命健康甚至房地产价值的负面影响
1999	日本	1999 年日本公布了第一次的绿色 GDP 试算结果，其后在 2000 年又公布了改进后的第二次试算结果。根据核算，1985 年、1990 年和 1995 年日本的 EDP 占 NDP 的比率分别达到了 98.34%、98.86% 和 98.85%，这几个比例在已试算公布绿色 GDP 的国家中是较高的，从中也可以看出日本政府和国民对环境保护和资源合理利用的高度重视

资料来源：作者根据相关资料整理得到。

2.2.6　可持续发展的评价方法

从理论、应用方法和实证方面均有文献对可持续发展进行了大量研究。区域可持续发展评价方法是应用方法研究的重要领域，可持续发展本身具有的复杂性、跨学科性等属性，同时，区域系统的复杂性、开放性、非线性等特征共同决定了可持续发展评价方法研究是一项极为困难的工作。

目前，可持续发展评价方法主要分为两类：主观方法与客观方法。

主观方法主要包括频度统计法、理论分析法和专家咨询法。频度统计法是对目前有关可持续发展评价研究的报告、论文进行频度统计，选择那些使用频度较高的指标；理论分析法是对区域可持续发展的内涵、特征进行分析综合，选择那些重要的发展特征指标；专家咨询法是在初步提出评价指标的基础上，征询有关专家的意见，对指标进行调整。这几种方法主要用于建立"一般"意义的指标体系。

客观方法主要包括主成分分析法、因子分析法、灰色关联分析法、Rough 集的属性约简法。（1）主成分分析法是目前使用较多的方法，是研究用变量族的少数几个线性组合来解释多维变量的协方差结构，挑选最佳变量子集，简化数据，揭示变量间关系的一种多元统计分析方法。其基本原理是取原来变量的线性组合，适当调整组合系数，使新的变量之间相互独立且代表性最好。这种方法对于可持续发展系统指标的建立是一种强有力的工具。（2）因子分析法是主成分分析法的推广和发展，它们是将错综复杂的变量综合为少数的几个因子，以再现原始变量与因子之间的相互关系，也是属于多元统计分析处理降维的一种统计方法。在可持续发展评价方法中，因子分析法不仅可以对可持续发展系统中的复杂变量（指标）进行降维处理而且可以在通过主成分分析筛选出主要指标的基础上，建立指标的结构。（3）灰色关联分析，从其思想方法上来看，属于几何处理的范畴，其实质是对反映各因素变化特征的数据序列进行几何比较。用灰色关联分析法来分析评价具有层次性、动态性的可持续发展系统的确是一种强有力的工具。（4）属性约简就是在保持信息系统原有功能不变的条件下，删除其中不相关或不重要的信息。该方法可根据相应的属性约简算法约简出核心属性，但是，要求同时对不同的区域进行研究，而且不同区域都要有完全相同的初始指标集，经筛选的指标也要完全相同，这是与可持续发展指标体系建立的区域性原则相矛盾的。

表 2－3 可持续发展指标体系的发展

时间	作者或机构	指 标 体 系
1990	联合国开发署（UNDP）	创立了人文发展指数（HDI），即以"预期寿命、教育水准和生活质量"三项基础变量，按照一定的计算方法，得出的综合指标，并在《人类发展报告》中发布
1994	联合国统计署（UNSTAT）	以《21世纪议程》的主题章节譬如经济问题、大气和气候、固体废弃物、社会经济活动和事件、影响和效果以及对影响的响应等作为可持续发展进程中的主要问题来对指标进行分类，构建可持续发展指标体系（FISD）
1995	世界银行（World Bank）	以"国家财富"作为衡量可持续发展依据的可持续发展指标体系。该指标体系将"国家财富"分解为自然资本、人造资本、人力资本和社会资本四个部分，否定了传统的以人造资本为依据来衡量可持续发展的方法，赋予了可持续发展以科学的内涵，动态地反映了可持续发展的能力
1996	联合国可持续发展委员会（UNSDC）、联合国政策协调与可持续发展部（DPSDC）、联合国统计署（UNSTAT）、联合国开发计划署（UNDP）、联合国环境规划署（UNEP）、联合国儿童基金会、亚太经社理事会（ESCAP）	在"经济、社会、环境和机构四大系统"的概念模型和"驱动力（Driving Force）—状态（State）—响应（Response）"概念模型（DSR模型）的基础上，结合《21世纪议程》提出了一个初步的以可持续发展为核心的指标体系

资料来源：作者整理得到。

2.3 从可持续发展理念到城市可持续发展

可持续发展理念的诞生与演变发展从来不是一个抽象的概念，这种理念或发展模式需要通过不同尺度的空间载体来实现。在现实研究中空间载体可以是全球、洲际、国家、城市、都市区，甚至可以是社区等地理单元，因此，可持续发展理念实施的对象就是不同空间尺度的区域。城市，自从诞生以来就是人类生产生活等活动的主要场所，它集聚一定地域范围内的物质、资金和技术等要素资源，从而逐步演变成经济活动的中心，并得到空前的繁荣和发展（顾朝林，1994）。联合国发布的《世界城市化展望（2014）》中数据显示：1950—2013年，全球城市人口从7.46亿增加至39亿，城市人口占世界总人口比重达到了54%。城市作为载体集聚了全球过半的人口数量，一定程度上可认为，一个地区或国家只有城市走上可持续发展之路，才会最终使得该地区或国家实现可持续发展。所以，城市是地区或国家实现可持续发展的主要空间载体。

然而，城市无序扩张也给人类带来了诸多问题和挑战。已完成城市化进程的发达国家，其城市面临失业、政府财政赤字、债台高筑等问题；正处于城市化进程的发展中国家，其城市面临资源短缺、生态环境恶化、无限蔓延等挑战。在此背景下，城市可持续发展（Sustainable Urban Development）理念应运而生，又可称城市持续发展，与相近的还有城市可持续性（Urban Sustainability）、可持续城市（Sustainable City）和生态城市（Ecopolis，Eco-city）三个名词（张俊军等，1999）。这三个名词分别从不同角度（即城市可持续发展强调事物的发展过程，城市可持续性和可持续城市则更注重事物发展的条件和状态，而生态城市为城市可持续发展的环境生态学表述）表述了可持续发展思想在城市发展中的应用，而对于城市如何向可持续发展方向的演进，它们的内涵则完全一致。

城市作为空间单元在国家发展与竞争中占据重要的地位，同时，为了应对城市发展中面临的困境，城市的可持续发展问题愈来愈受到学者的关注。

针对中国的实际情况，虽然幅员辽阔，但面临地域发展条件差异化较大、发展水平和模式不一的困难；从整体上来看，中国人口、资源、环境压力巨大，发展水平还不是很高，要实现人与自然、经济与社会的协调发展难度极大，可持续发展任务艰巨。从可持续发展理念提出至今，我国可持续发展大致经历了四个阶段：以经济增长为主导的发展阶段；区域特色经济格局形成的发展阶段；区域问题加剧与区域矛盾凸现的发展阶段；"五个统筹"与"科学发展观"形成与实践的发展阶段（陆大道等，2012）。工业化和城镇化是引领我国区域经济发展和社会变革的两大内在动力。同时，城市也是实现工业化的空间载体。因此，区域的可持续发展的关键在于实现城市的可持续发展。

表 2－4　城市可持续发展的基础理论

年代	提　出　者	主要理论或著作	主　要　思　想
1898	霍华德（英）	田园城市	城市与乡村融合
1904	TonyCamier（法）	工业城市	城市功能分区思想
1915	格罗皮乌斯（德）	新建筑运动	城市发展三大经济原则
1922	勒·柯布西耶（法）	明日城市	城市集中主义和阳光城市
1932	F. L. 莱特（美）	广亩城理论消失中的城市	城市分散主义
1933	W. 克里斯特勒（德）	中心地理论	城市的区位理论
1933	CIAM	雅典宪章	城市四大功能：居住、工作、游憩、交通，科学制定城市总体发展
1939	C. 佩里（美）	邻里单位理论	社区居民环境
1942	E. 沙里宁（芬兰）	城市：它的发展、衰败与未来	有机疏散理论
1959	凯文·林奇（美）	城市意象	知觉图式应用于城市研究
1961	L. 芒德福（美）	城市发展史	人的尺度
1977		马丘比丘宪章	市民参与和文化遗产保护
1981	国际建筑师联合会第十四届世界会议	华沙宣言	建筑—人—环境作为一个整体，并考虑人的发展

续表

年　代	提　出　者	主要理论或著作	主　要　思　想
1987	WCED	我们共同的未来	可持续发展
1992		里约宣言 21 世纪议程	
1995	R. V. Knight（奥地利）	以知识为基础的发展：城市政策与规划之含义	整体的城市观、知识社会里城市发展的若干原则
1999	Iain Begg（美）	城市竞争模型	部门趋势、公司特征、商业环境和革新与学习为城市的核心竞争力

资料来源：李松志、董观志：《城市可持续发展理论及其对规划实践的指导》，《城市问题》2006 年第 7 期，第 14—20 页。

目前，城市可持续发展的研究工作主要集中在可持续发展的定义、内涵、评价体系、政策措施等领域。城市可持续发展的概念最早于 1992 年在里约召开的联合国环境与发展大会中提出。国外学者主要从可持续发展评价的方法、指标设计原则及指标体系建立等方面研究，比较有代表性的学者有布罗特（Broat）和迈凯伦（Maclaren）。

中国城市可持续发展面临的主要制约因素有城市产业结构不合理，制约生产要素资源的有效配置；城市能源结构突出，制约城市经济与资源环境的协调发展；城市工业装备和污染防治技术落后，制约城市生态环境的根本改善；城市开发建设的环境成本过高，制约城市综合竞争力的提升；资源型城市产业转型困难重重，制约资源型城市社会经济可持续发展（李辉，2004）。中国城市正在被迫走"边发展、边污染、边治理"的道路，使得生态环境污染迅速蔓延，治理水平跟不上污染速度，污染不能得到有效的控制。因此要解决城市发展中的这些问题，关键在于走持续发展之路，依据可持续发展的理论，以自然持续发展为基础，经济发展为任务，社会持续发展为目的，妥善处理好城市环境与经济发展协调的关系，做到既发展经济又保护环境。

国内对城市可持续发展的研究取得了丰硕成果。中国科学院可持续发展战略研究组在世界上独立地开辟了可持续发展研究的系统学方向，依据系统理论和方法设计了一套"五级叠加，逐层收敛，规范权重，统一排序"的可持续发展指标体系。该指标体系分为总体层、系统层、状态层、变量层和要素层五个等级，采用 45 个指数、219 个指标。林祥荣（2000）在《生态与环境——可持续发展与生态环境调控新论》一书中，建立了由 3 个层次、30 项指标组成的上海城市可持续发展评价指标体系。其中，最综合指标为城市可持续发展综合指数（CI）（城市生态综合指数）；一级指标包括结构、功能、协调度 3 个方面的指标；二级指标包括人口结构、基础设施、城市环境、可持续性等 10 项具体的亚指标；三级指标包括人口密度、人均期望寿命、万人大中专人数、城乡收入比等 30 项评价指标。该指标体系以城市复合生态系统的观点为基础，侧重从城市生态建设的角度评价城市的可持续发展水平。凌亢（2000）主要集中研究城市可持续发展的系统分析、城市可持续发展指标体系与综合评价方法、城市可持续发展综合评价与比较分析等内容。严正（2004）则关注如何发展生态城市。郭培章（2004）从可持续发展的角度，多方位研究了城市发展规模、结构、功能，以及保持文化传统与激发城市活力等主题。李辉（2005）从建立城市可持续发展评价指标体系，加快城市体制与技术创新，建立多元化城市环保投资体系，加快资源型城市产业转型，实施城市循环经济发展战略五个角度为我国城市的可持续发展提供了相关对策建议。陈绍愿等（2006）将城市视为具有生态智慧的特殊生命体，认为城市之间存在着与生物界相似的"生态关系"，提出了基于生态位理论的城市竞争策略。李锋等（2007）构建了包括经济发展、生态建设、环境保护、社会进步 4 类 45 项的一个指标评价体系，并对济宁市的可持续发展进行了较为客观的定量研究。程开明等（2007）以紧凑城市与可持续发展的关联机制为基础，提出相应的测度指标，利用回归模型、经典相关性分析方法对两者的关联性进行了实证研究，结果发现城市越紧凑越有利于经济、环境和社会的可持续发展，但并未引起资源消耗的显著改善。凌亢等（2009）以城市可持续发展为核心，构建包括人口、资源、环境、经济、社会 5 类 24 个指标的城市可持续发展调控指标体系，采用主观和客观相结合的方法确定权重，基于可拓评价方法建立城市可持续发展调控评价体系，并加以实证分析。

城市的可持续发展是一项长期、艰巨的任务。每个城市应根据当地实际情况、发展阶段制定适合自身的可持续发展战略，必须统一规划，分阶段、科学地制定目标，合理地安排各项建设任务，制定切实可行的保障措施确保城市各项建设指标的实现。

2.4 城市群可持续发展

2.4.1 从城市可持续发展到城市群可持续发展

当今国际竞争的空间单元并非国家，而是承载了各类企业和集聚了多个城市的城市群。国家或地区的竞争力主要取决于是否存在若干经济实力强大的城市群，城市群是一国国民经济的制高点。一座城市并不是孤立、封闭的体系，它与临近的区域和城镇有着紧密的联系，可以说每一座城市都是区域性城市群的一个重要组成部分，它们与城市之间和城市与区域之间的地带共同构成一个比较完整的有机整体。《国家新型城镇化报告（2014—2020 年）》在推进城镇化的指导思想中指出：以城市群为主体形态，推动大中小城市和小城镇协调发展；以综合承载能力为支撑，提升城市可持续发展水平。可见，城市群作为推动我国城镇化和促进城市可持续发展的空间载体在我国现代化进程中起着至关重要的作用已被政府所意识到。在学术界早有学者以数据和理论论证了城市群发展的重大意义，即城市群是中国城市化的空间主体，是实现中国区域总体发展战略的重要载体，是推动区域经济发展方式转变的引领者（张学良，2013）。在我国区域发展中，城市群发挥着增长极的作用，决定了我国区域经济发展的态势与空间格局，因而，城市群发展健康与否决定了我国未来整体发展的广度和深度。

经济学规律告诉我们：区域经济发展中"遍地开花"的发展格局是不存在的，发展总是优先出现在资源禀赋较好的地区。所以，经济在特定空间上集聚是区域经济发展的必然趋势。中国幅员辽阔，每个区域发展所依赖的禀赋（资源、环境、人文）有着较大的差异，从而在空间上形成了我国东中西部的经济发展格局。伴随经济全球化的不断深入，由地域上相近的不同规模和功能的多个城市聚合而成的城市群日益成为我国推进城镇化的空间主体和实现区域发展战略的重要载体。所以，城市群的可持续发展对于我国区域经济健康发展起着关键性作用。

我们已经论述了可持续发展理念到城市空间可持续发展的跨越，此处我们将详细论证城市可持续发展到城市群可持续发展跨越的重要性与科学性，具体论证主要从经济、社会、资源环境三个维度入手，具体如下：

（1）经济方面

城市群的本质是要素在超越单个城市的更大范围的城市体系内的集聚与空间配置，相对于"地方化经济"和"城市化经济"对单一城市发展的好处，功能互补、联系密切的不同等级规模的城市在一定空间地域范围内的集聚可以使大中小城市和相关小城镇充分发挥各自在促进产业发展和推进城镇化方面的优势，带来新的更强的集聚力，取得新的更强的集聚经济效应和正外部性，使城市群获得比单个城市更大的分工收益和规模效益，单一城市的规模不经济和负的空间外部性会由于要素在整个城市体系中的优化配置而得以消除。城市集聚可以形成超越"地方化经济"和"城市化经济"的集聚经济效应，也即"城市群经济"（张学良，2013）。所谓"城市群经济"本质上来说是城市与城市间的正的外部性，具体来说是不同等级的城市在空间上的"集聚效应"和"分散效应"叠加而形成的正的"溢出效应"。城市群经济对于存在于其中的企业、产业和城市而言是外部的，对于城市群整体区域而言是内部的。城市群经济至少由城市群集中经济和城市群分工交易经济两大部分组成，前者体现出城市群产业、人口集聚的"量"和"静态"特征，后者则突出了城市群产业分工与交易的"质"和"动态"特征。"城市群经济"对于城市群的可持续发展具有重要的促进作用：一方面，城市之间的产业和职能分工能够有效发挥各个城市的比较优势，提高资源利用效率；另一方面，"城市群经济"能够推动生产的专业化，由于城市在空间上的临近可产生"分工效应"，同时促进劳动力、资本和信息的充分流动，这有利于技术的创新、知识的溢出和信息的共享，从而提高生产的集约化程度和经济环境效率。

城市群在空间上的特征就是不同规模与层次的城市集中在某一特定区

域，即"城市集聚"。城市群经济是经济活动空间组织及运行的一种形式，是基于交通高度发达、社会分工深化、市场深度扩张、要素高度集聚而演化出来的区域经济形态。

（2）社会方面

城市群是城市高度集聚的一种经济形态，是不同于单个城市的行政区划的经济形态。由区位相近的城市所组成的城市群往往具有相似的社会文化和相近的心理，可以有效地打破行政区划的行政阻隔，为区域一体化发展提供了精神和文化方面的支撑。以长三角城市群为例，上海、江苏、浙江两省一市地缘相近，吴越文化与江淮文化在该区域交汇，从而形成了相似相近的社会文化形态，从而为长三角城市群发展成为我国最发达的城市群提供了强大的精神和文化支撑。

城市群由于城市分工的不同，出现了"职住分离"的现象。城市群高度发达的路网以及信息通讯技术使得更多的人摆脱有形空间和距离束缚成为可能，实现工作地点与居住地点不同城市的同城化。以交通为例，智能交通的建设使道路、使用者和交通系统之间紧密、活跃和稳定的相互信息传递与处理成为可能，使城市群内部人力资源能够获得安全、便捷的出行。城市群内各个城市之间的交通将会越来越发达、越来越便捷，实现"1小时"或"2小时"经济圈，这将大大减少资源要素在不同城市之间流动的时间成本，使得城市群内部城市间经济联系更加紧密。

同时，在城市群区域内以更大的空间范围合理配置资源，可以突破单个城市的行政界线，可以有效降低公共服务的成本，同时为居民提供更为便捷的公共服务。对于城市群区域行政管理而言，通过城市群的公共行政管理平台使得各个城市面临问题时可采取联防联治的高效方式。

（3）资源环境方面

资源是一个国家或地区所拥有的物力、人力、财力、水资源、土地资源等各类要素的总称，包括自然资源和社会资源；环境是一个国家或地区进行空间生产的载体，生态环境的好坏决定了区域内社会人口和经济的健康程度。资源环境作为区域实现可持续发展的初始禀赋，资源环境构成的地理空间转化成经济空间的能力决定了该区域是否能够实现自身空间价值最大化。鉴于城市群在国家或地区区域经济发展的重要作用，以及资源开发和环境问题具有较强的外部性，以城市群为研究对象更具合理性与科学性。

城市群是地理上相互临近城市的集聚体，区域内部各个城市之间的经济联系紧密，资源和生态环境结构相似，存在"一荣俱荣，一损俱损"的特点，因此，城市群资源环境的整体最优，需要城市群内部每个城市的共同努力，城市群内部城市间合理的空间等级、产业梯度、政策，均会对临近城市的经济社会、生态环境产生直接的影响。然而，在现实中城市群内部各城市往往从自身发展利益出发各自为战，造成资源要素抢夺的恶性竞争以及污染物排放的大范围扩散。从经济学的客观规律来讲，城市群内各城市的协同联动可实现城市群整体效益最大化，最终提升城市群的可持续发展水平。城市群内部各城市间应加强联动性，从城市群整体效益出发，因地制宜地明确自身的空间功能定位，选择与功能定位相匹配的产业，避免城市群内各城市空间功能结构分布不合理与同产业恶性竞争、资源的浪费等现象，形成合理有序的空间功能组织。

以上我们从经济、社会、资源环境三个维度论证了城市可持续发展到城市群可持续发展跨越的重要性和科学性。城市群经济为城市群可持续发展提供了物质支撑，城市群相似相近的社会文化和心理特征为城市群的可持续发展提供了文化和精神支撑，具有外部性特点的资源环境需要以城市群空间形态实现城市间联防联治的合作形式促进城市群可持续发展。城市群建设能够推动其内部城市生产的专业化，同时促进劳动力、资本和信息的充分流动，这有利于技术的创新、知识的溢出和信息的共享，从而提高生产的集约化程度和经济环境效率。城市集聚为各个城市在保护生态环境方面的联动提供了条件，城市群内各个城市可以通过建立相应的合作机制来共同推动资源的节约和环境的防治。

2.4.2　城市群可持续发展的特征

（1）城市群的可持续发展是一个更复杂的空间系统

从空间尺度的角度来看，城市群的地理空间显然要大于单个城市的地理空间。城市群内的各城市往往有着较强的联系，有着相似的自然生态和文化条件，而不同于行政化方式形成的区域。因此，与一般区域的可持续发展相比，城市群的可持续发展有着更为复杂的空间系统。城市群的可持续发展是一个高度复杂的多个城市的复合系统，这个城市复合系统是由特定地域范围内一定数量的城市资源环境承载力相互联系、相互作用所构成。城市群的可持续发展具有一般区域的可持续发展所具有的特征，而且将其表现得更加显著。从而，城市群具有比一般区域更加开放的和复杂的资源—环境—社会—经济系统功能和结构。

（2）城市群的可持续发展具有网络性特征

城市群区域有着密集的发达的交通运输网络以及通讯网络，因而，与其他区域的可持续发展相比较，城市群的可持续发展具有网络性特征。随着城市群的不断发展，这种流动性表现得更加明显。一方面，城市群区域内部各个城市之间的吸引集聚和扩散功能使人口和产业等社会经济要素在城市群范围内处于不断的流动过程中，这种流动性主要发生在城市群各组成城市之间以及城市和乡村之间，具体与不同城市的人口和产业的发展水平和规模等相关；另一方面，城市群地区往往是社会经济发展水平较高的地区，对区域外部不同地区的人口和生产要素具有很强的吸引力以及辐射作用，从而引起承载对象在城市群区域内部与区域外部之间以集聚和扩散的方式进行流动（刘晓丽，2013）。正是资源要素的广泛流动，城市群社会经济才得以快速地发展和进步。

（3）城市群的可持续发展以城市群经济为基础

城市群作为一种空间组织形式，不只是简单的城市的集合体，"群"的概念蕴含着城市群内部各个城市之间相互整合、相互协同，进而产生"1+1＞2"的聚合效应，这种由城市彼此空间临近所产生的空间正外部性即城市群经济效应是城市群的核心优势和城市群竞争力的主要来源，也是城市群的可持续发展区别于一般区域的可持续发展的主要方面。李学鑫等（2010 年）认为城市群经济是区域地理尺度下新的集聚经济形式，是地方化经济、城市化经济的复合形式，是由规模经济、范围经济相互作用的集成经济。本质上来讲，城市群经济是不同等级规模城市集聚时形成的一种正的"溢出效应"。

（4）城市群的可持续发展具有不同的阶段性特征

中国地域广阔，城市群的发展必然处在不同的发展阶段，在《2013 中国区域经济发展报告》（张学良，2013）中，我们提出东部地区主要有三个成熟型城市群（京津冀城市群、长三角城市群、珠三角城市群）；中西部地区主要是发展型城市群（山东半岛城市群、中原城市群、武汉城市群等）和形成型城市群（环鄱阳湖城市群、北部湾城市群、黔中城市群等）。处在不同发展阶段的城市群，资源环境所承载的人口规模和经济发展水平均有不同，对可持续发展战略的侧重点有着不同的要求。同时，一个城市群的发展也是由低级到高级的一个发展过程。在不同的发展阶段，可持续发展的侧重点也会不同，在城市群形成的初期，经济的发展、提高居民收入水平是重点；到高级阶段，城市群可持续发展的重点会是自然生态环境的保护、居民生活质量的提升、城市间的协同等。

2.4.3 中国城市群可持续发展的现状

城市群可持续发展是一项复杂的系统，想要准确描述城市群可持续发展的现状是一项不可能完成的工作。城市群作为一个开放的空间系统，是社会—经济—资源环境相互联系、相互制约的一个有机整体，这个整体以人的全面发展为目标来推动城市群可持续发展的。我们从社会、经济、资源环境三个维度采用相对指标（相对指标可以有效剔除人口、土地面积等因素的影响）对中国 21 个城市群 2013 年可持续发展的状况进行简单的数据分析与描述。

表 2－5　2013 年中国城市群可持续发展的状况

城市群	人均地区生产总值（元/人）	地均地区生产总值（万元/km²）	人口密度（人/km²）	人均地方财政科学支出（元）	人均地方财政教育支出（元）	城镇登记失业率（%）	建成区绿化覆盖率（%）	人均生活用电（千瓦时/人）	生活垃圾无害化处理率（%）	一般工业固体废物综合利用率（%）
京津冀	63997	3075	1436.3	404.7	1919.8	3.07	44.6	336.6	83.8	88.4
辽中南	77865	2691	1511.4	286.2	1190.9	2.67	42.8	334.5	97.5	77.2
山东半岛	77221	4595	1173.4	206.4	1174.8	2.72	42.9	283.2	99.5	94.5
长三角	75901	5642	1911.6	442.9	1508.7	2.55	50	454.6	95.8	95.4
珠三角	92839	9670	1011.3	450.6	1309.7	2.25	43	788.3	90.8	84.6

续表

城市群	人均地区生产总值（元/人）	地均地区生产总值（万元/km²）	人口密度（人/km²）	人均地方财政科学支出（元）	人均地方财政教育支出（元）	城镇登记失业率（%）	建成区绿化覆盖率（%）	人均生活用电（千瓦时/人）	生活垃圾无害化处理率（%）	一般工业固体废物综合利用率（%）
太　原	37353	798	616.6	115.4	865.0	2.65	39	222.5	68.3	—
呼包鄂榆	115938	738	834.2	148.5	1017.6	3.56	38.6	337.2	94.6	51.7
哈　长	55840	970	1307.7	78.0	925.5	3.61	36.3	214.2	80.1	94
江　淮	40952	1503	812.2	252.4	989.8	3.48	44.4	209	94.3	90.5
海峡西岸	57752	1756	2553.8	135.6	829.7	2.15	42.5	365.1	96.2	93.7
环鄱阳湖	34049	957	666.2	82.1	698.6	3.47	47.1	165.9	93.3	79.4
中　原	44948	3338	1179.4	97.1	666.7	3.15	36.1	230.8	86.4	81.6
武　汉	50849	3061	1091.2	143.1	855.7	3.50	36.8	286.6	90.6	88.6
环长株潭	48205	2029	1112.7	92.3	814.1	3.65	37.5	238.2	99.5	90
北部湾	38527	1095	944.8	86.6	942.2	3.11	39.6	319.2	92.6	97.9
成　渝	37945	1537	244.4	88.1	1367.1	3.57	40.1	232.9	90.6	90.9
黔　中	24301	850	663.3	57.1	1070.6	3.21	45	236	88.5	75
滇　中	38226	1033	697.9	95.5	800.8	3.07	38	172.1	97.3	43.8
关中—天水	37564	1227	852	52.8	1003.8	3.29	38.7	297.5	87.3	85.2
兰州—西宁	29378	585	638.3	51.0	948.0	2.66	28.5	112.5	68.5	90.6
宁夏沿黄	44824	489	779.4	108.6	958.7	4.00	27.8	179.2	99.7	82.4

注："—"表示数据缺失。

资料来源：《中国区域经济统计年鉴（2014）》和《中国城市统计年鉴（2014）》。

城市群可持续发展的经济方面，我们主要采用人均 GDP 和地均 GDP 来衡量。呼包鄂榆、珠三角、长三角三个城市群的人均 GDP 位列前三，其中珠三角、长三角城市群属东部地区；黔中、兰州—西宁城市群的人均 GDP 不足 3 万元；人均 GDP 在我国区域经济空间上总体表现为东部高于中部，中部高于西部的分布格局。珠三角、长三角、山东半岛城市群的地均 GDP 位列前三，三者均属于东部地区；地均 GDP 不足千元的有 7 个城市群，其中三个中部地区的城市群（太原、哈长、环鄱阳湖城市群），四个西部城市群（呼包鄂榆、黔中、兰州—西宁、宁夏沿黄城市群），宁夏沿黄城市群的地均 GDP 不足 500 元，仅为 489 元；地均 GDP 在我国区域经济空间上也呈现出东部高于中部，中部高于西部的分布格局。

城市群可持续发展的社会方面，我们主要采用人口密度、人均地方财政科学支出、人均地方财政教育支出、城镇登记失业率四个指标来表示。人口密度最大的是海峡西岸城市群，每平方公里达到 2553.8 人，紧随其后的是长三角和京津冀城市群；成渝城市群的人口密度最低，仅为每平方公里 244.4 人；城市群人口密度总体也呈现出东高西低的空间分布格局。人均地方财政科学支出最高的是珠三角城市群，达到 450.6 元，长三角、京津冀城市群紧随其后；有 10 个城市群的人均地方财政科学支出仅为两位数，其中有 4 个为中部地区的城市群（哈长、环鄱阳湖、中原、环长株潭城市群），6 个为西部地区的城市群（北部湾、成渝、黔中、滇中、关中—天水、兰州—西宁城市群）；城市群人均地方财政科学支出在总体上也呈现出东高西低的阶梯状空间分布格局。人均地方财政教育支出最高的三个城市群分别是京津冀、长三角、珠三角城市群；有 12 个城市群的人均地方财政教育支出不足千元，其中，东部地区一个，即海峡西岸城市群，中部地区有 7 个城市群（太原、哈长、江淮、环鄱阳湖、中原、武汉、环长株潭城市群），西部地区有 4 个城市群（北部湾、滇中、兰州—西宁、宁夏沿黄城市群）；城市群人均地方财政教育支出在我国区域空间上呈现出"中部塌陷"现象，即东部地区与西部地区的人均地方财政教育支出均高于中部地区。城镇登记失业率低于 3% 的城市群有 7 个，其中，有 5 个为东部地区的城市群（辽中南、山东半岛、长三角、珠三角、海峡西岸城市群），中部地区（太原城市群）和西部地区（兰州—西宁城市群）各有一个；宁夏沿黄城市群城镇登记失业率最高，达到了 4%；显然，中西部地区的城镇登记失业率略高于东部地区的。

城市群可持续发展的资源环境方面，我们主要采用建成区绿化覆盖率、人均生活用电、生活垃圾无害化处理率、一般工业固体废物综合利用率四个指标进行简要描述。长三角城市群建成区绿化覆盖率最大，达到 50%；兰州—西宁、宁夏沿黄城市群的建成区绿化覆盖率不足 30%；总体上来说，城市群建成区绿化覆盖率东部优于中部，中部优于西部。珠三角城市群人均生活用电最高，其次是长三角城市群；兰州—西宁城市群人均生活用电最低，仅为 112.5 千瓦时；可以很明显的看出，较西部地区城市群，东中部地区的城市群，尤其是东部地区城市群的电力能源消耗较大。各个城市群在生活垃圾无害化处理率上没有较大的差别，需要指出的是太原、兰州—西宁城市群在生活垃圾无害化处理方面做得较差，均不足70%。一般工业固体废物综合利用方面，各个城市群一般工业固体废物综合利用率大多在 70% 以上，其中，北部湾城市群做得最好，其利用率达到了 97.9%，紧随其后的是长三角、山东半岛城市群；滇中城市群在一般工业固体废物综合利用方面做得最不好，其利用率不足 50%，呼包鄂榆城市群也不是很好，一般工业固体废物综合利用仅为 51.7%。

综上，我们首先论证了可持续发展由城市到城市群的跨越，然后，以相对数据指标简要描述了我国 21 个城市群可持续发展的现状。通过对数据的分析，我们发现城市群可持续发展在我国区域空间格局中总体上呈现出东高西低阶梯状的分布形态。虽然东部地区的城市群经济体量巨大，能源消耗也大，污染较大，但是其可持续发展的现状明显要好于中西部地区的城市群，这表明经济在空间上的集聚可以一定程度上提高空间的可持续发展能力。

参考文献

[1] 齐建国：《中国经济"新常态"的语境解析》，《西部论坛》2015年第 1 期。

[2] 姚士谋、陈振光、朱英明：《中国城市群》，中国科学技术大学出版社 2006 年 12 月。

[3] 张志强、孙成权、程国栋、牛文元：《可持续发展研究：进展与趋向》，《地理科学进展》1999 年第 6 期。

[4] 牛文元：《中国可持续发展的理论与实践》，《中国科学院院刊》2012 年第 3 期。

[5] 牛文元：《可持续发展理论的内涵认知——纪念联合国里约环发大会 20 周年》，《中国人口·资源与环境》2012 年第 5 期。

［6］马爱锄、黑亮、雷国材：《西北干旱地区生态环境建设中的草畜产业问题研究》，《干旱地区农业研究》2003 年第 2 期。

［7］李伟、劳川奇：《绿色 GDP 核算的国际事件与启示》，《生态经济》2006 年第 9 期。

［8］李茂：《联合国综合环境经济核算体系》，《国土资源情报》2005 年第 5 期。

［9］陆大道、樊杰：《区域可持续发展研究的兴起与作用》，《中国科学院院刊》2012 年第 3 期。

［10］顾朝林：《论中国城市持续发展研究方向》，《城市规划汇刊》1994 年第 6 期。

［11］李松志、董观志，《城市可持续发展理论及其对规划实践的指导》，《城市问题》2006 年第 7 期。

［12］林祥荣：《生态与环境：城市可持续发展与生态环境调控新论》，东南大学出版社 2000 年。

［13］凌亢、赵旭：《南京市可持续发展评价指标体系及其实践》，《南京经济学院学报》2000 年第 4 期。

［14］严正：《中国城市发展问题报告：问题·现状·挑战·对策》，中国发展出版社 2004 年。

［15］郭培章：《全面推进我国城市的可持续发展》，《宏观经济管理》2005 年第 5 期。

［16］李辉：《我国城市可持续发展对策研究》，《经济纵横》2005 年第 12 期。

［17］陈绍愿、张虹鸥、林建平：《城市群落学：城市群现象的生态学解读》，《经济地理》2006 年第 5 期。

［18］李锋、王如松、闵庆文：《济宁生态市规划与建设途径》，《城市环境与城市生态》2006 年第 6 期。

［19］程开明、李金昌：《紧凑城市与可持续发展的中国实证》，《财经研究》2007 年第 10 期。

［20］凌亢、白先春、郭存芝：《城市可持续发展调控的可拓研究》，《中国软科学》2009 年第 12 期。

［21］戴宾：《城市群及其相关概念辨析》，《财经科学》2004 年第 6 期。

［22］刘晓丽：《城市群地区资源环境承载力理论与实践》，中国经济出版社 2013 年 3 月。

［23］张协奎、林剑、陈伟清：《广西北部湾经济区城市群可持续发展对策研究》，《中国软科学》2009 年第 5 期。

［24］李学鑫、苗长虹：《城市群经济的性质与来源》，《城市问题》2010 年第 10 期。

［25］张学良：《2013 中国区域经济发展报告——中国城市群的崛起于协调发展》，人民出版社 2013 年 5 月。

［26］江璐璐、师谦友、陈昱、王曼：《关中城市群可持续发展潜力评价研究》，《河南科学》2013 年第 11 期。

［27］张学良：《2014 中国区域经济发展报告——中国城市群资源环境承载力》，人民出版社 2014 年 9 月。

［28］袁莉、蔡琨：《城市群可持续发展的系统评论——以长株潭城市群为例》，《系统科学学报》2014 年第 4 期。

［29］张俊军、许学强、魏清泉：《国外城市可持续发展研究，《地理研究》1999 年第 2 期。

［30］张学良：《中国区域经济转变与城市群经济发展》，《学术月刊》2013 年第 7 期。

［31］Lubchenco J.， "Entering the Century of the Environment：a New Social Contract for Science"， *Science*，1998，279：491—497.

［32］Kenneth Arrow，Bert Bolin，Robert Costanza，et. al.， "Economic Growth，Carrying Capacity，and the Environment"， *Ecologocal Economics*，1995，(15).

［33］张学良、杨朝远：《论中国城市群资源环境承载力》，《学术月刊》2014 年第 9 期。

第二部分　专题研究

3

中国城市群
可持续发展竞争力分析

改革开放以来快速推进的工业化和城镇化成就了中国的"增长奇迹"，然而在物质财富不断丰富的同时，中国也面临着人口膨胀、发展失衡、资源枯竭、环境恶化等一系列挑战，制约了未来进一步的发展和居民生活水平的提升，如何实现发展的可持续性已成为当今中国的一个重要命题。在工业化和城镇化进程中，自然要素和社会要素的约束决定了中国不可能呈现出"遍地开花"的发展格局，经济活动的空间集聚是区域发展的必然趋势，由此可持续发展的研究也需要基于不同地区的发展情况和战略地位针对特定的空间单位进行重点分析。伴随经济全球化的不断深入，由地域上相近的不同规模和功能的多个城市聚合而成的城市群日益成为我国推进城镇化的空间主体和实现区域发展战略的重要载体，同时城市群也是经济社会和生态发展问题出现最为严重的地区，在城市群的空间尺度上进行可持续发展的分析和评价具有充分的必要性和合理性。本章在论证城市群可持续发展竞争力内涵的基础上，从经济、社会和生态三个子系统出发构造了城市群可持续发展竞争力的评价指标体系，并采用因子分析方法对中国21个主要城市群的可持续发展竞争力格局和可持续发展模式进行了实证分析。

3.1 城市群可持续发展竞争力评价指标体系

3.1.1 城市群可持续发展竞争力的内涵

当今国际竞争的基本单位已不是国家，也不是企业，而是城市群以及城市群的首位城市，一个国家的综合竞争力取决于是否有若干综合经济实力强大的城市群与全球城市区域，它们是一国国民经济的制高点，城市群可持续发展能力的高低将直接影响我国经济发展的态势与空间格局，决定着我国未来整体发展的高度和深度。作为我国推进新型城镇化和实施区域发展战略的主体，城市群集聚了大量的劳动力、资本、技术、信息等生产要素，具有明显的规模经济效应，但经济的发展和规模的扩张在一定程度上也造成了交通拥堵、空气污染、土地紧缺、房价上涨、社会分层等一系列问题，同时我国城市群当前的发展模式和产业结构也不尽合理，经济增长的高投入—高污染现象比较严重，进一步加剧了资源消耗和环境污染，削弱了城市群的发展潜力，如何解决这些问题从而提高城市群的可持续发展竞争力，是未来城市群发展所应关注的焦点。

针对中国城市群的可持续发展问题，现有文献从不同角度进行了分析。王志宪等人（2005）以长三角城市群为研究对象认为长三角在可持续发展进程中存在着集约化程度低、交通运输紧张、生态环境恶化等问题，未来要进一步优化产业结构，加强对资源的管理。李妍君（2011）聚焦京津冀城市群的可持续发展问题，从协调经济、社会、生态和谐发展的角度提出了促进京津冀可持续发展的政策建议。此外，盖文启（2000）、王树功和周永章（2002）、张协奎等（2009）、刘新（2011）还分别针对山东半岛城市群、珠三角城市群、北部湾城市群和中原城市群的可持续发展进程进行了分析。另有一些学者则对城市群可持续发展进行了定量研究，从经济、社会、资源和环境维度选取特定指标对城市群可持续发展竞争力进行评价，并分析了中国不同城市群的经济社会与环境协调度（方创琳等，2010；宋建波、武春友，2010；黄焕春、运迎霞，2011；张伟等，2013；张辽、杨成林，2014；曾鹏、毕超，2015）。

基于现有研究可以发现，相比一般的竞争力分析更多地聚焦产业和企业层面关注经济的繁荣和增长，可持续发展则更加关注人的发展，经济增长只是必要条件，在发展经济的同时还要注重社会和谐与生态保护。可持续发展的理念不仅要求注重当前的发展水平和竞争力，更要通过对经济、社会、环境等要素的优化整合，形成可持续发展潜能，提高对未来发展需求的满足程度。而对于城市群的可持续发展，其依赖于区域内各个城市的可持续发展能力，但与城市可持续发展相比，将城市群作为可持续发展的载体又具有其特定的优势。城市集聚可以形成超越"地方化经济"和"城市化经济"的集聚经济效应，也即"城市群经济"（张学良、李培鑫，2014），"城市群经济"对于城市群的可持续发展具有重要的促进作用，具体体现在三个方面：第一，城市之间的产业和职能分工能够有效发挥各个城市的比较优势，提高资源利用效率；第二，"城市群经济"能够推动生产的专业化，同时促进劳动力、资本和信息的充分流动，这有利于技术的创新、知识的溢出和信息的共享，从而提高生产的集约化程度和经济环境效率；第三，城市集聚为生态保护的联动和社会公共服务的共享提供了条件，城市群内各个城市可以通过建立相应的合作机制来共同推动地区的可持续发展。

由此，城市群可持续发展是一项复杂的系统工程，通过对比一般竞争力和可持续发展竞争力、城市可持续发展和城市群可持续发展的联系和区别，本书认为城市群可持续发展竞争力应该具有这样的内涵：在全球化和信息化背景下，通过城市群各个城市之间的协同发展来实现经济、社会和生态三个子系统的统筹，妥善平衡和处理好"城与城""城与自然""人与城""人与自然""人与人"之间的关系，从而维护和拓展由一定资源环境条件构成的城市群地理空间，同时提高地理空间转化为经济空间和人文空间的能力，最终实现城市群空间价值的最大化。

3.1.2 城市群可持续发展竞争力指标体系设计

根据城市群目前发展中存在的一系列经济、社会、环境问题和城市群可持续发展竞争力的基本内涵，遵循指标体系构建的科学性、可比性、综合性、相关性和可操作性原则，本书构建的城市群可持续发展竞争力指标体系由经济、社会和生态三个板块构成，兼顾经济可持续发展、社会和谐稳定发展、人与自然和谐发展三个方面相互支撑的子系统，既考虑城市群当前的发展水平，更关注城市群未来的发展潜力。

3.1.2.1 城市群经济可持续发展竞争力

城市群可持续发展要以经济繁荣为基础，没有财富的积累也就没有人的发展，经济发展是否具有可持续性决定着城市群整体的发展水平。在城市群经济可持续发展方面，我们重点关注以下几个方面：（1）经济规模。

只有具备一定的经济总量，才能更好地发挥城市群的集聚经济效应，提高城市群的影响力和竞争力，我们主要采用 GDP 总量、规模以上工业总产值、工业用电量和社会消费品零售总额来度量经济规模。（2）产出效率。资源的有限性决定了经济总量的增加不能完全依赖要素的投入，而更应该依赖技术进步和要素配置效率的提升，产出效率是决定城市群经济可持续发展的关键因素，而效率改变往往体现在投入与产出的比值上面，我们用人均 GDP 和地均 GDP 来度量产出效率。（3）收入水平。城市群可持续发展的核心在于以人为本，经济发展的主要目标也是在于居民财富的增加，因此居民收入水平是城市群可持续发展竞争力的重要体现，同时其在一定程度上也反映了劳动生产率的高低，这里用在岗职工平均工资、城镇居民人均可支配收入和农村居民人均纯收入来衡量收入水平。（4）增长潜力。经济可持续发展不仅体现在当前的经济发展水平，其更为直接的反映是城市群未来的增长潜力，根据新古典经济增长理论，物质资本、劳动力、人力资本、技术进步是经济增长的主要决定因素，因此我们用 GDP 增长率、就业人数、全社会固定资产投资总额、每万人在校大学生数、政府科技支出来作为这些因素的代理变量。（5）产业结构。产业是经济增长的载体，由于不同的产业具有不同的经济绩效，能否优化产业结构、增加高附加值产业的比重将在很大程度上决定城市群未来的竞争力，这里用非农产业比重和第三产业与第二产业产值比来衡量产业结构水平。（6）金融财政。货币政策和财政政策是宏观调控的主要工具，因此金融和财政对经济发展具有十分重要的影响，我们采用地方财政一般预算收入和金融机构人民币贷款额来反映城市群的金融和财政状况。（7）对外开放。对外贸易和外商直接投资是城市群对外开放的两个方面，而不论是进出口还是外商直接投资，都有利于企业接受技术外溢和吸收国外先进的管理经验，从而提高自身竞争力，我们采用货物进出口总额和外商直接投资实际使用额来表示对外开放水平。（8）基础设施。交通和通信基础设施是城市群内要素流动的主要载体，城市群可持续发展的实现依赖于劳动力、资本、信息和商品等在城市群范围内的充分自由流动，而人流、物流、资金流和信息流的实现必须以完善的基础设施作为支撑，尤其是当前城市群交通拥堵问题日益严重，基础设施的作用更加凸显，我们采用公路网密度、人均城市道路面积、每万人拥有公共汽车、邮电业务总量、移动电话用户数、国际互联网用户数来衡量基础设施水平。

3.1.2.2 城市群社会可持续发展竞争力

城市群可持续发展更加注重人的发展，根据马斯洛的需求层次理论，人的需求从低到高分别为生理需求、安全需求、社交需求、尊重需求和自我实现需求。经济发展和财富增加是满足人的需求的必要条件，而社会可持续发展则应该是为需求实现提供相应的保障，尤其是高层次需求的实现，其更加需要一个和谐稳定的社会环境。具体来说，城市群社会可持续发展应包含以下几个方面：（1）社会稳定。社会稳定是城市群社会可持续发展最主要的体现，虽然城市化的快速推进使城乡差距有所减小，但户籍制度的存在使得城市内部的二元结构日益严重，城市农民工在就业和基本公共服务方面仍然受到歧视，而社会分化和不公平问题会对城市群未来发展产生严重的制约作用，受限于数据可得性我们没有选择指标来对城市内部的二元结构进行衡量，只采用城乡收入比和城镇登记失业率来反映社会稳定度。（2）人口结构。城市群的社会人口结构也是影响可持续发展的重要因素，人口结构性矛盾不仅会带来许多社会问题，更会对经济增长带来消极的影响，这里我们主要考虑人口城市化和人口老龄化，人口由农村流入城市会对生产生活方式产生重要的影响，在一定程度上有利于生产效率和居民生活水平的提高，而人口老龄化则是"人口红利"消失的表现，会减少劳动力的供给，增加经济社会负担，这里采用城镇人口比重和65岁以上人口比重来度量城镇化和老龄化。（3）社会保障。社会保障既是满足居民基本需求、提高公共福利水平的有效手段，同时也是维护社会公平稳定的重要方法，对城市群可持续发展具有重要意义，我们采用城镇养老、医疗和失业保险参保比重来度量社会保障水平。（4）居民住房。住房是居民生活最基的需求之一，随着城市规模的扩张，城市房价水平也不断上涨，使得住房需求得不到有效保障，影响了居民生活水平的提升，我们采用农村人均住房面积和城镇人均住房建筑面积来表示居民住房水平。（5）教育文化。教育文化对应于居民更高层次的精神需求，良好的教育服务和文化设施可以有效提高居民素质和人力资本水平，对社会进步和经济发展至关重要，我们采取普通中学师生比、生均财政教育支出、每百人拥有公共图书馆藏书、影院、剧场以及公共图书馆个数来衡量教育文化水平。（6）医疗卫生。医疗卫生对应于居民最为基本的生理和健康需求，是城市群可持续发展最为基本的保障，我们采用每万人拥有医生数和每万人拥有卫生机构床位数来进行度量。

3.1.2.3 城市群生态可持续发展竞争力

资源环境构成了支撑城市群可持续发展的地理空间，但是由于粗放型的经济发展模式和环保理念的薄弱，我国城市群的生态环境问题日益凸显，雾霾天气、PM2.5 超标更是引起了极大关注，这严重威胁到了城市群未来的经济社会发展，实现生态环境的可持续发展是城市群目前面临的最重要的任务。根据生态可持续发展的特征，我们主要从城市群自然条件禀赋和人类行为活动对环境的影响两个方面进行研究，具体包含以下几个方面：（1）资源禀赋。无论是生产还是生活，都需要消耗一定的资源和能源，因此充裕的资源禀赋和较高的资源利用效率是城市群未来经济增长和生活水平提高的前提，我们采用人均生活用电量、人均生活用水量、人均煤气用量和人均液化石油气用量来度量资源禀赋。（2）绿化状况。城市化进程往往伴随城市建设用地面积的扩张，然而建设用地的使用结构却不尽合理，一个重要的表现就是绿化用地比重较低，这在一定程度上制约着城市群生态环境的改善，这里用人均绿地面积和建成区绿化覆盖率来度量绿化状况。（3）环境污染。环境污染是城市群生态可持续发展面临的最大挑战，而污染产生的最主要的原因在于产业结构不合理和生产效率的低下，衡量城市群的污染状况不应只关注污染物排放的总量，更应关注环境生产效率，即一定产出水平下的污染物排放，因此我们用单位 GDP 工业废水排放量、单位 GDP 工业二氧化硫排放量和单位 GDP 工业烟尘排放量来反映污染状况。（4）污染治理。污染物的治理是缓解环境污染的有效方式，有利于生态环境质量的提高，这里采用一般工业固体废物综合利用率、城镇生活污水处理率和生活垃圾无害化处理率来度量环境治理水平。

根据上述分析，城市群可持续发展竞争力评价框架如图 3－1 所示：

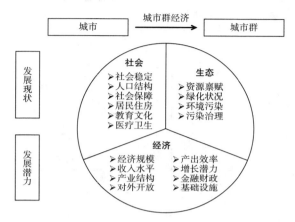

图 3-1 城市群可持续发展竞争力评价框架

城市群可持续发展竞争力评价指标体系如表 3-1 所示：

表 3-1 城市群可持续发展竞争力评价指标体系

目标层	一级指标	二级指标	序号	三 级 指 标
城市群可持续发展竞争力	经济可持续	经济规模	1	GDP（亿元）
			2	规模以上工业总产值（亿元）
			3	工业用电量（万千瓦时）
			4	社会消费品零售总额（亿元）
		产出效率	5	人均 GDP（元/人）
			6	地均 GDP（万元/平方公里）
		收入水平	7	在岗职工平均工资（元）
			8	城镇居民人均可支配收入（元）
			9	农村居民人均纯收入（元）
		增长潜力	10	GDP 增长率
			11	就业人口数（人）
			12	全社会固定资产投资总额（亿元）
			13	政府科技支出（万元）
			14	每万人在校大学生数（人）

续表

目标层	一级指标	二级指标	序号	三 级 指 标
经济可持续		产业结构	15	非农产业比重（％）
			16	第三产业与第二产业产值比
		金融财政	17	地方财政一般预算收入（元）
			18	金融机构人民币贷款额（元）
		对外开放	19	货物进出口总额（万美元）
			20	外商直接投资实际使用额（万美元）
		基础设施	21	公路网密度
			22	人均城市道路面积（平方米/人）
			23	每万人拥有公共汽车（辆/万人）
			24	邮电业务总量（万元）
			25	移动电话用户数（万户）
			26	国际互联网用户数（万户）
社会可持续		社会稳定	27	城镇登记失业率（％）
			28	城乡居民收入差距（元）
		人口结构	29	人口城市化率（％）
			30	人口老龄化率（％）
		社会保障	31	城镇职工基本养老保险参保比例（％）
			32	城镇基本医疗保险参保比例（％）
			33	失业保险参保比例（％）
		居民住房	34	农村人均住房面积（平方米/人）
			35	城镇人均住房建筑面积（平方米/人）
		教育文化	36	普通中学师生比
			37	生均财政教育支出（元/人）
			38	每百人拥有公共图书馆藏书（册）
			39	影院、剧场以及公共图书馆个数（个）
		医疗卫生	40	每万人拥有医生数（人）
			41	每万人拥有卫生机构床位数（个）

目标层	一级指标	二级指标	序号	三　级　指　标
生态可持续		资源禀赋	42	人均用电量（千瓦时/人）
			43	人均用水量（吨/人）
			44	人均煤气用量（立方米/人）
			45	人均液化石油气用量（吨/人）
		绿化状况	46	人均绿地面积（平方米/人）
			47	建成区绿化覆盖率（%）
		环境污染	48	单位 GDP 工业废水排放量（万吨/元）
			49	单位 GDP 工业二氧化硫排放量（吨/元）
			50	单位 GDP 工业烟尘排放量（吨/元）
		污染治理	51	一般工业固体废物综合利用率（%）
			52	城镇生活污水处理率（%）
			53	生活垃圾无害化处理率（%）

3.1.3　数据来源和指标说明

城市群可持续发展竞争力评价指标的数据来自《中国城市统计年鉴（2014）》和《中国区域经济统计年鉴（2014）》，同时还有第六次人口普查的数据。除做特别说明外，数据的统计口径都是全市。各项指标的具体计算和处理方法如下：

（1）对于总量指标，对城市群内的各个城市的数据进行直接加总得到城市群的数据。

（2）对于人均 GDP、地均 GDP、在岗职工平均工资、非农产业比重、第三产业与第二产业产值比、公路网密度、人均城市道路面积、每万人拥有公共汽车、城镇职工基本养老保险参保比例、城镇基本医疗保险参保比例、失业保险参保比例、普通中学师生比、生均财政教育支出、每百人拥有公共图书馆藏书、每万人拥有医生数、每万人拥有卫生机构床位数、人均生活用电量、人均生活用水量、人均煤气用量、人均液化石油气用量、人均绿地面积、建成区绿化覆盖率、单位 GDP 工业废水排放量、单位 GDP 工业二氧化硫排放量和单位 GDP 工业烟尘排放量这些指标，采取总量除以总量的计算方法，即先分别加总求出各指标分子部分和分母部分的城市群总量数据，然后相除得到相应的均值和比率指标数据，其中人口都是指常住人口。另外，人均城市道路面积、每万人拥有公共汽车、人均生活用电量、人均生活用水量、人均煤气用量、人均液化石油气用量、人均绿地面积、建成区绿化覆盖率这些指标的统计口径为市辖区，由于市区常住人口的数据在年鉴中统计不完全，因此市区常住人口在这采用的是第六次人口普查的相应数据。

（3）对于城镇居民人均可支配收入、农村居民人均纯收入、每万人在校大学生数、城镇登记失业率、农村人均住房面积、城镇人均住房建筑面积和生活垃圾无害化处理率这些指标，采用常住人口作为权重对各个城市相应的数据进行加权平均，以此求得城市群的指标数据。

（4）对于工业固体废物综合利用率和污水处理厂集中处理率指标，采用规模以上工业总产值作为权重对各个城市相应的数据进行加权平均，以此得到城市群的数据。

（5）对于 GDP 增长率指标，采用地区生产总值作为权重对各个城市相应的数据进行加权平均，以此求得城市群的指标数据。

（6）对于城乡居民收入差距指标，是用城市群的农村居民人均纯收入与城市群的城镇居民人均可支配收入相比得到。

（7）对于人口城市化率指标，是用城市群总的城镇人口除以城市群总的常住人口得到，由于城镇人口数据在年鉴中统计也不完全，所以在这城镇人口和常住人口采用的都是第六次人口普查的相应数据，此指标是基于第六次人口普查数据求得。

（8）对于人口老龄化率指标，是用城市群 65 岁及以上人口数量除以城市群总的常住人口得到，由于分年龄段人口在年鉴中没有统计，所以此指标也是基于第六次人口普查数据求得。

（9）由于一些指标是逆向代表城市群可持续发展竞争力的，所以对其进行正向化处理，针对指标特点，对城镇登记失业率和人口老龄化率指标采用取负值法，对单位 GDP 工业废水排放量、单位 GDP 工业二氧化硫排放量、单位 GDP 工业烟尘排放量采用取倒数法。

（10）对所有指标数据都进行无量纲化处理。

3.2 中国城市群可持续发展竞争力评价分析结果

3.2.1 中国城市群划分及其发展阶段

现有文献在对中国城市群的可持续发展水平进行测度和评价时，多是以十大主要城市群或某些特定城市群为研究对象（张辽、杨成林，2014；曾鹏、毕超，2015），而本书则基本延续《2014 中国区域经济发展报告》的划分，以中国 21 个城市群作为评价对象。与《2014 中国区域经济发展报告》相比，本书将长三角城市群所包含的城市由 16 个扩展到 25 个，这样做主要是考虑到目前长三角地区的合作和协同多是在两省一市的范围内展开，江浙沪 25 个城市之间存在密切的联系和交流。而由于将徐州和连云港划入到长三角城市群，日照则属于山东半岛城市群，因此为避免重复计算，本书的研究对象不再包括东陇海城市群。城市群划分及其空间分布如表 3—2 所示。

表 3—2 中国主要城市群及其空间范围

序号	城市群名称	空 间 范 围
1	京津冀城市群	包括两个直辖市北京、天津以及河北省的石家庄、秦皇岛、唐山、廊坊、保定、沧州、张家口、承德共 10 个城市
2	长三角城市群	包括一个直辖市上海以及江苏省的南京、无锡、徐州、常州、苏州、南通、连云港、淮安、盐城、扬州、镇江、泰州、宿迁和浙江省的杭州、宁波、温州、嘉兴、湖州、绍兴、金华、衢州、舟山、台州、丽水共 25 个城市
3	珠三角城市群	包括广东省的深圳、广州、珠海、佛山、江门、肇庆、惠州、东莞、中山共 9 个城市
4	辽中南城市群	包括辽宁省的沈阳、大连、鞍山、抚顺、本溪、辽阳、丹东、营口、盘锦、铁岭共 10 个城市
5	山东半岛城市群	包括山东省的济南、青岛、烟台、淄博、威海、潍坊、东营、日照共 8 个城市

序号	城市群名称	空 间 范 围
6	哈长城市群	包括黑龙江省哈尔滨、大庆、齐齐哈尔、牡丹江及吉林省的长春、吉林、松原、延边朝鲜族自治州共8个市州
7	江淮城市群	包括安徽省的合肥、芜湖、马鞍山、铜陵、安庆、滁州、池州、六安、宣城共9个城市
8	海峡西岸城市群	包括福建省的福州、厦门、莆田、三明、泉州、漳州、南平、龙岩、宁德共9个城市
9	中原城市群	包括河南省的郑州、济源、开封、洛阳、平顶山、新乡、焦作、许昌、漯河共9个城市
10	武汉城市群	包括湖北省的武汉、黄石、鄂州、黄冈、孝感、咸宁、仙桃、天门、潜江共9个城市
11	环长株潭城市群	包括湖南省的长沙、株洲、湘潭、岳阳、衡阳、常德、益阳、娄底共8个城市
12	环鄱阳湖城市群	包括江西省的南昌、景德镇、鹰潭、九江、新余、抚州、宜春、上饶、吉安共9个城市
13	成渝城市群	包括一个直辖市重庆以及四川省的成都、德阳、绵阳、眉山、资阳、遂宁、乐山、雅安、自贡、泸州、内江、南充、宜宾、达州、广安共16个城市
14	关中—天水城市群	包括陕西省的西安、铜川、宝鸡、咸阳、商洛、渭南和甘肃省的天水共7个城市
15	太原城市群	包括山西省的太原、晋中、阳泉、吕梁、祈州共5个城市
16	北部湾城市群	包括广西省的南宁、北海、钦州、防城港共4个城市
17	兰州—西宁城市群	包括甘肃省的兰州、白银、定西、临夏回族自治州和青海省的西宁共5个市州
18	滇中城市群	包括云南省的昆明、曲靖、玉溪和楚雄共4个市州
19	黔中城市群	包括贵州省的贵阳、遵义、安顺、毕节、黔东南州、黔南州共6个市州
20	呼包鄂榆城市群	包括内蒙古的呼和浩特、包头、鄂尔多斯和陕西省的榆林共4个城市
21	宁夏沿黄城市群	包括宁夏的银川、石嘴山、吴忠和中卫共4个城市

资料来源：《2014 中国区域经济发展报告—中国城市群资源环境承载力》，人民出版社 2014 年版。

　　需要说明的是，对于本书要分析的 21 个城市群，其目前处于不同的发展阶段：有的已经发展成为成熟型城市群；有的已经具备了一定的基础，目前还处于快速发展的阶段，为发展型城市群；还有的正处于向城市群演变的阶段，但现在还不能算真正意义上的城市群，称为形成型城市群。根据《2014 中国区域经济发展报告》，"城市群经济"效应的现实实现能力是判断城市群是否形成以及所处发展阶段的主要依据，具体体现在城市群是否集聚了一定规模的要素、是否形成了完善的城市体系和一定的整合发展能力、是否具有发达的基础设施网络、是否表现出较高的经济发展水平，从这四个方面出发选取一定的判别指标并设定相关判别标准，采用赋值打分法得到我国城市群发展阶段的分布情况如表 3－3 所示。值得注意的是，城市群发展阶段并不等同于城市群可持续发展竞争力，其主要反映的是城市群协同发展和规模经济实现的情况，并没有反映城市群社会环境和生态环境的承载能力，要衡量城市群的可持续发展竞争力，需要更加充分地考虑城市群经济、社会、生态等各个方面的发展，采用更加系统的指标体系来进行分析。

表 3－3 中国主要城市群的发展阶段划分

序号	阶段名称	阶段得分	城市群名称（简称）
1	成熟型城市群	L≥25	京津冀、长三角、珠三角
2	发展型城市群	15≤L<25	辽中南、山东半岛、哈长、江淮、海峡西岸、中原、武汉、环长株潭、成渝、关中—天水
3	形成型城市群	L<15	环鄱阳湖、太原、北部湾、兰州—西宁、滇中、呼包鄂榆、宁夏沿黄、黔中

资料来源：《2014 中国区域经济发展报告—中国城市群资源环境承载力》，人民出版社 2014 年版。这里只列出了作为本书评价对象的 21 个城市群。

3.2.2 中国城市群可持续发展竞争力格局

本书基于构造的城市群可持续发展竞争力评价指标体系采用因子分析方法对中国 21 个主要城市群 2013 年的可持续发展竞争力进行分析，由于指标体系由经济、社会和生态三个板块构成，而每个板块都涵盖众多的指标，因此在对中国城市群可持续发展竞争力进行评价时，我们首先对这三个方面的指标分别进行因子分析，得到城市群经济可持续发展得分、社会可持续发展得分和生态可持续发展得分，然后将三个方面的因子得分取平均值得到城市群可持续发展竞争力综合得分，以此对各个城市群进行评析。城市群可持续发展竞争力得分及排名情况如表 3－4 所示。

表 3—4　2013 年中国城市群可持续发展竞争力因子分析结果

城　市　群	经济可持续发展		社会可持续发展		生态可持续发展		可持续发展竞争力	
	因子得分	排名	因子得分	排名	因子得分	排名	因子得分	排名
长三角城市群	2.3723	1	0.6857	2	0.5473	2	1.2018	1
珠三角城市群	1.1850	2	1.1359	1	1.0940	1	1.1383	2
京津冀城市群	0.8563	3	0.3783	4	−0.1181	14	0.3721	3
山东半岛城市群	0.3898	4	0.2779	6	0.2941	4	0.3206	4
海峡西岸城市群	−0.0352	7	0.1885	8	0.4328	3	0.1953	5
辽中南城市群	0.1105	6	0.3425	5	0.0623	9	0.1718	6
环长株潭城市群	−0.1817	9	0.2500	7	0.2769	5	0.1150	7
武汉城市群	−0.2028	10	0.4387	3	0.0051	10	0.0803	8
中原城市群	−0.0854	8	0.0217	10	−0.0616	12	−0.0418	9
成渝城市群	0.1993	5	−0.4597	18	−0.1080	13	−0.1228	10
环鄱阳湖城市群	−0.3706	15	−0.2609	14	0.2232	7	−0.1361	11
江淮城市群	−0.2487	13	−0.5195	20	0.1891	8	−0.1930	12
哈长城市群	−0.2412	12	−0.1352	13	−0.3297	17	−0.2354	13
北部湾城市群	−0.5712	18	−0.3950	17	0.2526	6	−0.2379	14
关中—天水城市群	−0.3378	14	−0.2748	15	−0.1767	16	−0.2631	15
呼包鄂榆城市群	−0.2170	11	0.0012	11	−0.6233	19	−0.2797	16
滇中城市群	−0.4661	17	−0.3617	16	−0.1697	15	−0.3325	17
宁夏沿黄城市群	−0.5752	20	−0.0855	12	−0.3663	18	−0.3423	18
太原城市群	−0.4049	16	0.0601	9	−0.7013	21	−0.3487	19
黔中城市群	−0.5739	19	−0.7739	21	−0.0313	11	−0.4597	20
兰州—西宁城市群	−0.6014	21	−0.5142	19	−0.6912	20	−0.6023	21

资料来源：根据《中国城市统计年鉴（2014）》、《中国区域经济统计年鉴（2014）》、第六次人口普查数据以及相关网站数据，作者计算得到。

3.2.2.1　城市群经济可持续发展分析

从图 3—2 可以看出，在经济可持续发展方面，东部地区城市群相比中西部城市群具有明显的优势，长三角、珠三角和京津冀城市群作为三大经济增长极是我国经济可持续发展能力最强的城市群，而山东半岛、辽中南和海峡西岸城市群也依靠良好的区位条件和"双核驱动"模式取得了较好的经济发展。2013 年长三角城市群、珠三角城市群、京津冀城市群、山东

半岛城市群、辽中南城市群和海峡西岸城市群集中了我国城市群 61.91%
的生产总值和 68.96% 的工业产值，其中长三角城市群是我国经济体量最
大的城市群，2013 年其地区生产总值和规模以上工业总产值分别达到
120321.92 亿元和 226218.81 亿元，占所有城市群的 23.87% 和 28.28%，
此外，长三角城市群在消费需求、对外开放和金融财政等方面也都领先于
其他城市群，社会消费品零售总额、货物进出口总额、外商直接投资实际
使用额、金融机构贷款额、地方财政一般预算收入等指标都居于首位，而
这与其核心城市上海打造全球经济、金融、航运、贸易中心相对应。

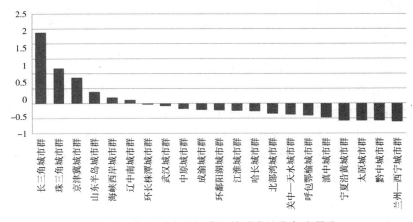

图 3-2 中国城市群经济可持续发展竞争力得分

经济可持续发展不仅在于产出数量，更依赖于经济发展质量，而除了
规模和总量上的优势，东部地区城市群在生产效率、收入水平和产业结构
等方面也都强于中西部城市群，长三角城市群、珠三角城市群、京津冀城
市群、山东半岛城市群、辽中南城市群和海峡西岸城市群的人均 GDP、地
均 GDP、职工工资、城乡居民收入、非农产业比重都远高于全国城市群的
平均水平，其中珠三角城市群具有最高的城乡居民收入和非农产业比重，
而京津冀城市群的第三产业则最为发达。在经济增长潜力方面，虽然近几
年中西部地区的 GDP 增长率超过了东部地区，但这在很大程度上依靠的
是投资驱动和相关政策支持，不具有可持续性，决定经济增长最为根本和
关键的因素在于生产率水平的提升，而生产率则依赖于城市群的科技创新

水平、人力资本水平和基础设施水平，在这些方面东部地区城市群仍然具备明显的优势，因此未来一段时间全国经济发展的重心仍然是在东部城市群，中西部城市群则起到区域和地区增长极的作用。

　　成渝城市群、中原城市群、环长株潭城市群、武汉城市群是中西部地区经济可持续发展竞争力较高的城市群，排名位于全国前十。作为西部地区的主要增长极，成渝城市群依托长江经济带，通过重庆和成都两个核心城市的带动，经济得到不断发展，形成了一定的产业集群，经济总量居于全国前列，但是成渝城市群的产出效率和居民收入水平却不高，同时产业结构仍然以重工业为主，在一定程度上限制了其经济的进一步发展。中原城市群是我国中部崛起和黄河经济带发展的重要战略平台，同时居于京广铁路和陇海铁路交汇的枢纽地位，交通条件优越，要素集聚度较高，但中原城市群目前的第三产业尤其是现代服务业发展不足，第三产业与第二产业产值比在所有城市群中最低。环长株潭城市群和武汉城市群都是长江中游城市群的重要组成部分，也是中部崛起和长江经济带发展的重要战略平台，区位条件和产业基础较好，同时具有较为完善的城际交通网络，经济规模和经济效率在中西部地区处于较高水平，但与东部地区城市群相比仍存在一定的差距。

　　对于中西部地区其他城市群，呼包鄂榆城市群作为一个跨省区的城市群，虽然经济规模较小，但依托资源密集型产业的带动，其人均 GDP、居民收入和非农产业比重都较高，其中人均 GDP 达到了 115938.14 元/人，位居所有城市群首位。作为我国老工业基地，哈长城市群具备一定的经济基础和要素资源，但目前其面临着经济转型的巨大压力，在一定程度上影响了其可持续发展水平。关中—天水城市群是我国西北地区综合经济实力最强的地区，也是丝绸之路经济带上重要的城市群，虽然核心城市西安具有一定的辐射带动作用，但城市群目前整体的经济可持续发展水平却不高。江淮城市群和环鄱阳湖城市群经济虽然起步较晚，但依靠长三角城市群的辐射和长江水道的优势，尤其是接受长三角地区产业转移，其得到了较快发展。而对于西部地区大部分城市群，如黔中、滇中、北部湾、宁夏沿黄和兰州—西宁城市群，其要素集聚水平较低，无论是经济总量还是产出效率都较为落后，未来要增加经济发展潜力，需要加强科技创新投入和人力资源投入，并进一步完善交通基础设施。

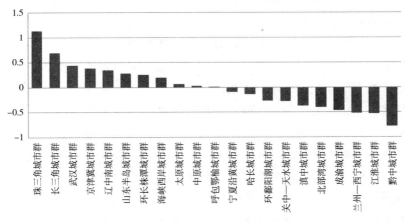

图 3－3 中国城市群社会可持续发展竞争力得分

3.2.2.2 城市群社会可持续发展分析

良好的社会环境是城市群可持续发展的重要组成部分，体现了城市群以人为本进行发展的能力，图 3－3 显示了我国城市群社会可持续发展竞争力的因子得分及排名，可以看出珠三角城市群排名第一，在社会可持续发展方面超过了长三角城市群，这主要是由于珠三角城市群人口结构更加优化，具有更高的城市化率和更低的老龄化率。此外，武汉城市群、京津冀城市群、辽中南城市群、山东半岛城市群、环长株潭城市群和海峡西岸城市群等经济发展较好的城市群也具有较高的社会可持续发展得分。由此，虽然人口的大量集聚推升了一些经济发达地区的房价和生活成本，在一定程度上降低了居民的幸福感和生活质量，但总的来说，城市群经济发展并没有带来社会可持续发展能力的绝对恶化。分析其原因，经济发达的地区能够创造出更多的就业机会，这能满足由于人口增加所带来的对就业的需求，因此珠三角、长三角、海峡西岸等东部地区城市群具有更低的登记失业率。另外，经济发展较好的城市群也是城市化程度较高的地区，人口由农村流入城市缩小了城乡之间的收入差距，虽然这也伴随着更加严重的城市内部二元结构。而经济发展对社会发展最为主要的影响体现在教育文化医疗和社会保障方面，经济发达的城市群往往拥有更加完善的教育设施、文化设施、医疗卫生设施和社会保障能力，这会在一定程度上补偿由于物价上升、住房紧张、交通拥挤和社会分化所带来的居民幸福感的下降，在普通中学师生比、生均财政教育支出、每百人拥有公共图书馆藏书、影院、剧场以及公共图书馆个数、每万人拥有医生数、每万人拥有卫生机构床位数及社会保险参保比重等指标上，东部地区城市群以及中西部经济较为发达的城市群都具有更好的表现。

虽然存在相互促进作用，但城市群的经济可持续发展与社会可持续发展并不完全同步，最明显的就是成渝城市群和江淮城市群。成渝城市群的经济可持续发展水平较高，排在第五名，但是其社会发展却较为落后，只排在倒数第四。成渝城市群是我国老龄化问题最为严重的地区，人口老龄化率达到了 11.48%，在所有城市群中最高，同时其文化发展也较为落后，每百人拥有公共图书馆藏书量在所有城市群中是最少的，而这些问题会影响城市群的劳动力供给和人力资本水平，增加社会负担，削弱未来的发展潜力。同样地，江淮城市群经济发展处于中等水平，而其社会发展则是倒数第二，人口老龄化比重较高、城乡收入差距较大以及医疗卫生设施的不足是其主要原因。相比较而言，武汉城市群、太原城市群和宁夏沿黄城市群的社会发展相较于经济发展则更为突出，其中武汉城市群和太原城市群的教育医疗水平较高，普通中学师生比和每万人拥有医生数都居于城市群前列，而宁夏沿黄城市群则具有较低的老龄化率和较好的文化设施。对于中西部地区其他城市群来说，经济发展的落后限制了城市群的社会发展，比如黔中城市群和兰州—西宁城市群，其经济可持续发展得分和社会可持续发展得分都较低，无论是经济建设，还是社会建设，都亟须不断加强和完善。

3.2.2.3 城市群生态可持续发展分析

生态环境是城市群可持续发展的重要支撑，决定了城市群未来的发展空间，图 3-4 显示了我国城市群生态可持续发展竞争力的得分情况。可以看出，珠三角城市群和长三角城市群仍然位于前两位，无论是水、电、气的供给，还是绿化状况，两个城市群都要高于全国平均水平，而在环境污染和治理方面，虽然珠三角城市群和长三角城市群的污染物排放总量较多，但对比产出规模，其单位 GDP 的污染物排放较少，同时污染物的处理率较高，在环境生产效率和环境治理方面具有明显的优势，这与一些学者通过研究得到的经济活动空间集聚有利于减少单位 GDP 工业污染排放强度的结论相一致（陆铭、冯皓，2014）。此外，海峡西岸城市群和山东半岛城市群的生态可持续发展得分也较高，海峡西岸城市群虽然具有较高的单位 GDP 工业废水排放量，但其在资源能源供给和绿化方面表现较为突出，山东半岛城市群则具有较高的环境治理水平，工业废物、生活污水和生活垃圾的处理率都在 90%以上。

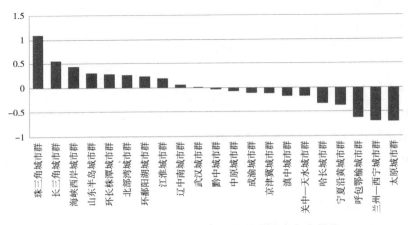

图 3-4 中国城市群生态可持续发展竞争力得分

　　与经济和社会发展相比，城市群生态可持续发展"东高西低"的局面有所缓解，一些中西部城市群如环长株潭城市群、北部湾城市群和环鄱阳湖城市群的排名也较高，而这主要与城市群的建设指导思想重视维护生态环境相关。环长株潭城市群着力打造两型社会综合配套改革试验区，以资源节约和环境友好为建设宗旨；环鄱阳湖城市群的发展定位则是打造生态经济区，建设成为全国大湖流域综合开发示范区和长江中下游水生态安全保障区；而北部湾城市群在建设过程中也是不断强化生态环境的保护，重视城市绿化和对污染的控制，取得了较好的效果。与之相比，一些城市群在经济发展过程中则忽视对生态的维护，京津冀城市群是典型的代表，其虽然经济发展水平较高，但生态可持续发展得分却较低，不仅绿化状况低于全国平均水平，而且作为我国雾霾最为严重的地区，环境污染也较为严重。

值得注意的是，哈长城市群、呼包鄂榆城市群和太原城市群的生态可持续发展得分都比较低，这在一定程度上凸显了资源型城市和地区进行转型的必要性和紧迫性。依靠石油和煤炭资源，这些城市群虽然取得了较快的经济增长，但同时也对生态环境造成了破坏，威胁到了未来进一步的发展，过度依赖资源的发展模式并不具备可持续性。

3.2.2.4　城市群可持续发展竞争力综合分析

由图 3－5 可以看出，我国城市群可持续发展竞争力综合得分在总体上具有由东向西梯度递减的趋势，东部地区六个城市群排名居于前六位，中部地区城市群处于中等水平，西部地区城市群的平均得分则最低。在得分的分布方面，呈现出两端陡峭、中间平缓的特征，大部分城市群的得分分布在－0.5 至 0.5 的区间内。长三角城市群和珠三角城市群是我国可持续发展竞争力最强的两个城市群，无论是经济、社会还是生态可持续发展，其优势都十分明显。京津冀城市群、山东半岛城市群和辽中南城市群构成的环渤海城市群板块以及海峡西岸城市群、环长株潭城市群和武汉城市群则构成了第二梯队，其综合得分为正值，具备较强的可持续发展竞争力，整体发展高于城市群平均水平，但与长三角城市群和珠三角城市群相比仍然存在一定差距。中原城市群、成渝城市群、环鄱阳湖城市群、江淮城市群、哈长城市群、北部湾城市群、关中—天水城市群和呼包鄂榆城市群属于第三梯队，其综合得分为负，整体可持续发展竞争力低于城市群平均水平，仍存在一定的提升和改善空间。最后滇中城市群、宁夏沿黄城市群、太原城市群、黔中城市群和兰州—西宁城市群则属于第四梯队，其经济、社会和生态发展整体缺乏竞争力，目前并不具备可持续发展能力。总体上看，我国城市群可持续发展竞争力水平基本与城市群所处发展阶段相吻合，长三角、珠三角和京津冀三大成熟型城市群的可持续发展竞争力综合得分也排在前三位，而发展型城市群的可持续发展竞争力水平也较高，具有一定的发展潜力，可持续发展竞争力排名最低的城市群则基本上都是形成型城市群。但两者也并不是绝对的同步，比如环鄱阳湖城市群，作为处于形成型阶段的城市群，其人口和经济规模较小，城市体系还不够完善，但其具有较好的生态环境，在一定程度上提升了可持续发展水平。

与城市可持续发展不同，城市群的可持续发展依赖于群内各个城市之

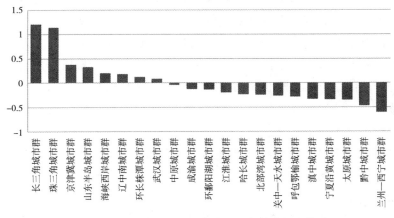

图 3-5 中国城市群可持续发展竞争力综合得分

间的协同发展和"城市群经济"的实现，城市群可持续发展竞争力水平的高低在一定程度上是城市群协同和整合发展能力强弱的体现，城市群发展阶段与可持续发展竞争力水平的总体一致性也表明了这一点。长三角城市群和珠三角城市群是我国城市体系发育最好的两个城市群，拥有较为完善的城市规模等级结构，既具有大城市和特大城市作为核心城市发挥带动作用，也分布有中小城市作为发展腹地，城市之间联系紧密，具有发达的交通网络和较高的市场一体化程度，有效促进了要素流动和产业分工，同时城市群的生态保护协同和公共服务协同也较好。尤其是长三角城市群，虽然是跨行政区的城市群，但其目前的合作机制较为完善，市长联席会议等制度有效促进了城市群生态保护的联防联治和社会公共服务体系建设的统筹。东部地区其他城市群以及中西部地区可持续发展竞争力排名较高的一些主要城市群虽然也具有相对完善的城市体系，但与长三角城市群和珠三角城市群相比仍存在一定的不足。如京津冀城市群和成渝城市群，虽然两个城市群核心城市的带动作用比较强，但城市群目前都并没有形成大中小城市之间非常完善的互动效应。这一方面是由于城市群的城市分布整体较为分散，城市密度不高；另一方面是由于核心城市如北京和重庆的不断扩张，占据了过度的资源，挤压了中小城市的发展空间，形成了一定的"虹吸效应"。相比而言，可持续发展竞争力水平最低的西部地区城市群总体上仍处于城市群发展的"雏形"阶段，对劳动力、资本等要素的吸引能力不足，核心城市的带动作用有限，城市密度较低，同时基础设施的发展仍不能保证要素在城市群范围内的充分流通，"城市群经济"效应得不到充分实现，限制了城市群可持续发展能力的提升。另外，除长三角城市群外其他跨行政区城市群如哈长城市群、关中—天水城市群和兰州—西宁城市群的整体可持续发展水平较低，也在一定程度上说明一体化水平是影响城市群可持续发展的重要因素。

当前我国区域经济发展正逐渐由过去传统的"带状经济"、省域经济和行政区经济向城市群经济转变（张学良，2013），城市群不仅仅是西部大开发、中部崛起、振兴东北等老工业基地这些区域战略实施的主要平台，在新时期，城市群更是长江经济带和"一带一路"等新的区域发展战略实施的主要载体，其可持续发展水平关系到国家发展战略是否可以有效落实。长江经济带的建设要以长三角、长江中游和成渝三大跨区域城市群板块为主体，以黔中和滇中两大区域性城市群为补充，把长江经济带打造成城市群的连绵带。其中长三角城市群板块主要包括长三角城市群和江淮城市群，长江中游城市群板块包含环长株潭城市群、武汉城市群和环鄱阳湖城市群，成渝城市群板块则主要指成渝城市群。基于图3—5，这三大城市群板块整体具有较高的可持续发展竞争力，可以起到推动长江经济带发展的支撑作用；而黔中和滇中两个区域性城市群目前的可持续发展水平则较低，难以发挥辐射效应。未来黔中城市群要重点建设遵义—贵阳—安顺主轴带，打造西部地区新的经济增长极和生态文明建设先行区；而滇中城市群要重点建设曲靖—昆明—楚雄、玉溪—昆明—武定发展轴，打造面向西南开放重要桥头堡的核心区和高原生态宜居城市群。"一带一路"的建设同样需要以城市群为主体，打造丝绸之路经济带要求加强关中—天水城市群、宁夏沿黄城市群、兰州—西宁城市群、哈长城市群、滇中城市群、北部湾城市群等的沿边开放能力，而海上丝绸之路的建设则要依托于长三角城市群、珠三角城市群、环渤海城市群板块以及海峡西岸城市群等的沿海开放，同时"一带一路"建设还需要内陆地区成渝城市群、长江中游城市群、中原城市群、呼包鄂榆城市群等的支撑。总体来看，我国的沿海开放能力较强，相关城市群具有较高的可持续发展竞争力水平，而沿边开放城市群的可持续发展水平整体较低，目前难以有效发挥在丝绸之路经济带建设中的枢纽地位，未来需要进一步加强这些城市群的要素集聚能力，完善城市群城市体系，推动城市群经济社会生态协调发展。

3.3 中国城市群经济社会生态发展协调度和发展模式分析

城市群可持续发展要求实现经济健康快速发展、社会公平稳定发展、人与自然和谐发展的有机统筹，图3—6、图3—7、图3—8显示了城市群经济可持续发展得分、社会可持续发展得分和生态可持续发展得分两两之间的散点图，可以发现，就目前中国城市群的发展现状而言，经济、社会和生态三个子系统总体上较为协调，彼此之间存在明显的正向相关和相互促进的关系，经济发展在一定程度上可以推动社会环境的改善和生态效率的提高，而社会文化水平和资源环境承载力的提升也为经济的可持续发展提供了支撑。

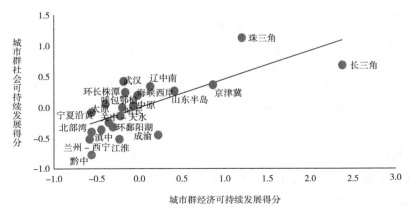

图3—6　城市群经济与社会可持续发展得分相关关系

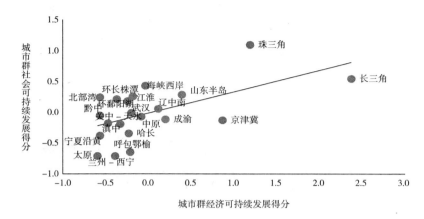

图 3-7　城市群经济与生态可持续发展得分相关关系

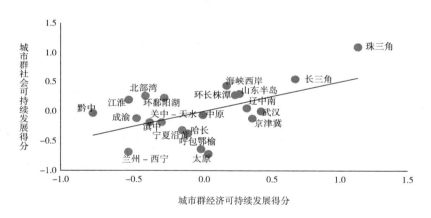

图 3-8　城市群社会与生态可持续发展得分相关关系

虽然整体上经济、社会和生态处于较为协调的状态，但是具体到每一个城市群，其发展模式却并呈现出不同的特点，有的城市群经济社会和生态发展较为均衡，而有的城市群却在其中一方面存在优势或不足。在对我国城市群可持续发展竞争力进行分析的基础上，将城市群经济、社会和生态可持续发展的因子得分排名作图，可以看出不同城市群在发展模式上的不同选择路径以及可持续发展存在的问题（由外向里排名递减）。

3.3.1　高水平协调型城市群

由图3-9，长三角、珠三角、山东半岛、海峡西岸、辽中南和环长株潭城市群属于高水平协调发展型城市群，其经济、社会和生态可持续发展能力都比较强，具有较高的协调度和可持续发展竞争力。其中长三角和珠三角城市群尤为突出，占据了各项排名的前两位，虽然不及长三角和珠三角城市群，但山东半岛、海峡西岸、辽中南和环长株潭城市群的经济、社会和生态发展也较为均衡，排名都位于前列，整体波动较小，在发展经济的同时也注重改善社会环境和生态环境。

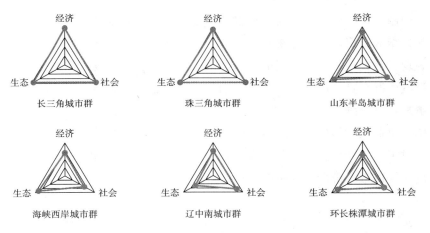

图3-9　高水平协调型城市群

3.3.2　经济优先型城市群

经济优先型城市群是指经济可持续发展子系统得分相对较高的城市群。如图3-10，中原城市群和成渝城市群属于这类城市群。其中成渝城市群最为典型，其经济可持续发展排在第五名，而社会和生态发展却都处于中下水平；相比而言，中原城市群的社会和生态发展水平虽然也不及经济发展，但差距相对较小。整体来看，较强的经济实力拉升了两个城市群可持续发展竞争力的综合排名，但是社会和生态发展的滞后性将制约城市群未来进一步的发展，因此城市群需要重视并着力解决经济发展所带来的一系列社会和环境问题。

图 3-10 经济优先型城市群

3.3.3 社会和谐型城市群

如图 3-11 所示，武汉城市群、宁夏沿黄城市群和太原城市群属于社会和谐型城市群，相比经济和生态发展，这些城市群在社会可持续发展方面表现更为突出，注重发展的以人为本，具有较高的社会文化水平。其中武汉城市群在具有高社会发展排名的同时，经济和生态发展也具有一定的竞争力，可持续发展竞争力综合得分比较高。相比之下宁夏沿黄城市群、太原城市群经济和生态的发展则较为滞后，整体可持续发展水平较低，但和谐稳定的社会环境能够对城市群发展起到一定支撑作用，未来需要以此为依托来促进经济增长和生态保护。

图 3-11 社会和谐型城市群

3.3.4 生态友好型城市群

如图 3-12，环鄱阳湖城市群、江淮城市群、北部湾城市群和黔中城市群属于生态友好型城市群，这些城市群可持续发展竞争力综合得分不高，经济和社会发展较为滞后，但却重视资源节约和环境保护，着力打造生态经济区，具有较高的生态可持续发展水平。良好的生态环境为城市群

未来的经济社会发展提供了保障，如何利用生态环境上的发展优势来促进
经济增长和改善社会环境是此类城市群未来面临的一个重要挑战。

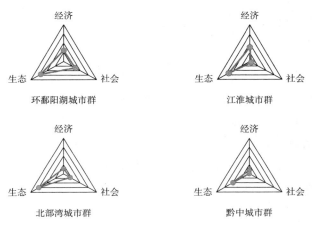

图 3－12 生态友好型城市群

3.3.5 生态缺失型城市群

与生态友好型城市群的发展模式相反，一些城市群往往以粗放型
的方式来推动经济社会发展而忽略了对生态环境的保护，造成生态可
持续发展能力的下降。如图 3－13 所示，京津冀城市群、哈长城市群和
呼包鄂榆城市群属于此类城市群。其中京津冀城市群最为典型，其经济
和社会发展较好，可持续发展竞争力综合得分排在第三名，但这以生态
环境的破坏为代价，从而京津冀城市群的生态发展低于城市群平均水平。
而哈长城市群和呼包鄂榆城市群作为资源型城市群的代表，也主要是以
资源过度开发来实现经济增长和居民生活水平的提高。因此，这些城市
群未来要进一步协调好经济社会发展与生态保护的关系，实现三者的
统筹。

3.3.6 低水平协调型城市群

如图 3－14 所示，关中—天水城市群、滇中城市群和兰州—西宁城市
群的发展模式为低水平协调型，经济、社会和生态三个子系统较为平衡，

图 3-13 生态缺失型城市群

但可持续发展竞争力都不高。虽然发展缺乏明显的亮点，但相比较而言关中—天水城市群和滇中城市群的可持续发展竞争力综合得分要高于太原城市群、宁夏沿黄城市群和黔中城市群等一些社会和生态发展突出型的城市群。未来此类城市群需要进一步找准并依托自身发展的比较优势来实现可持续发展竞争力水平的提升。

图 3-14 低水平协调型城市群

参考文献

〔1〕方创琳等：《中国城市群可持续发展理论与实践》，科学出版社2010 年版。

〔2〕盖文启：《我国沿海地区城市群可持续发展问题探析——以山东半岛城市群为例》，《地理科学》2000 年第 3 期。

〔3〕黄焕春、运迎霞：《中国不同城市群的经济社会与环境可持续发展协调度分析》，《城市环境与城市生态》2011 年第 6 期。

〔4〕李妍君：《京津冀都市圈可持续发展问题初探》，《中国市场》2011 年第 48 期。

〔5〕刘新：《市场定位、竞争力培育与中原城市群科学发展——兼论

城市群可持续发展之道》，《经济研究导刊》2011 年第 6 期。

[6] 陆铭、冯皓：《集聚与减排：城市规模差距影响工业污染强度的经验研究》，《世界经济》2014 年第 7 期。

[7] 宋建波、武春友：《城市化与生态环境协调发展评价研究——以长江三角洲城市群为例》，《中国软科学》2010 年第 2 期。

[8] 王树功、周永章：《大城市群（圈）资源环境一体化与区域可持续发展研究——以珠江三角洲城市群为例》，《中国人口·资源与环境》2002 年第 3 期。

[9] 王志宪等：《长江三角洲地区可持续发展的态势与对策》，《地理学报》2005 年第 3 期。

[10] 曾鹏、毕超：《中国十大城市群可持续发展能力比较研究》，《华东经济管理》2015 年第 5 期。

[11] 张辽、杨成林：《城市群可持续发展水平演化及其影响因素研究——来自中国十大城市群的证据》，《统计与信息论坛》2014 年第 1 期。

[12] 张伟、段学军、张维阳：《长三角地区可持续发展测度与演化分析》，《长江流域资源与环境》2013 年第 10 期。

[13] 张协奎等：《广西北部湾经济区城市群可持续发展对策研究》，《中国软科学》2009 年第 5 期。

[14] 张学良：《中国区域经济转变与城市群经济发展》，《学术月刊》2013 年第 7 期。

[15] 张学良：《2014 年中国区域经济发展报告——中国城市群资源环境承载力》，人民出版社 2014 年版。

[16] 张学良、李培鑫：《城市群经济机理与中国城市群竞争格局》，《探索与争鸣》2014 年第 9 期。

4

中国成熟型城市群

随着城市间的相互联系日益密切，城市的发展将不再以单个的城市为主体，城市的发展必然受到周边城市经济和社会发展的影响，在这样的背景下，以多个紧密联系的城市为主体的城市群将成为未来城市发展的主要空间载体。本章将着重研究中国比较成熟的三个城市群——长三角城市群、珠三角城市群以及京津冀城市群，这三个城市群发展较早、在全国乃至世界范围内具有一定的影响力，具有较高的可持续发展竞争力。因此，对这三个成熟型城市群的研究具有重要的理论和实践意义：一方面，对城市群本身的发展而言，通过研究，可以发现当前城市群发展中存在的问题，以便在城市群未来的发展中更好地取长补短；另一方面，对其他类型的城市群的发展而言，可以为其发展提供一定的参考和借鉴。

本章的结构安排如下：首先，从城市群规模分布、产业分工和空间联系三个方面来对三个成熟型城市群的城市体系发育程度和整合发展能力进行分析；其次，对三个城市群经济、社会和生态三个子系统的可持续发展能力分别进行分析；最后，对比分析三个成熟型城市群的可持续发展竞争力。

4.1　长三角城市群

狭义的长三角北起通扬运河，南抵钱塘江、杭州湾，西至南京以西，东到海边，包括上海市全部，江苏省南部、浙江省的杭嘉湖平原。广义的长三角地区主要包括上海市、江苏省、浙江省。本章所研究的长三角城市群的空间范围是指广义长三角地区，即由江浙沪的 25 个地级市构成，分别为上海、南京、无锡、徐州、常州、苏州、南通、连云港、淮安、盐城、扬州、镇江、泰州、宿迁、杭州、宁波、温州、绍兴、湖州、嘉兴、金华、衢州、舟山、台州、丽水。长三角城市群是中国最为发达的地区，2013 年长三角城市群的土地面积为 21.33 万平方公里，约占全国土地面积的 2.22%，而其常住人口规模达到了 15852.5 万人，约占全国总人口的 11.65%，地区生产总值则为 120321.9 亿元，约占全国总产值的 20.46%。长三角城市群以不到全国 3% 的国土面积集中了全国接近 12% 的人口和 20% 以上的产出，足见其在中国发展中的重要地位。

图 4-1　长三角城市群城市空间分布

4.1.1 长三角城市群城市体系分析

4.1.1.1 长三角城市群规模分布分析

表 4－1 长三角城市群内部等级规模结构

级序	人口级别	城市数量（个）	人口规模占比（％）	城 市 名 称
1	＞1000 万	1	18.50	上海
2	500 万—1000 万	2	11.12	南京、杭州
3	300 万—500 万	5	14.46	苏州、无锡、宁波、常州、温州
4	100 万—300 万	31	36.22	淮安、南通、徐州、台州、昆山、盐城、江阴、常熟、慈溪、邳州、宿迁、瑞安、扬州、乐清、温岭、湖州、吴江、如皋、兴化、张家港、宜兴、义务、嘉兴、镇江、诸暨、金华、泰兴、连云港、临海、余姚、江都
5	100 万以下	34	19.70	东台、启东、丹阳、新沂、海门、绍兴、泰州、舟山、桐乡、海宁、衢州、东阳、上虞、溧阳、高邮、姜堰、永康、富阳、太仓、大丰、靖江、嵊州、平湖、句容、临安、仪征、兰溪、金坛、奉化、江山、丽水、建德、扬中、龙泉

资料来源：根据第六次全国人口普查数据（2010）整理得到，其中空间样本具体到县级市。

　　作为一个城市系统，合理的城市规模分布是城市群功能分工和协同发展的基础，而长三角城市群则是中国规模等级结构最为完善的城市群。利用 2010 年第六次人口普查统计的长三角各个地级市的市辖区以及各县级市人口数据，得到的长三角城市群的城市规模等级分布如表 4－1 所示。可以看出，长三角城市群的城市密度较大，特大城市、大城市、中小城市都有分布，中小城市数量多，大城市的数量相对中小城市较少，城市数量呈金字塔分布，但在人口规模占比方面大城市则更高。其中上海、南京、杭州、苏州、无锡、宁波、常州和温州的人口规模都在 300 万以上，其占到了长三角城市群总人口的 44.08％，上海作为长三角的核心城市人口规模达到了 2231.55 万，占到了长三角城市群总人口的 18.50％，而南京作为长三角城市群第二大城市虽然人口规模也达到了 716.53 万人，但是与上海的差距还是较大，所以长三角城市群的城市首位度达到了 3.11，城市规模结构的首位分布较为明显。人口在 100 万—300 万和 100 万以下的长三角城市分别有 31 和 34 个, 多是一些中小规模的地级市以及大部分的县级市, 其人口规模占比则分别为 36.22％和 19.70％。将城市群的城市按人口规模从大到小排序, 然后进行回归得到的位序—规模系数为 0.763, 也在一定程度上表明长三角城市群的人口分布整体较为分散, 中小城市发育较好。总的来说, 长三角城市群城市分布较为密集, 规模结构较为完善, 大城市的人口规模占比较高, 但与中小城市相差并不大, 大中小城市整体发展较为均衡, 这样既可以充分发挥核心城市的带动作用, 又保证了有充分多的中小城市能够作为发展腹地接受大城市的辐射, 有利于城市群的协同发展。

4.1.1.2 长三角城市群产业分工分析

城市群本质上是生产网络在大尺度空间范围内集聚与扩散形成的城市化现象 (李仙德, 宁越敏, 2012), 只有形成合理的产业分工, 各城市间避免产业同构和恶性竞争, 城市群才会具有可持续发展竞争力。灰色关联系数法可以定量测度地区之间产业的总体相似性 (李学鑫、苗长虹, 2006), 因此这里采用灰色关联系数来对长三角城市群的产业分工状况进行分析, 具体计算过程如下:

以长三角城市群的产业结构为参考序列, 记为 $X_0(k)$, 长三角各城市的产业结构为比较序列, 记为 $X_i(k)$。求出参考序列和比较序列的绝对差: $\Delta_1 = |X_0(k) - X_1(k)|$, 求出两级最小差和两级最大差, 记 $\min_i \min_k \Delta_i$ 为两级最小差, $\min_k \Delta_i$ 为一级最小差, $\max_i \max_k \Delta_i$ 为两级最大差, $\max_k \Delta_i$ 为一级最大差。则两级最小差为:

$$\min_i \min_k \Delta_i = \min\{\min_k \Delta_i(1), \ \min_k \Delta_i(2), \ \min_k \Delta_i(3), \ \cdots, \ \min_k \Delta_i(n)\}$$

$$(4.1)$$

同样求出两级最大差:

$$\max_i \max_k \Delta_i = \max\{\max_k \Delta_i(1), \ \max_k \Delta_i(2), \ \max_k \Delta_i(3), \ \cdots, \ \max_k \Delta_i(n)\}$$

$$(4.2)$$

则产业结构灰色关联系数 $\xi_i(k)$:

$$\xi_i(k) = \frac{\min_i \min_k |X_0(k) - X_i(k)| + \sigma \max_i \max_k |X_0(k) - X_i(k)|}{|X_0(k) - X_i(k)| + \sigma \max_i \max_k |X_0(k) - X_i(k)|}$$

$$(4.3)$$

式（4.5）中，σ 为分辨系数，σ＝[0，1]，依照经验 σ＝0.5。

计算灰色关联度 r_i：

$$r_i = \frac{1}{N} \sum_{k=1}^{n} \xi_i(k) \tag{4.4}$$

根据各城市主要部门的单位从业人员有关数据，以长三角城市群为参照系，得到 2013 年长三角城市群各城市的产业结构关联系数矩阵（见表4－2）。将 25 个城市各产业的灰色关联度按照从大到小的顺序排列，得到表 4－3 和表 4－4。表 4－3 是以长三角城市群的产业结构为参照系，2013年长三角城市群各城市产业结构的灰色关联度排序。从城市角度来看，除了绍兴、宿迁、舟山、南通、衢州、丽水的灰色关联度较小，与长三角城市群的产业结构存在明显的差异以外，其余城市的产业结构灰色关联度都在 0.7 以上，且总体差异不大，说明长三角城市群各城市的产业同构性较强。表 4－4 是长三角城市群不同产业的灰色关联度排序，从产业层面来看，长三角城市群不同产业的灰色关联度是不同的，相对来说一些生产性服务业如信息传输、计算机服务和软件业、房地产业、租赁和商业服务业等产业的灰色关联度普遍较低，说明其地区专业性较高，各地区发展极不平衡，存在着明显的地域分工；而制造业和一些地方性公共服务业的灰色关联度较高，地区分工不明显。进一步地，长三角城市群制造业发展水平较高，多数城市目前仍然以制造业为主导产业，但是并没有完全形成制造业的特色分工体系；而在现代服务业尤其是金融业的发展方面，上海作为中心城市具有明显的优势，同时一些次级中心城市和中小城市也将打造金融中心作为自身的功能定位，这都造成了长三角城市群目前的产业分工不尽合理，存在一定的产业同构现象。

4.1.1.3 长三角城市群空间联系分析

城市群产业和功能的分工会使得各个城市之间形成统一的市场，产生大量的商品流和要素流，形成密切的联系，而城市群就是基于城市之间的密切联系所形成的城市网络。这里采用引力模型和城市流强度来对城市群的空间联系进行分析。

引力模型主要用来测度城市间相互的作用强度，即城市间相互吸引、相互联系的强度，衡量城市间相互作用强度的指标引力模型的计算公式

表4—2 2013年长三角城市群各城市产业结构灰色关联系数矩阵

	制造业	电力、燃气及水的生产和供应业	建筑业	交通运输、仓储及邮政业	信息传输、计算机服务和软件业	批发和零售业	住宿餐饮业	金融业	房地产业	租赁和商业服务业	科学研究、技术服务和地质勘查业	水利、环境和公共设施管理业	教育	卫生、社会保障和社会福利业	文化、体育和娱乐业	公共管理和社会组织
上海	0.949	0.924	0.498	0.418	0.491	0.947	0.591	0.631	0.546	0.410	0.595	0.853	0.892	0.967	0.744	0.846
南京	0.781	0.930	0.971	0.709	0.947	0.535	0.675	0.681	0.809	0.879	0.634	0.844	0.954	0.871	0.677	0.881
无锡	0.596	0.989	0.551	0.701	0.562	0.894	0.976	0.825	0.837	0.620	0.819	0.875	0.933	0.964	0.947	0.937
徐州	0.686	0.725	0.733	0.941	0.705	0.996	0.655	0.761	0.717	0.619	0.727	0.928	0.718	0.779	0.784	0.809
常州	0.774	0.966	0.726	0.729	0.579	0.982	0.801	0.897	0.856	0.752	0.837	0.858	0.895	0.833	0.763	0.916
苏州	0.496	0.783	0.495	0.655	0.531	0.948	0.843	0.757	0.898	0.757	0.698	0.810	0.778	0.785	0.745	0.844
南通	0.690	0.823	0.334	0.609	0.501	0.803	0.619	0.686	0.624	0.658	0.769	0.733	0.832	0.761	0.692	0.808
连云港	0.718	0.705	0.957	0.727	0.578	0.657	0.780	0.865	0.691	0.974	0.984	0.640	0.656	0.716	0.794	0.660
淮安	0.902	0.799	0.822	0.780	0.611	0.871	0.707	0.798	0.796	0.651	0.751	0.669	0.695	0.858	0.796	0.851
盐城	0.855	0.913	0.695	0.746	0.590	0.928	0.725	0.943	0.700	0.647	0.711	0.987	0.797	0.868	0.932	0.849
扬州	0.745	0.888	0.421	0.680	0.548	0.748	0.713	0.659	0.676	0.755	0.854	0.835	0.974	0.801	0.761	0.903
镇江	0.751	0.675	0.580	0.730	0.580	0.988	0.853	0.809	0.982	0.622	0.916	0.673	0.813	0.779	0.945	0.800
泰州	0.823	0.888	0.437	0.548	0.459	0.874	0.836	0.703	0.617	0.611	0.678	0.786	0.950	0.918	0.682	0.942
宿迁	0.833	0.916	0.513	0.591	0.488	0.733	0.640	0.630	0.683	0.519	0.611	0.803	0.656	0.932	0.690	0.886
杭州	0.755	0.881	0.796	0.892	0.678	0.690	0.772	0.948	0.684	0.854	0.634	0.907	0.991	0.947	0.818	0.981
宁波	0.758	0.954	0.773	0.806	0.627	1.000	0.764	0.731	0.811	0.919	0.779	0.907	0.931	0.961	0.875	0.950
温州	0.923	0.659	0.952	0.798	0.622	0.820	0.766	0.746	0.785	0.744	0.749	0.763	0.736	0.731	0.834	0.695

续表

	制造业	电力、燃气及水的生产和供应业	建筑业	交通运输、仓储及邮政业	信息传输、计算机服务和软件业	批发和零售业	住宿餐饮业	金融业	房地产业	租赁和商业服务业	科学研究、技术服务和地质勘查业	水利、环境和公共设施管理业	教育	卫生、社会保障和社会福利业	文化、体育和娱乐业	公共管理和社会组织
嘉兴	0.555	0.789	0.468	0.672	0.543	0.910	0.765	0.821	0.967	0.970	0.771	0.941	0.927	0.916	0.945	0.948
湖州	0.942	0.815	0.865	0.923	0.695	0.686	0.735	0.948	0.814	0.578	0.728	0.912	0.926	0.852	0.773	0.807
绍兴	0.798	0.969	0.365	0.567	0.472	0.750	0.671	0.672	0.606	0.525	0.641	0.804	0.831	0.820	0.819	0.828
金华	0.633	0.948	0.410	0.706	0.565	0.790	0.730	0.939	0.632	0.657	0.646	0.696	0.920	0.835	0.902	0.776
衢州	0.926	0.567	0.550	0.771	0.606	0.686	0.819	0.499	0.610	0.615	0.820	0.977	0.612	0.578	0.698	0.413
舟山	0.707	0.551	0.607	0.515	0.630	1.000	0.875	0.726	0.537	0.944	0.985	0.457	0.823	0.638	0.643	0.462
台州	0.985	0.981	0.638	0.622	0.510	0.826	0.691	0.789	0.736	0.644	0.720	0.892	0.983	0.929	0.785	0.868
丽水	0.627	0.370	0.496	0.746	0.590	0.847	0.852	0.452	0.604	0.828	0.971	0.577	0.454	0.405	0.477	0.343

资料来源：根据《中国城市统计年鉴(2014)》计算得到。

表 4—3 2013 年长三角城市群各城市产业结构灰色关联度排序

宁波	杭州	常州	无锡	湖州	嘉兴	盐城	南京	台州	镇江	淮安	温州	徐州
0.847	0.827	0.823	0.814	0.812	0.807	0.805	0.799	0.787	0.781	0.772	0.770	0.768
连云港	扬州	苏州	金华	泰州	上海	绍兴	宿迁	舟山	南通	衢州	丽水	
0.756	0.748	0.739	0.736	0.735	0.706	0.696	0.695—	0.694	0.684	0.672	0.602	

资料来源：根据《中国城市统计年鉴(2014)》计算得到。

表 4—4 2013 年长三角城市群不同产业的灰色关联度排序

批发和零售业	教育	卫生、社会保障和社会福利业	电力、燃气及水的生产和供应业	水利、环境和公共设施管理业	公共管理和社会组织	文化、体育和娱乐业	制造业	科学研究、技术服务和地质勘查业	金融业	住宿餐饮业	房地产业	租赁和商业服务业	交通运输、仓储及邮政业	建筑业	信息传输、计算机服务和软件业
0.836	0.827	0.818	0.816	0.805	0.800	0.781	0.768	0.761	0.757	0.754	0.729	0.710	0.703	0.626	0.588

资料来源：根据《中国城市统计年鉴(2014)》计算得到。

如下：

$$E = \frac{\sqrt{P_1 V_1 * P_2 V_2}}{R^2} \tag{4.5}$$

其中，E 为城市间联系强度，P_1 和 P_2 为两城市人口数，这里用该城市当年常住人口来表示，V_1 和 V_2 分别为两城市地区生产总值，R 为两城市之间的距离，R 值通过查百度地图中两城市之间"最短路程"获得。通过计算，长三角城市群各城市间相互作用强度值见表 4—5。可以发现，单从上海的角度来看，上海和长三角城市群中其他城市之间的平均作用强度为440.31 亿元·万人/平方公里，居于城市群所有城市的首位，上海和苏州之间的作用强度为 3146.01 亿元·万人/平方公里，是上海和所有城市之间作用强度最高的，上海和温州之间的作用强度为 1476.13 亿元·万人/平方公里，居于第二位，上海和无锡之间的作用强度为 943.95 亿元·万人/平方公里，居于第三位，总体来看，上海作为长三角城市群的龙头城市，具有较高的城市首位度。从整个长三角城市群的角度来看，无锡和苏州之间的作用强度最高，为 3959.70 亿元·万人/平方公里，相比于 2011 年又有明显的提高，上海和苏州之间的作用强度居第二位，上海和温州之间的作用强度居第三位。作为长三角城市群两个副中心城市的南京和杭州，与其他城市之间的平均作用强度分别为 104.34 亿元·万人/平方公里和 250.45亿元·万人/平方公里，可见其和周边城市之间也具有较强的联系度。

城市流是指城市间人流、物流、信息流、资金流和技术流等空间流在城市群内所发生的频繁、双向或多向的流动现象，它是城市间相互作用的一种基本形式。城市流强度是城市流的量化指标，指在城市间的联系中，城市外向功能（聚集与辐射）所产生的聚射能量。城市群中各城市城市流强度的大小，影响着城市群整体功能的发挥。城市流强度的计算公式为：

$$F = NE \tag{4.6}$$

其中 F 为城市流强度，揭示了城市对外联系的强弱；N 为城市流功能效益，即各城市间单位外向功能量所产生的实际影响；E 为城市外向功能量，反映了城市外向功能的大小。

根据指标选取的可获性及代表性，一般选取城市从业人员为城市功能量指标。利用区位熵可以判断一个产业是否构成地区专业化部门，区位熵

单位:亿元·万人/平方公里

表 4—5 2013 年长三角城市群各城市间相互作用强度

	上海	南京	无锡	徐州	常州	苏州	南通	连云港	淮安	盐城	扬州	镇江	泰州	宿迁	杭州	宁波	温州	嘉兴	湖州	绍兴	金华	舟山	衢州	台州
南京	211.29																							
无锡	943.95	199.20																						
徐州	42.28	50.04	18.97																					
常州	342.43	229.31	1415.92	15.86																				
苏州	3146.01	206.95	3959.70	28.08	664.12																			
南通	1054.65	93.91	331.58	16.51	121.75	683.95																		
连云港	30.40	24.32	12.69	43.44	9.59	18.41	13.88																	
淮安	47.22	74.00	25.94	58.19	21.64	35.40	22.59	63.41																
盐城	130.32	68.82	74.92	33.13	46.27	93.82	86.68	44.01	105.27															
扬州	126.38	430.44	115.79	22.94	160.07	122.89	88.98	14.42	47.63	4.97														
镇江	119.01	511.87	144.68	15.12	250.76	137.62	71.21	8.64	26.39	41.28	880.72													
泰州	164.16	165.16	172.16	17.36	208.92	172.61	141.01	13.56	36.12	134.52	482.69	205.26												
宿迁	27.89	38.44	13.41	148.72	11.04	19.39	11.79	43.59	109.53	31.75	18.71	11.58	14.39											
杭州	631.97	94.95	164.11	15.49	104.86	512.08	92.12	7.50	14.88	28.55	43.37	43.74	40.70	9.45										
宁波	384.27	34.63	72.45	8.77	35.85	184.35	51.40	5.10	8.13	17.07	17.17	16.02	19.65	5.32	286.36									
温州	1476.13	15.41	18.73	4.85	11.60	40.12	13.67	2.26	3.72	6.72	7.15	6.37	6.86	2.69	60.06	65.84								
嘉兴	895.23	40.68	186.59	7.03	66.42	843.18	88.71	4.37	7.76	18.42	21.31	21.79	26.75	4.59	438.86	131.14	17.23							
湖州	244.03	46.52	114.15	5.36	71.55	386.85	37.14	2.62	5.73	11.50	21.28	23.48	19.65	3.42	316.42	35.47	10.00	135.70						
绍兴	281.83	33.60	63.65	6.67	32.56	184.44	40.71	3.58	6.03	12.77	15.48	14.98	15.57	3.97	1179.80	298.76	36.86	174.38	56.42					
金华	82.40	15.13	20.51	3.94	11.22	47.00	14.78	2.03	3.13	6.36	6.70	5.87	6.75	2.33	106.01	55.56	52.03	25.68	12.99	53.61				

续表

	上海	南京	无锡	徐州	常州	苏州	南通	连云港	淮安	盐城	扬州	镇江	泰州	宿迁	杭州	宁波	温州	嘉兴	湖州	绍兴	金华	衢州	舟山	台州
衢州	21.63	6.08	6.28	1.67	4.14	12.39	4.19	0.75	1.22	2.08	2.46	2.19	2.30	0.91	26.86	11.52	11.91	5.98	4.06	9.89	86.73			
舟山	71.96	3.68	6.66	1.12	3.49	15.73	7.27	0.71	1.01	2.28	2.03	1.66	2.33	0.67	17.17	108.26	5.36	9.14	3.00	13.90	3.93	0.96		
台州	73.43	12.20	18.70	3.71	10.28	41.73	13.76	2.06	3.09	6.10	5.75	5.15	6.32	2.14	51.68	112.12	185.11	21.11	8.57	40.98	38.98	7.56	7.15	
丽水	18.45	4.46	5.67	1.31	3.47	12.48	4.03	0.58	1.03	1.88	2.07	1.86	1.98	0.73	21.22	12.43	59.37	5.61	3.24	11.17	45.17	7.21	1.03	15.95

资料来源:《中国城市统计年鉴(2014)》。

大于 1，可以认为该产业是地区的专业化部门；区位熵越大，专业化水平越高；如果区位熵小于或等于 1，则认为该产业是自给性部门。借助区位熵原理，可以准确测算城市的对外功能量。区位熵的计算公式如公式（4.7）所示，即：

$$LQ_{ij} = (G_{ij}/G_i)/(G_j/G) \quad (i=1, 2, 3, \cdots, n; j=1, 2, 3, \cdots, m)$$

$$(4.7)$$

若 $LQ_{ij} < 1$，则 i 城市 j 部门不存在外向功能，即 $E_{ij} = 0$；若 $LQ_{ij} > 1$，则 i 城市 j 部门存在着外向功能，因为 i 城市的总从业人员中分配给 j 部门的比例超过了全国（或上级区域）的分配比例，即 j 部门在 i 城市中相对于全国（或上级区域）是专业化部门，除满足自身需求外，能够为城市外界区域提供服务。因此 i 城市 j 部门的外向功能 E_{ij} 为：

$$E_{ij} = G_{ij} - G_i(G_j/G) \tag{4.8}$$

i 城市 m 个部门总的外向功能量 E_i 为：

$$E_i = \sum_{j=1}^{m} E_{ij} \tag{4.9}$$

N_i 表示 i 城市的城市功能效益，一般采用人均从业人员的 GDP 来表示，即：

$$N_i = GDP_i/G_i \tag{4.10}$$

i 城市城市流强度 F_i 为：

$$F_i = N_i \cdot E_i = (\frac{GDP_1}{G_1})E_i = GDP_i(\frac{E_1}{G_1}) = GDP_iK_i \tag{4.11}$$

式（4.11）中，K_i 为 i 城市外向功能量占总功能量的比例，反映了 i 城市总功能量的外向程度，称之为城市流倾向度。

根据长三角城市群 25 个地级以上城市 16 个部门的从业人员数据计算得到的长三角城市群区位熵如表 4－6 所示。结果显示，从城市层面来看，上海、南京、杭州各有 9 个部门的区位熵大于 1，这说明，上海作为长三角城市群的中心城市，杭州和南京作为长三角城市群的副中心城市，具有较强的对外辐射功能；从产业层面来看，有 14 个城市制造业部门的区位熵大于 1，可见，长三角城市群的制造业部门具有很强的外向功能；而有 18 个城市建筑业部门的区位熵大于 1，这说明长三角城市群的建筑业也具有较强的外向功能。同时，从区位熵的分布也可以看出，长三角城市群目前仍存在一定的产业同构，产业空间分工不够合理。

根据相关数据，计算出 25 个城市各部门的外向功能量 E_{ij}（见表 4−7）、城市的外向功能量 E_i、城市流强度 F_i、城市流倾向度 K_i（见表 4−8）。当区位熵小于 1 时，该部门的外向功能量为 0，i 城市的外向功能量 E_i 是各个部门外向功能量的和。上海在长三角城市群的 25 个城市中的外向功能量是最高的，达到了 171.27，并且上海在很多部门都显示了比其他城市更强的外向功能量，其中上海的交通运输、仓储及邮政业、信息传输、计算机服务和软件业、住宿餐饮业、金融业、房地产业、租赁和商业服务业、科学研究、技术服务和地质勘查业、文化、体育和娱乐业的外向功能量在长三角城市群 25 个城市中都是最高的，可见，上海在长三角城市群区域经济和社会发展中发挥了重要作用；苏州的外向功能量为 112.37，居于长三角城市群的第二位，但是苏州的外向功能量全部来自于制造业，其他行业均没有外向功能量，可见，苏州的产业结构是比较单一的；此外，南通、绍兴、杭州和南京的外向功能量分别居于第三、四、五、六、七位，除此之外，长三角城市群其他城市的外向功能量都小于 40。

以城市流强度为标准，可以将长三角城市群中的城市划分为五个层次：第一个层次是城市流强度在 4000 以上的城市，代表性城市主要是上海和苏州，城市流强度分别居于第一和第二位，分别为 5977.31 和 4984.76，说明上海和苏州与长三角城市群的其他城市之间有着频繁的人流、物流等的交流，能够带动该区域的经济和社会发展；第二个层次城市流强度在 200—3000 之间，代表性城市为无锡和南通，城市流强度分别为 2236.46 和 2094.35；第三个层次城市流强度在 1000—2000 之间，处于这个级别的城市主要是南京、扬州、杭州、宁波、嘉兴和绍兴，这些城市对区域经济和社会的发展也有一定的带动作用，也是区域发展的重点城市；第四个层次城市流强度在 500—1000 之间，典型的城市是徐州、常州、盐城、镇江、泰州、温州、金华、台州；第五个层次的城市流强度在 500 以下，主要城市分别为连云港、淮安、宿迁、湖州、衢州、舟山、丽水。

4.1.2 长三角城市群经济可持续发展分析

长三角城市群是我国经济最为发达的地区，无论是产出规模、经济效

表4-6 2013年长三角城市群各城市主要部门区位熵

	制造业	电力、燃气及水的生产和供应业	建筑业	交通运输、仓储及邮政业	信息传输、计算机服务和软件业	批发和零售业	住宿餐饮业	金融业	房地产业	租赁和商业服务业	科学研究、技术服务和地质勘查业	水利、环境和公共设施管理业	教育	卫生、社会保障和社会福利业	文化、体育和娱乐业	公共管理和社会组织
上 海	1.156	0.462	0.372	2.535	3.768	0.615	1.530	1.690	1.820	2.804	1.569	0.979	0.548	0.755	1.159	0.419
南 京	0.916	0.469	1.414	1.490	3.266	1.599	1.306	0.569	1.185	1.128	1.459	0.598	0.626	0.633	1.302	0.469
无 锡	1.937	0.562	0.577	0.599	0.844	0.801	0.820	0.841	0.725	0.622	0.609	0.642	0.600	0.751	0.732	0.540
徐 州	0.726	0.954	1.834	0.985	0.417	0.679	0.231	0.733	0.513	0.620	0.444	0.878	1.095	1.093	0.499	0.864
常 州	1.526	0.587	1.045	0.656	0.528	0.654	1.059	0.946	0.755	0.923	0.636	0.972	0.802	1.006	1.124	0.711
苏 州	2.294	0.255	0.362	0.491	0.724	0.733	0.595	0.726	0.812	0.934	0.383	0.545	0.372	0.500	0.427	0.416
南 通	0.736	0.320	3.573	0.367	0.303	0.413	0.138	0.580	0.291	0.723	0.523	0.406	0.462	0.457	0.318	0.359
连云港	0.796	0.995	1.494	0.651	2.542	0.119	0.492	1.234	0.458	1.304	0.862	1.394	1.236	1.215	0.516	1.162
淮 安	1.098	0.819	1.678	0.752	0.410	0.516	0.353	0.798	0.660	0.704	0.491	1.322	1.146	0.968	0.519	0.799
盐 城	1.033	0.652	1.913	0.690	0.447	0.591	0.390	1.002	0.476	0.693	0.410	0.809	0.949	0.954	0.714	0.803
扬 州	0.850	0.415	2.913	0.552	0.541	0.316	0.363	0.517	0.422	0.930	0.662	0.584	0.649	0.527	0.457	0.498
镇 江	1.569	1.062	0.675	0.658	0.505	0.661	0.609	1.320	0.914	0.627	0.942	1.311	0.922	1.094	0.730	0.880
泰 州	0.985	0.414	2.817	0.176	0.194	0.520	1.002	0.618	0.272	0.596	0.338	0.505	0.621	0.696	0.296	0.547
宿 迁	1.001	0.451	2.458	0.314	0.355	0.285	0.193	0.442	0.439	0.288	0.167	1.057	1.237	0.870	0.313	0.751
杭 州	0.869	0.405	1.719	0.923	1.640	1.154	1.109	1.127	1.426	1.457	1.459	0.904	0.688	0.851	1.030	0.592
宁 波	1.554	0.602	1.133	0.795	0.322	0.676	0.465	1.460	0.684	1.370	0.542	0.684	0.597	0.835	0.640	0.670
温 州	1.125	1.101	1.501	0.783	0.284	0.440	0.467	1.430	0.642	0.909	0.487	0.464	1.059	1.184	1.004	1.080

续表

	制造业	电力、燃气及水的生产和供应业	建筑业	交通运输、仓储及邮政业	信息传输、计算机服务和软件业	批发和零售业	住宿餐饮业	金融业	房地产	租赁和商业服务业	科学研究、技术服务和地质勘查业	水利、环境和公共设施管理业	教育	卫生、社会保障和社会福利业	文化、体育和娱乐业	公共管理和社会组织
嘉兴	2.069	0.834	0.234	0.532	0.314	0.568	0.466	0.834	0.970	1.309	0.528	0.862	0.762	0.889	0.855	0.673
湖州	1.281	0.792	1.613	0.963	0.890	0.187	0.408	1.127	0.691	0.496	0.446	0.899	0.763	0.977	0.480	0.868
绍兴	0.945	0.515	3.296	0.239	0.167	0.318	0.271	0.548	0.242	0.310	0.247	0.535	0.460	0.558	0.557	0.391
金华	0.596	0.491	2.981	0.609	0.440	0.391	0.399	1.137	0.313	0.719	0.260	1.261	0.771	1.002	0.676	0.922
衢州	1.129	1.364	0.574	0.736	1.203	0.186	0.558	2.136	0.253	0.607	0.610	0.769	1.352	1.569	1.254	2.128
舟山	0.773	1.416	0.757	2.054	0.587	0.674	0.947	1.470	1.852	1.339	0.828	2.061	0.907	1.395	1.383	1.854
台州	1.197	0.528	2.051	0.406	0.295	0.450	0.317	1.353	0.550	0.686	0.430	0.665	0.697	0.873	0.500	0.776
丽水	0.580	2.362	0.364	0.690	0.760	0.481	0.607	2.360	0.234	1.054	0.876	1.576	1.959	2.355	1.961	2.648

资料来源：根据《中国城市统计年鉴（2014）》计算得到。

表 4—7　2013 年长三角城市群各城市主要部门外向功能量

	制造业	电力、燃气及水的生产和供应业	建筑业	交通运输、仓储及邮政业	信息传输、计算机服务和软件业	批发和零售业	住宿餐饮业	金融业	房地产业	租赁和商务服务业	科学研究、技术服务和地质勘查业	水利、环境和公共设施管理业	教育	卫生、社会保障和社会福利业	文化、体育和娱乐业	公共管理和社会组织
上海	28.618	0	0	40.519	36.312	0	7.496	12.265	10.823	27.067	7.359	0	0	0	0.807	0
南京	0	0	14.436	4.513	10.380	7.173	1.512	0	0.853	0.672	2.072	0	0	0	0.535	0
无锡	35.486	0	0	0	0	0	0	0	0	0	0	0	0	0	0	0
徐州	0	0	14.790	0	0	0	0	0	0	0	0	0	0	0	0	0
常州	11.122	0	0	0	0	0	0.097	0	0	0	0	0	0	0.414	0.073	0
苏州	112.367	0	0	0	0	0	0	0	0	0	0	0	1	0.018	0	0
南通	0	0	76.415	0	0	0	0	0	0	0	0	0	0	0	0	0
连云港	0	0	3.764	0	1.541	0	0	0.317	0	0.347	0	0.249	0.966	0.409	0	1
淮安	1.835	0	6.928	0	0	0	0	0.000	0	0	0	0.273	0.802	0	0	0
盐城	0.866	0	13.073	0	0	0	0	0.006	0	0	0	0	0	0	0	0
扬州	0	7.861	31.244	0	0	0	0.703	0	0	0	0	0	0	0	0	0
镇江	0	0.053	0	0	0	0	0	0.429	0	0	0	0.195	0	0.177	0	0
泰州	0	0	27.815	0	0	0	0	0	0	0	0	0	0	0	0	0
宿迁	0.017	0	12.819	0	0	0	0	0	0	0	0	0.041	1.123	0	0	0
杭州	0	0	32.831	0	3.832	2.402	0	1.030	2.566	3.131	2.712	0	0	0	0	0
宁波	28.095	0	3.684	0	0	0	0	2.262	0	1.537	0	0	0	0	0.069	0
温州	3.805	0.191	8.337	0	0	0	0	1.273	0	0	0	0	0.532	0.765	0.004	0.655

续表

	制造业	电力、燃气及水的生产和供应业	建筑业	交通运输、仓储及邮政业	信息传输、计算机服务和软件业	批发和零售业	住宿餐饮业	金融业	房地产业	租赁和商业服务业	科学研究、技术服务和地质勘查业	水利、环境和公共设施管理业	教育	卫生、社会保障和社会福利业	文化、体育和娱乐业	公共管理和社会组织
嘉兴	25.216	0	0	0	0	0	0	0	0	0.597	0	0	0	0	0	0
湖州	4.004	0	4.772	0	0	0	0	0.176	0	0	0	0	0	0	0	0
绍兴	0	0	50.258	0	0	0	0	0	0	0	0	0	0	0	0	0
金华	0	0	28.815	0	0	0	0	0.355	0	0	0	0.315	0	0.009	0	0
衢州	1	0.136	0	0	0	0	0	0.665	0	0	0	0	0.625	0.468	0.043	1.818
舟山	0	0.141	0	0.831	0	0	0	0.249	0.336	0.152	0	0.262	0	0.294	0.058	1.248
台州	5.969	0	17.355	0	0	0	0	1.035	0	0	0	0	0	0	0	0
丽水	0	0.450	0	0	0	0	0	0.703	0	0.023	0	0.139	1.503	0.984	0.142	2.346

资料来源：根据《中国城市统计年鉴（2014）》计算得到。

表 4—8　2013 年长三角城市群各城市城市流倾向度与强度

	地区生产总值（亿元）	年末单位从业人员总数（万人）	从业人员人均地区生产总值（万元）	城市的外向功能量（E_i）	城市流强度（F_i）	城市流倾向度（K_i）
上　海	21602.12	618.96	34.90	171.27	5977.31	0.277
南　京	8011.80	216.10	37.07	42.14	1562.50	0.195
无　锡	8070.20	128.05	63.02	35.49	2236.46	0.277
徐　州	4435.80	109.77	40.41	16.11	651.02	0.147
常　州	4360.90	71.48	61.01	11.31	689.99	0.158
苏　州	13015.70	293.40	44.36	112.37	4984.76	0.383
南　通	5038.90	183.85	27.41	76.41	2094.35	0.416
连云港	1785.40	47.15	37.87	8.20	310.34	0.174
淮　安	2155.90	63.29	34.06	9.84	335.10	0.155
盐　城	3475.50	88.64	39.21	13.94	546.75	0.157
扬　州	3252.00	101.14	32.15	31.24	1004.60	0.309
镇　江	2927.30	46.71	62.67	8.71	546.15	0.187
泰　州	3006.90	94.76	31.73	27.82	882.75	0.294
宿　迁	1706.30	54.43	31.35	14.00	438.86	0.257
杭　州	8343.50	282.56	29.53	49.28	1455.05	0.174
宁　波	7128.90	171.35	41.60	35.58	1480.19	0.208
温　州	4003.90	103.04	38.86	15.56	604.67	0.151
嘉　兴	3147.70	79.75	39.47	25.81	1018.81	0.324
湖　州	1803.20	48.22	37.40	8.95	334.74	0.186
绍　兴	3967.30	135.54	29.27	50.26	1471.06	0.371
金　华	2958.80	90.05	32.86	29.49	969.10	0.328
衢　州	1056.60	20.39	51.82	4.62	239.42	0.227
舟　山	930.90	18.49	50.35	3.57	179.87	0.193
台　州	3153.30	102.25	30.84	24.36	751.21	0.238
丽　水	983.10	18.01	54.59	6.29	343.34	0.349

资料来源：《中国城市统计年鉴（2014）》。

率还是增长潜力都具有较为明显的优势，但是长三角城市群内部的经济发展也存在一定的空间不平衡性，沿沪宁、沪杭和杭宁三条轴线分布的城市和地区具有更高的经济发展水平。具体的，表 4—9 为长三角城市群经济可持续发展情况，主要从经济规模、产出效率、收入水平、增长潜力、产业结构、金融财政、对外开放、基础设施 8 个方面分析了长三角城市群的可持续发展现状。

第一，从经济规模和产出效率方面来看，主要包括 GDP、规模以上工业总产值、人均 GDP 和地均 GDP 四个指标。2013 年，上海是长三角城市群 25 个城市中 GDP 和规模以上工业总产值最高的，分别为 21602.12 亿元和 32088.8779 亿元；苏州的 GDP 和规模以上工业总产值均居于长三角城市群第二位，分别为 13015.7 亿元和 30276.29 亿元；杭州的 GDP 为 8343.5 亿元，居于第三位，无锡和南京的 GDP 分别居于第四和第五位；而无锡的规模以上工业总产值为 14876.33 亿元，居于长三角城市群第三位，宁波和南京分别居于第四和第五位。无锡的人均 GDP 是长三角城市群中最高的，为 124463.29 元/人；苏州居于第二位，为 123033.37 元/人；南京和杭州分别居于第三和第四位；而上海作为长三角城市群的首位城市，其人均 GDP 并不是很高，居于长三角城市群第八位。但是，上海的地均 GDP 是长三角城市群中最高的，为 34072.74 万元/平方公里，是居于第二位的无锡地均 GDP 的 1.95 倍。

第二，从收入水平和增长潜力方面来看，主要包括城镇居民人均可支配收入、农村居民人均纯收入、GDP 增长率、全社会固定资产投资总额四个指标。2013 年，上海的城镇居民人均可支配收入（43851.36 元）是长三角城市群最高的，苏州次之；苏州的农村居民人均纯收入为 21578 元，是长三角城市群最高的，无锡（20587 元）居于第二位。从增长潜力方面来看，淮安具有最高的 GDP 增长率，2013 年比上年同期增长 12.23%；宿迁的 GDP 较上年同期增长 12.11%，居于第二位。而长三角城市群地区生产总值增长率的平均值为 9.48%，上海、南京、杭州的增长率均低于整个城市群的平均水平。苏州和上海的全社会固定资产投资总额分别居于第一和第二位。

第三，从产业结构和金融财政方面来看，主要包括非农产业比重、第三产业与第二产业产值比、地方财政一般预算收入和金融机构人民币贷款额四个指标。图 4－2 是长三角城市群及全国的三次产业结构对比图，从 2013 年全国的产业发展情况来看，第一产业占国内生产总值的比重

表4—9 2013年长三角城市群经济发展概况

	经济规模		产出效率		收入水平		增长潜力		产业结构		金融财政		对外开放		基础设施	
	GDP（亿元）	规模以上工业总产值（亿元）	人均GDP（元/人）	地均GDP（万元/平方公里）	城镇居民人均可支配收入（元）	农村居民人均纯收入（元）	GDP增长率	全社会固定资产投资总额（亿元）	非农产业比重（%）	第三产业与第二产业产值比	地方财政一般预算收入（亿元）	金融机构人民币贷款额（亿元）	货物进出口总额（万美元）	外商直接投资实际使用额（万美元）	公路网密度	每万人拥有公共汽车（辆/万人）
上海	21602.12	32088.88	89449.77	34072.74	43851.36	19595	7.04	5644.13	99.40	1.67	4109.51	44357.88	44126822	1677958	1.99	7.49
南京	8011.80	12563.09	97848.07	12163.05	38531	16531	11.25	5093.78	97.45	1.26	831.31	13791.06	5575728	403262	1.69	9.69
无锡	8070.20	14876.33	124463.29	17441.54	38999	20587	6.63	3973.52	98.16	0.88	710.90	8108.14	7037108	333886	1.65	9.20
徐州	4435.80	10523.10	51633.10	3939.78	23770	12052	10.44	3090.13	90.25	0.89	422.84	2360.80	628919	150047	1.45	10.51
常州	4360.90	10035.82	92943.31	9974.61	36611	18643	9.85	2850.12	96.83	0.88	408.88	4318.32	2921496	311087	2.02	8.22
苏州	13015.70	30276.29	123033.37	15334.24	42748	21578	8.36	5822.14	98.35	0.87	1331.03	15495.24	30934781	869808	1.49	11.03
南通	5038.90	11253.96	69044.94	6297.84	31059	14754	10.53	3298.73	93.15	0.79	485.88	4508.54	2981443	228743	2.25	6.19
连云港	1785.40	4101.04	40320.69	2344.58	22985	10745	11.35	1350.12	85.48	0.89	233.30	1366.94	664117	86990	1.55	7.42
淮安	2155.90	4638.11	44663.35	2140.49	23107	11045	12.23	1453.05	87.36	0.92	271.42	1375.15	366094	115064	1.28	3.76
盐城	3475.50	6370.51	48137.12	2047.78	24119	13344	11.39	2217.69	85.92	0.83	366.77	2179.75	652829	154983	1.13	3.40
扬州	3252.00	8324.21	72751.68	4934.00	28145	14214	10.87	2025.18	93.10	0.79	259.26	2341.85	950657	182788	1.58	10.17
镇江	2927.30	7178.79	92489.73	7609.31	32977	16258	11.29	1753.15	95.59	0.81	254.52	2364.38	994982	809678	1.87	9.79
泰州	3006.90	8397.24	64887.79	5195.96	29112	13982	11.30	1764.17	93.16	0.78	251.58	2344.27	1044065	132259	1.61	7.47
宿迁	1706.30	2988.16	35407.76	2001.76	18846	10703	12.11	1290.75	86.23	0.80	185.12	1282.09	332217	50895	1.26	4.85
杭州	8343.50	12407.98	94340.80	5027.42	39310	18923	6.94	4263.87	96.82	1.21	945.20	18399.53	6507102	527633	0.96	13.22

续表

	经济规模		产出效率		收入水平		增长潜力		产业结构		金融财政		对外开放		基础设施	
	GDP（亿元）	规模以上工业总产值（亿元）	人均GDP（元/人）	地均GDP（万元/平方公里）	城镇居民人均可支配收入（元）	农村居民人均纯收入（元）	GDP增长率	全社会固定资产投资总额（亿元）	非农产业比重（%）	第三产业与第二产业产值比	地方财政一般预算收入（亿元）	金融机构人民币贷款额（亿元）	货物进出口总额（万美元）	外商直接投资实际使用额（万美元）	公路网密度（万）	每万人拥有公共汽车（辆/万人）
宁波	7128.90	13010.09	93030.14	7262.53	41657	20534	8.31	3422.95	96.12	0.83	792.81	12493.28	10032895	327483	1.11	12.76
温州	4003.90	4516.56	43534.85	3397.74	37852	16194	9.12	2618.16	97.12	0.93	323.98	7092.32	2060234	50150	1.22	7.09
嘉兴	3147.70	6893.67	69073.95	8040.10	39087	20556	8.89	1910.15	95.05	0.73	282.31	3860.03	3176292	220676	2.04	8.53
湖州	1803.20	3828.02	61838.13	3096.15	36220	19044	8.34	1070.05	93.03	0.76	154.66	2145.43	953296	105860	1.41	5.23
绍兴	3967.30	9339.31	80163.67	4792.00	40454	19618	5.57	2001.99	95.13	0.79	293.07	5447.84	3336959	80782	1.18	15.93
金华	2958.80	4226.35	54509.95	2704.08	36423	14788	9.15	1364.36	95.26	0.95	242.47	5041.73	3427480	24905	1.10	5.38
衢州	1056.60	1448.52	49745.76	1194.57	28883	11924	8.67	670.72	92.13	0.75	727.55	1237.02	377607	6616	0.90	3.04
舟山	930.90	1333.56	81514.89	6397.94	37646	20573	9.10	750.02	89.71	1.03	92.63	1304.37	1267249	20930	1.28	7.16
台州	3153.30	3805.76	52224.25	3350.65	37038	16126	8.32	1507.87	93.24	0.94	247.73	4340.24	2187783	40001	1.27	4.44
丽水	983.10	1793.41	46328.93	568.00	29045	10024	9.95	570.42	91.39	0.80	73.70	1286.81	258883	12784	0.84	6.40

资料来源：《中国城市统计年鉴（2014）》。

为 8.19%，第二产业的比重为 49.49%，第三产业的比重为 42.32%，可见，全国的产业结构表现出"二、三、一"的结构模式，第二产业仍是我国的主导产业。长三角城市群中连云港、盐城、宿迁、淮安、舟山以及徐州第一产业的比重高于全国第一产业的比重，其余城市第一产业的比重都低于全国的比重；从第二产业的比重来看，上海、南京、徐州、连云港、淮安、盐城、宿迁、杭州、金华、舟山和台州第二产业比重低于全国第二

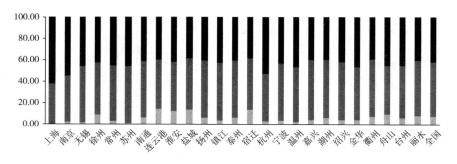

■第一产业 ■第二产业 ■第三产业

图4—2 2013年长三角城市群各城市及全国产业结构对比

产业的比重，其余城市第二产业的比重均高于全国水平，可见，长三角城市群的大多数城市仍属工业型城市；从第三产业的比重来看，长三角城市群中有将近一半的城市（12个城市）第三产业占比低于全国平均水平，此外，除了上海、南京和杭州第三产业的比重略高于 50% 以外，其余城市第三产业的比重都在 50% 以下，第三产业的比重明显偏低，可见，长三角城市群第三产业的整体发展水平还不是很高，仍存在着很大的发展空间。从地方财政一般预算收入和金融机构人民币贷款额来看，上海的这两个指标都是长三角城市群最高的。

第四，从对外开放和基础设施方面来看，主要包括货物进出口总额、外商直接投资实际使用额、公路网密度和每万人拥有公共汽车四个指标。其中，上海的货物进出口总额和外商直接投资实际使用额均居于首位，苏州的货物进出口总额和外商直接投资实际使用额均居于第二位；从公路网密度方面来看，南通的公路网密度是长三角城市群中最高的，嘉兴次之，常州居于第三位，上海居于第四位，绍兴每万人拥有的公共汽车数是最多

的，杭州居于第二位，宁波和苏州分别居于第三和第四位。

4.1.3　长三角城市群社会可持续发展分析

长三角城市群较高的经济发展水平为长三角城市群社会的发展提供了良好的基础，从而使得长三角城市群的社会可持续发展成为可能，长三角城市群社会的可持续发展竞争力在所有城市群中排名第二。表4-10显示了包括社会稳定、人口结构、社会保障、居民住房、教育文化以及医疗卫生六个方面的长三角城市群的社会可持续发展情况。

第一，社会稳定主要包括城镇登记失业率和城乡居民收入差距两个方面。2013年，在整个长三角城市群中，上海拥有最低的城镇登记失业率（1%）和最高的城乡居民收入差距（24256.36元），衢州的城镇登记职业率是长三角城市群中最高的，为3.13%，而宿迁的城乡收入差距（8143.00元）是长三角城市群中最低的，总体来看，长三角城市群的城镇登记失业率较低，城乡收入存在比较大的差距。

第二，从人口结构和社会保障方面来看，人口结构主要包括人口城市化率和人口老龄化率，而社会保障由城镇职工基本养老保险参保比例、城镇基本医疗保险参保比例以及失业保险参保比例三个指标度量。从人口结构方面来看，上海的人口城镇化率是长三角城市群中最高的，达到了89.3%，总体来看，除了宿迁、衢州和丽水的人口城镇化率低于50%以外，长三角城市群其他22个城市的人口城镇化率均在50%以上；南通是长三角城市群中人口老龄化率最高的城市，为16.5%，苏州的人口老龄化率是长三角城市群中最低的，为8.5%，可见，长三角城市群面临着严重的人口老龄化问题。此外，从社会保障方面来看，长三角城市群的社会保障整体相差较大，各个城市的社会保障程度不一。

第三，从长三角城市群的居民住房和医疗卫生方面来看，主要包括农村人均住房面积、城镇人均住房建筑面积、每万人拥有医生数、每万人拥有卫生机构床位数等四个方面。在居民住房方面，长三角城市群的农村人均住房面积均大于城镇人均住房建筑面积，具体来看，苏州的农村人均住房面积和城镇人均住房建筑面积均是最高的，分别为74平方米/人和43平方米/人；在医疗卫生方面，南京是每万人拥有医生数最多的城市，为

表4—10 2013年长三角城市群社会发展概况

城市	社会稳定		人口结构		社会保障			居民住房		教育文化				医疗卫生	
	城镇登记失业率(%)	城乡居民收入差距(元)	人口城市化率(%)	人口老龄化率(%)	城镇职工基本养老保险参保比例(%)	城镇基本医疗保险参保比例(%)	失业保险参保比例(%)	农村人均住房面积(平方米/人)	城镇人均住房建筑面积(平方米/人)	中学生每百人拥有教师数	生均财政教育支出(元/人)	每百人拥有公共图书馆藏书(册)	影院、剧场以及公共图书馆个数(个)	每万人拥有医生数(人)	每万人拥有卫生机构床位数(个)
上海	1.00	24256.36	89.30	10.13	65.34	67.82	30.44	59.90	32.80	8.87	49028.96	299.75	141.00	19.15	46.82
南京	2.15	22000.00	77.94	9.18	57.44	44.14	37.83	59.90	32.80	9.97	23069.27	183.84	72.00	25.23	45.42
无锡	2.12	18412.00	70.31	9.48	64.77	48.98	43.46	68.20	38.00	9.24	22732.09	60.47	76.00	22.77	45.06
徐州	2.14	11718.00	53.18	10.42	23.72	24.03	18.23	48.00	37.50	9.22	11737.27	34.85	17.00	18.83	46.77
常州	2.14	17968.00	63.17	9.77	43.42	44.81	34.49	56.00	41.50	8.47	16293.22	60.72	11.00	23.12	40.83
苏州	2.12	21170.00	70.07	8.50	67.19	54.59	43.24	74.00	43.00	9.66	26521.39	127.98	41.00	22.97	46.64
南通	2.15	16305.00	55.80	16.50	63.62	30.32	23.97	55.70	40.10	9.58	22894.21	72.40	41.00	21.35	44.21
连云港	2.30	12240.00	51.76	9.17	34.52	22.81	14.85	43.00	39.10	8.99	10797.14	67.23	14.00	17.27	36.23
淮安	2.20	12062.00	50.79	10.39	34.22	24.97	25.05	46.40	37.10	8.52	13258.01	0.17	24.00	23.15	44.92
盐城	2.14	10775.00	51.95	11.96	35.94	23.36	17.89	46.90	37.20	9.81	15245.52	36.73	25.00	20.79	40.00
扬州	2.26	13931.00	56.75	12.44	39.18	33.81	24.42	48.60	37.60	8.81	13869.69	73.15	13.00	20.75	38.15
镇江	2.12	16719.00	61.97	10.35	55.34	33.87	24.75	51.00	40.40	10.03	21252.63	80.85	12.00	22.76	39.96
泰州	2.16	15130.00	55.64	14.23	—	32.04	23.52	55.90	40.40	10.57	14081.73	46.98	26.00	20.65	40.24
宿迁	2.38	8143.00	48.29	10.21	20.49	17.13	12.56	44.00	39.90	7.65	11280.51	21.37	13.00	15.47	39.33
杭州	1.85	20387.00	73.25	9.02	83.28	70.36	49.64	70.40	31.90	8.37	20035.09	203.29	75.00	33.57	53.54

续表

	社会稳定		人口结构		社会保障			居民住房		教育文化				医疗卫生	
	城镇登记失业率（%）	城乡居民收入差距（元）	人口城市化率（%）	人口老龄化率（%）	城镇职工基本养老保险参保比例（%）	城镇基本医疗保险参保比例（%）	失业保险参保比例（%）	农村人均住房面积（平方米/人）	城镇人均住房建筑面积（平方米/人）	中学生每百人拥有教师数	生均财政教育支出（元/人）	每百人拥有公共图书馆藏书（册）	影院.剧场以及公共图书馆个数（个）	每万人拥有医生数（人）	每万人拥有卫生机构床位数（个）
宁波	2.16	21123.00	68.31	8.61	97.96	66.65	44.61	58.90	33.60	8.12	19210.47	87.15	60.00	26.03	36.61
温州	1.94	21658.00	66.02	7.62	39.35	25.48	16.94	42.20	41.70	8.35	11891.11	114.28	23.00	22.93	31.71
嘉兴	2.93	18531.00	53.33	9.99	87.22	75.34	43.37	71.60	39.50	8.08	17623.37	173.80	43.00	19.39	40.37
湖州	3.07	17176.00	52.89	10.89	70.97	62.87	37.74	67.90	36.50	8.02	14697.10	69.24	10.00	22.53	40.10
绍兴	2.89	20836.00	58.58	9.94	73.60	60.14	37.86	62.00	40.20	7.27	12794.01	59.89	40.00	23.45	40.11
金华	2.73	21635.00	58.97	9.10	41.29	39.67	22.33	62.40	51.30	0.83	11892.49	47.20	30.00	24.64	39.93
衢州	3.13	16959.00	44.13	11.97	53.86	56.54	24.83	66.70	36.80	7.49	13079.84	66.71	21.00	31.14	41.56
舟山	2.70	17073.00	63.59	10.50	57.36	50.21	28.43	49.30	33.20	9.46	28295.07	112.52	12.00	24.93	40.46
台州	2.74	20912.00	55.54	9.83	48.56	36.90	27.01	55.50	44.60	7.16	10183.96	39.72	54.00	22.09	31.52
丽水	2.96	19021.00	48.40	11.69	49.72	34.40	19.53	52.00	41.50	1.69	13989.54	71.35	30.00	27.72	46.48

资料来源：《中国城市统计年鉴（2014）》。

25.23 人，上海是每万人拥有卫生机构床位数最多的城市，为 46.82 个。

第四，从教育文化方面来看，主要包括每百人中学生拥有教师数、生均财政教育支出、每百人拥有公共图书馆藏书、影院、剧场以及公共图书馆个数四个指标。泰州中学生每百人拥有的教师数是最多的，为 10.57 人，上海的生均财政教育支出、每百人拥有公共图书馆藏书、影院、剧场以及公共图书馆个数均是最高的。

4.1.3　长三角城市群生态可持续发展分析

经济和社会的可持续发展是城市群可持续发展的基础和动力，而生态环境也是城市群发展的重要支撑，经济发展虽然使得长三角城市群的生态环境面临着一定的挑战和压力，但是，长三角城市群目前环境效率具有一定优势，资源环境承载力整体较高。表 4—11 显示了包括社会稳定、人口结构、社会保障、居民住房、教育文化以及医疗卫生六个方面的长三角城市群的社会可持续发展情况。

首先，从资源禀赋和绿化状况来看，资源禀赋主要包括人均用电量、人均用水量、人均煤气用量以及人均液化石油气用量四个方面，绿化状况包括人均绿地面积和建成区绿化覆盖率两个方面。在资源禀赋方面，绍兴的人均用电量、人均用水量以及人均煤气用量均居于长三角城市群首位，分别为 2171.69 千瓦时/人、66.39 吨/人和 341.35 立方米/人，宁波的人均液化石油气用量是长三角城市群最高的，为 381.84 吨/人。在绿化状况方面，连云港具有最高的人均绿地面积，为 188.97 平方米/人，湖州拥有最高的建成区绿化覆盖率 48.32%。

其次，从环境污染和污染治理方面来看，主要包括单位 GDP 工业废水排放量、单位 GDP 工业二氧化硫排放量、单位 GDP 工业烟尘排放量、一般工业固体废物综合利用率、城镇生活污水处理率以及生活垃圾无害化处理率等六个方面的指标。在环境污染方面，衢州是单位 GDP 工业三废排放量最高的城市，可见，其环境效率较为低下；相反，上海的单位 GDP 工业三废排放量在长三角城市群中是最低的，可见，上海具有较高的环境效率。在污染治理方面，一般工业固体废物综合利用率只有盐城和宿迁低于 90%，其余城市均在 90% 以上，但是却没有城市达到 100%；杭州的城镇

表4—11 2013年长三角城市群资源环境承载力概况

	资源禀赋				绿化状况		环境污染			污染治理		
	人均用电量(千瓦时/人)	人均用水量(吨/人)	人均煤气用量(立方米/人)	人均液化石油气用量(吨/人)	人均绿地面积(平方米/人)	建成区绿化覆盖率(%)	单位GDP工业废水排放量(万吨/亿元)	单位GDP工业二氧化硫排放量(吨/亿元)	单位GDP工业烟尘排放量(吨/亿元)	一般工业固体废物综合利用率(%)	城镇生活污水处理率(%)	生活垃圾无害化处理率(%)
上海	918.82	45.88	336.19	178.04	55.70		2.10	8.00	3.11	97.12	87.70	94
南京	942.72	51.13	120.20	166.28	120.19	44.63	3.16	13.81	8.14	91.20	61.50	90.8
无锡	921.81	40.91	177.71	124.51	51.73	42.79	2.86	10.31	5.49	91.00	86.60	100
徐州	1048.43	33.44	71.08	144.77	77.62	39.30	3.47	30.33	11.76	99.20	87.90	99.9
常州	587.71	35.73	178.76	18.61	24.58	42.80	2.76	8.22	8.06	98.20	87.40	100
苏州	1281.64	51.17	278.82	213.59	52.34	42.06	5.14	12.67	5.00	97.90	77.20	100
南通	1662.07	41.98	69.31	134.07	31.97	42.05	2.89	12.50	6.74	98.00	88.40	100
连云港	812.62	27.33	93.55	88.01	188.97	39.93	3.15	24.34	10.74	95.30	69.60	82.4
淮安	559.27	26.22	55.34	142.49	23.41	40.74	3.87	20.85	9.69	97.70	71.50	79.3
盐城	627.94	24.05	59.41	151.62	25.00	40.21	5.05	12.89	8.55	79.60	69.20	80.7
扬州	1325.91	55.09	108.89	256.41	48.29	43.21	2.99	14.08	4.94	97.70	83.60	100
镇江	811.59	48.77	252.10	206.79	61.53	42.37	3.30	21.59	7.34	98.10	78.60	100
泰州	1232.54	36.35	177.32	273.53	40.81	40.72	2.50	16.75	5.18	98.20	61.40	100
宿迁	500.96	15.13	79.79	85.56	57.73	41.97	2.84	14.44	21.53	89.80	83.60	78.2
杭州	1145.85	38.02	92.22	190.93	27.35	40.27	4.70	9.83	4.82	94.00	93.90	100
宁波	917.59	41.83	175.84	381.84	31.23	38.27	2.76	18.89	3.55	90.06	77.00	100

续表

	资源禀赋				绿化状况		环境污染			污染治理		
	人均用电量（千瓦时/人）	人均用水量（吨/人）	人均煤气用量（立方米/人）	人均液化石油气用量（吨/人）	人均绿地面积（平方米/人）	建成区绿化覆盖率（%）	单位GDP工业废水排放量（万吨/亿元）	单位GDP工业二氧化硫排放量（吨/亿元）	单位GDP工业烟尘排放量（吨/亿元）	一般工业固体废物综合利用率（%）	城镇生活污水处理率（%）	生活垃圾无害化处理率（%）
温 州	836.52	36.64	12.03	378.39	22.87	38.05	1.86	8.61	4.69	98.99	81.25	98.04
嘉 兴	724.83	19.48	112.87	206.43	38.02	44.12	6.71	23.18	7.55	95.00	91.00	100
湖 州	776.50	28.81	118.18	36.18	32.92	48.32	5.98	20.41	15.32	96.27	91.40	100
绍 兴	2171.69	66.39	341.35	342.74	79.69	40.86	6.87	15.03	7.80	92.70	86.19	100
金 华	817.06	28.75	28.99	329.56	25.38	37.86	2.94	12.55	11.23	98.20	86.99	98.79
衢 州	619.40	21.50	56.67	69.80	30.35	40.93	14.06	41.04	55.42	93.11	78.19	100
舟 山	717.85	23.11	31.31	343.10	158.16	38.32	2.25	14.70	4.90	99.83	64.10	100
台 州	824.38	33.71	11.89	324.68	26.44	43.98	9.84	13.69	3.90	96.44	88.18	100
丽 水	725.67	35.51	22.15	273.54	30.04	44.30	6.35	27.28	20.66	96.77	78.36	99.96

资料来源：《中国城市统计年鉴（2014）》。

生活污水处理率为 93.90％，居于长三角城市群首位，可见，长三角城市群的城镇生活污水处理率总体并不是很高；此外，对于生活垃圾无害化处理率，有 3/4 的城市达到了 100％的水平。总体来看，长三角城市群的污染治理水平较高，但是还有待进一步提高。

4.2 珠三角城市群

珠江三角洲，简称珠三角，是珠江在广东中部入海处冲积成的三角洲，由西江、北江和东江冲积成的三个小三角洲组成。1994 年，广东省委在七届三次全会上首次正式提出"珠三角"的概念，2008 年底，国务院下发《珠江三角洲地区改革发展规划纲要》，标志着珠三角一体化上升为国家战略。珠三角最初由广州、深圳、佛山、南海、顺德等城市组成，后来，珠三角范围调整扩大为珠江沿岸广州、深圳、珠海、佛山、东莞、肇庆、江门、中山、惠州 9 个地级市，这也就是通常所指的"珠三角"或"小珠三角"。"大珠三角地区"则是指包括华南地区的香港、澳门和广东的珠三角地区。本节所研究的珠三角城市群的范围主要包括广州、深圳、珠海、佛山、江门、肇庆、惠州、东莞、中山 9 个地级市。珠三角城市群是全球最有影响力的先进制造业基地和现代服务业基地，南方地区对外开放的门户，是中国三大增长极之一。2013 年，珠三角城市群的土地面积为 5.49 万平方公里，约占全国土地面积（960 万平方公里）的 0.57％；珠三角城市群的常住人口为 5715.3 万人，约占全国总人口的 4.2％；珠三角城市群地区生产总值为 43720.85 亿元，约占当年国内生产总值的 9.02％。

4.2.1 珠三角城市群城市体系分析

4.2.1.1 珠三角城市群规模分布分析

根据表 4－12，珠三角城市群同样具有较为完善的规模等级结构，广州和深圳作为两个核心城市人口都在 1000 万以上，东莞、佛山和中山也都

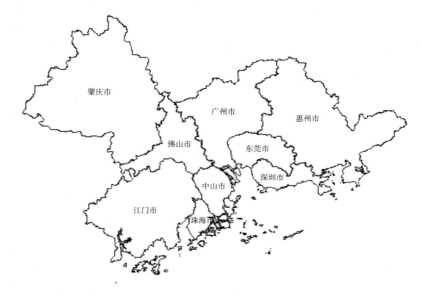

图 4－3　珠三角城市群城市空间分布

表 4－12　珠三角城市群内部等级规模结构

级序	人口级别（人）	城市数量（个）	人口规模占比（%）	城　市　名　称
1	＞1000 万	2	41.29%	广州、深圳
2	500 万—1000 万	2	29.71%	东莞、佛山
3	300 万—500 万	1	6.01%	中山
4	100 万—300 万	4	13.04%	惠州、江门、珠海、增城
5	100 万以下	8	9.95%	台山、高要、开平、肇庆、从化、四会、鹤山、恩平

资料来源：根据第六次全国人口普查数据（2010）整理得到，其中空间样本具体到县级市。

是具有 300 万以上人口的大城市，同时城市群也分布有一些中小规模的地级市和县级市。从规模分布特征来看，珠三角城市群不同规模等级的城市在数量方面同样呈金字塔型的分布，但是中小城市的人口规模占比却远远低于大城市。珠三角城市群仅广州和深圳两个城市的人口就占到了总人口的 41.29%，人口规模在 300 万以上的大城市的人口规模占比则达到了 77.01%，而中小城市的人口规模占比则只有 22.99%。通过回归得到的珠三角城市群的位序—规模系数为 1.362，也反映了珠三角城市群城市规模分布比较集中，大城市很突出。与长三角城市群相比，珠三角城市群的核心城市也具有较强的带动作用，但是中小城市的发育却存在一定的不足，人口在大城市的过于集中在一定程度上会限制中小城市功能的实现。

4.2.1.2 珠三角城市群产业分工分析

表 4—14 是以珠三角城市群的产业结构为参照系，2013 年珠三角城市群各城市的产业结构灰色关联度排序，广州的灰色关联度是最小的，为 0.603，这说明广州的产业结构与珠三角城市群的产业结构差异较大；深圳和珠海的产业结构灰色关联度分别排在第一位和第二位，分别为为 0.829 和 0.799，珠三角城市群其他城市的产业结构灰色关联度都在 0.6 和 0.8 之间，总体来看，珠三角城市群各城市的产业结构灰色关联度不是很高，但是不同城市的灰色关联度总体差异不大，说明珠三角城市群各城市产业的专业化程度较高。表 4—15 是珠三角城市群不同产业的灰色关联度排序，可见，珠三角城市群不同产业的灰色关联度波动范围较大。其中，租赁和商业服务业的灰色关联度是最低的，为 0.468，这说明租赁和商业服务业的地区专业化程度较高，有明显的地域分工；建筑业的灰色关联度是最高的，为 0.814，这说明该行业存在一定程度的地区同构性，其中，深圳该行业的灰色关联系数高达 0.937，说明深圳建筑业的产业结构和珠三角城市群该产业的产业结构非常相似。

4.2.1.3 珠三角城市群空间联系分析

运用引力模型计算的珠三角城市群各城市间相互作用强度值如表 4—16 所示。2013 年，珠三角城市群城市间作用强度最高的城市是广州和佛山，高达 15774.63 亿元·万人/平方公里。这一方面是因为广州和佛山两城市之间的距离很近；另一方面是因为广州和佛山两城市之间的联系比较密切。因此，应该进一步推进"广佛同城"，即广州和佛山两城市打破行政壁垒，进行区域一体化建设。城市间作用强度排名第二位的是广州和东莞，为 2650.08 亿元·万人/平方公里，排在第三位的是深圳和东莞，作

表4—13 2013年珠三角城市群各城市产业结构灰色关联系数矩阵

	制造业	电力,燃气及水的生产和供应业	建筑业	交通运输,仓储及邮政业	信息传输,计算机服务和软件业	批发和零售业	住宿餐饮业	金融业	房地产业	租赁和商业服务业	科学研究,技术服务和地质勘查业	水利,环境和公共设施管理业	教育	卫生,社会保障和社会福利业	文化,体育和娱乐业	公共管理和社会组织
广州	0.440	0.779	0.860	0.334	0.584	0.517	0.580	0.892	0.406	0.391	0.367	0.519	0.804	0.816	0.497	0.862
深圳	0.937	0.800	0.839	1.000	0.622	0.901	0.975	0.899	0.708	0.564	0.990	0.707	0.781	0.747	0.914	0.881
珠海	0.849	0.977	0.697	0.669	0.729	0.815	0.720	0.988	0.682	0.578	0.709	0.672	0.981	0.907	0.905	0.909
佛山	0.609	0.926	0.818	0.544	0.613	0.689	0.675	0.826	0.545	0.434	0.589	0.882	0.843	0.896	0.634	0.872
江门	0.832	0.615	0.852	0.691	0.600	0.786	0.942	0.579	0.474	0.396	0.567	0.863	0.640	0.571	0.758	0.622
肇庆	0.660	0.652	0.937	0.669	0.656	0.720	0.744	0.886	0.529	0.432	0.609	0.612	0.416	0.446	0.899	0.463
惠州	0.738	0.799	0.794	0.570	0.597	0.696	0.585	0.724	0.599	0.430	0.562	0.788	0.773	0.824	0.893	0.670
东莞	0.471	0.772	0.711	0.479	0.510	0.620	0.774	0.688	0.428	0.549	0.542	0.626	0.728	0.873	0.711	0.760
中山	0.555	0.977	0.817	0.512	0.555	0.703	0.787	0.789	0.578	0.433	0.575	0.716	0.942	0.910	0.684	0.820

资料来源:根据《中国城市统计年鉴(2014)》计算得到。

表4—14　2013年珠三角城市群各城市产业结构灰色关联度排序

深圳市	珠海市	佛山市	中山市	惠州市	江门市	肇庆市	东莞市	广州市
e0.829	0.799	0.712	0.710	0.690	0.674	0.646	0.640	0.603

资料来源:根据《中国城市统计年鉴(2014)》计算得到。

表4—15　2013年珠三角城市群不同产业的灰色关联度排序

建筑业	电力、燃气及水的生产和供应业	金融业	卫生、社会保障和社会福利业	教育	文化、体育和娱乐业	公共管理和社会组织	住宿餐饮业	批发和零售业	水利、环境和公共设施管理业	制造业	科学研究、技术服务和地质勘查业	交通运输、仓储和邮政业	信息传输、计算机服务和软件业	房地产业	租赁和商业服务业
0.814	0.811	0.808	0.777	0.767	0.766	0.762	0.753	0.716	0.709	0.677	0.612	0.607	0.607	0.550	0.468

资料来源:根据《中国城市统计年鉴(2014)》计算得到。

表 4—16　2013 年珠三角城市群各城市间相互作用强度

单位：亿元·万人/平方公里

	广 州	深 圳	珠 海	佛 山	江 门	肇 庆	惠 州	东 莞
深　圳	1118.19							
珠　海	150.50	85.11						
佛　山	15774.63	469.61	82.66					
江　门	678.55	177.85	83.99	580.29				
肇　庆	390.95	67.38	13.41	265.68	74.20			
惠　州	288.81	609.65	16.34	111.43	33.29	17.95		
东　莞	2650.08	1761.99	73.09	778.26	157.61	73.72	343.04	
中　山	580.47	257.60	256.86	360.23	553.57	38.32	44.44	269.40

资料来源：根据《中国城市统计年鉴（2014）》计算得到。

用强度为 1761.99 亿元·万人/平方公里，排在第四位的是广州和深圳，作用强度为 1118.19 亿元·万人/平方公里。总体来看，广州和其他城市之间的作用强度都在 100 亿元·万人/平方公里以上，深圳和其他城市之间的作用强度除了肇庆只有 67.38 亿元·万人/平方公里以外，其他的也都在 100 以上，可见，作为珠三角城市群的龙头城市，广州和深圳与其他城市之间都表现出较强的相互作用强度，对周边城市发挥着较强的带动作用。

对于城市流强度，珠三角城市群 9 个城市 16 个部门的区位熵如表 4—17 所示。结果显示，从城市层面来看，广州有 10 个部门的区位熵大于 1，深圳 5 个部门的区位熵大于 1，珠海和肇庆均有 4 个部门的区位熵大于 1，这说明，广州和深圳作为珠三角城市群的核心城市，具有较强的对外辐射功能。对制造业来说，珠三角城市群中 9 个城市的区位熵均大于 1，反映出珠三角城市群的制造业部门具有很强的外向功能。表 4—18 和表 4—19 是珠三角城市群外向功能量和城市流强度的情况。深圳在珠三角 9 个城市中的外向功能量是最高的，为 142.190。而就城市流强度而言，深圳也是最高的，达到了 4507.523；广州仅次于深圳，为 3363.780；其次是佛山和东莞，城市流强度分别为 2904.999 和 2838.921；其他城市的城市流强度均比较低。根据城市流强度的大小，可以将珠三角城市群的城市分

表 4—17　2013 年珠三角城市群各城市主要部门区位熵

	制造业	电力、燃气及水的生产和供应业	建筑业	交通运输、仓储及邮政业	信息传输、计算机服务和软件业	批发和零售业	住宿餐饮业	金融业	房地产业	租赁和商业服务业	科学研究、技术服务和地质勘查业	水利、环境和公共设施管理业	教育	卫生、社会保障和社会福利业	文化、体育和娱乐业	公共管理和社会组织
广 州	1.026	0.625	0.511	2.516	1.365	1.587	1.468	0.818	2.465	2.489	2.056	1.167	0.613	0.724	1.407	0.602
深 圳	1.891	0.240	0.532	1.084	1.289	0.995	0.928	0.811	1.709	1.927	0.823	0.201	0.235	0.317	0.612	0.388
珠 海	1.811	0.402	0.707	0.726	1.120	0.751	1.227	0.720	1.749	0.847	0.520	0.852	0.422	0.486	0.604	0.558
佛 山	2.401	0.479	0.232	0.480	0.398	0.590	0.600	0.578	0.813	0.436	0.313	0.403	0.572	0.645	0.266	0.379
江 门	1.794	0.870	0.519	0.760	0.373	0.719	0.993	1.253	0.615	0.277	0.265	0.615	0.842	1.100	0.450	0.922
肇 庆	1.569	0.805	0.344	0.727	0.476	0.635	0.700	0.823	0.773	0.426	0.353	0.955	1.447	1.452	0.599	1.319
惠 州	2.195	0.602	0.206	0.539	0.367	0.600	0.437	1.004	0.932	0.417	0.256	0.694	0.649	0.714	0.594	0.841
东 莞	2.748	0.207	0.101	0.301	0.162	0.475	0.736	0.404	0.452	0.780	0.207	0.070	0.168	0.456	0.388	0.258
中 山	2.516	0.438	0.231	0.397	0.275	0.610	0.752	0.537	0.888	0.431	0.284	0.214	0.392	0.489	0.348	0.327

资料来源：根据《中国城市统计年鉴（2014）》计算得到。

表 4—18　2013 年珠三角城市群各城市主要部门外向功能量

	制造业	电力、燃气及水的生产和供应业	建筑业	交通运输、仓储及邮政业	信息传输、计算机服务和软件业	批发和零售业	住宿餐饮业	金融业	房地产业	租赁和商业服务业	科学研究、技术服务和地质勘查业	水利、环境和公共设施管理业	教育	卫生、社会保障和社会福利业	文化、体育和娱乐业	公共管理和社会组织
广州市	2.469	0	0	20.985	2.511	10.545	3.473	0	10.139	11.712	7.163	0.725	0	0	1.084	0
深圳市	120.554	0	0	1.630	2.806	0	0	0	6.918	10.283	0	0	0	0	0	0
珠海市	17.891	0	0	0	0.190	0	0.386	0	1.190	0	0	0	0	0	0	0
佛山市	72.196	0	0	0	0	0	0	0	0	0	0	0	0	0	0	0
江门市	13.981	0	0	0	0	0	0	0.432	0	0	0	0	0	0	0	0
肇庆市	6.851	0	0	0	0	0	0	0	0	0	0	0	0	0.240	0	1.026
惠州市	30.433	0	0	0	0	0	0	0	0	0	0	0	1.581	0.740	0	0
东莞市	126.650	0	0	0	0	0	0	0	0	0	0	0	0	0	0	0
中山市	40.735	0	0	0	0	0	0	0	0	0	0	0	0	0	0	0

资料来源：根据《中国城市统计年鉴（2014）》计算得到。

表 4-19　2013 年珠三角城市群各城市城市流倾向度与强度

	年末单位从业人员总数（万人）	城市的外向功能量（Ei）	从业人员人均地区生产总值（Ni）（万元）	城市流强度（Fi）	城市流倾向度（Ki）
广　州	324.590	70.807	47.507	3363.780	0.218
深　圳	457.410	142.190	31.701	4507.523	0.311
珠　海	74.560	19.658	22.296	438.281	0.264
佛　山	174.220	72.196	40.237	2904.999	0.414
江　门	59.520	14.652	33.605	492.397	0.246
肇　庆	40.660	10.198	40.828	416.369	0.251
惠　州	86.080	30.442	31.115	947.201	0.354
东　莞	244.920	126.650	22.416	2838.921	0.517
中　山	90.840	40.735	29.050	1183.355	0.448

资料来源：根据《中国城市统计年鉴（2014）》计算得到。

为三类：高城市流强度的城市——深圳和广州，是该区域的中心城市，带动区域经济和社会的发展；中等城市流强度城市——佛山和东莞，是区域的次中心城市，也是区域发展的重点城市；低城市流强度城市——珠海、江门、肇庆、惠州和中山。

4.2.2　珠三角城市群经济可持续发展分析

珠三角城市群作为我国最为发达的三大城市群之一，其经济可持续发展能力也是居于领先的水平，但是珠三角城市群内部也存在着经济发展不平衡的现象。表 4-20 从经济规模、产出效率、收入水平、增长潜力、产业结构、金融财政、对外开放、基础设施 8 个方面分析了珠三角城市群的社会可持续发展情况。

第一，从经济规模和产出效率方面来看，主要包括 GDP、规模以上工业总产值、人均 GDP 和地均 GDP 四个指标。2013 年，广州的 GDP 是珠三角城市群 9 个城市中最高的，深圳居于第二位，肇庆的 GDP 是珠三角城市群中最低的，且广州的 GDP 是肇庆的 9.29 倍；深圳的规模以上工业总产值是最高的，广州居于第二位，江门最低，深圳的规模以上工业总产值是江门的 17.66 倍。此外，从产出效率方面来看，深圳的人均 GDP 和地均

GDP 均居于珠三角城市群首位，广州居于第二。

第二，从收入水平和增长潜力方面来看，主要包括城镇居民人均可支配收入、农村居民人均纯收入、GDP 增长率、全社会固定资产投资总额四个指标。2013 年，深圳的城镇居民人均可支配收入（44653 元）是珠三角城市群中最高的，广州次之；东莞的农村居民人均纯收入为 27214 元，是珠三角城市群最高的，中山（21727 元）居于第二位；从增长潜力方面来看，广州具有最高的 GDP 增长率，比上年同期增长 13.79％，肇庆的 GDP 较上年同期增长 13.52％，居于第二位；广州和深圳的全社会固定资产投资总额分别居于第一和第二位。

第三，从产业结构和金融财政方面来看，主要包括非农产业比重、第三产业与第二产业产值比、地方财政一般预算收入和金融机构人民币贷款额四个指标。图 4－4 是珠三角城市群及全国的三次产业结构对比图，从 2013 年全国的产业发展情况来看，第一产业占国内生产总值的比重为 8.19％，第二产业的比重为 49.49％，第三产业的比重为 42.32％，可见，全国的产业结构表现出"二、三、一"的结构模式，第二产业仍是我国的主导产业。就第一产业而言，除了肇庆第一产业所占比重高于全国水平之外，珠三角城市群中其他城市第一产业所占比重均低于全国水平，肇庆 2013 年第一产业所占比重为 15.81％。就第二产业而言，深圳和广州第二产业的产值分别居第一和第二位，但是从第二产业所占比重方面来看，佛山是最高的，2013 年，佛山第二产业所占比重为 61.92％，惠州为 57.89％，居于第二位，中山（55.47％）、珠海（51.08％）和江门（50.64％）分别居第三、四、五位。就第三产业而言，广州的生产总值是最高的，达到了 9963.90 亿元，深圳为 8198.10 亿元，居于第二位；从产值所占比重方面来看，广州和深圳也是最高的，同时高于全国平均水平。总体来看，广州和深圳作为珠三角的中心城市，无论是在第二产业还是在第三产业，生产总值都是最高的，尤其是第三产业，产值和所占比例都居于珠三角城市群的前两位，可见，广州和深圳作为珠三角的中心城市，其服务职能比较突出，而且对于整个珠三角地区经济和社会的发展发挥着重要的带动作用。就珠三角城市群的其他城市而言，第三产业比重主要分布在 35％—50％的范围内，而且第二产

表4—20　2013年珠三角城市群经济发展概况

	经济规模		产出效率		收入水平		增长潜力		产业结构		金融财政		对外开放		基础设施	
	GDP（亿元）	规模以上工业总产值（亿元）	人均GDP（元/人）	地均GDP（万元/平方公里）	城镇居民人均可支配收入（元）	农村居民人均纯收入（元）	GDP增长率	全社会固定资产投资总额（亿元）	非农产业比重（%）	第三产业与第二产业产值比	地方财政一般预算收入（亿元）	金融机构人民币贷款额（亿元）	货物进出口总额（万美元）	外商直接投资实际使用额（万美元）	公路网密度	每万人拥有公共汽车（辆/万人）
广州	15420.1	17198.72	119285.99	20742.67	42049	18887	13.79	4454.55	98.52	1.91	1141.80	22016.18	11889571	480383	1.21	12
深圳	14500.2	23095.21	136421.11	72609.91	44653		11.97	2501.01	99.96	1.30	1731.26	19803.58	53747475	546784	0.84	30
珠海	1662.4	3460.86	104553.46	10026.54	36375	14940	10.55	960.89	97.41	0.91	194.20	1972.22	5428823	168728	0.87	12
佛山	7010.20	17121.88	96082.79	18457.61	38038	17503	9.89	2383.65	98.02	0.58	438.21	7111.31	6394003	252090	1.37	7
江门	2000.2	1307.86	44468.65	2104.37	29772	12684	6.01	1000.84	92.06	0.82	158.03	1563.15	1973281	92301	1.05	5
肇庆	1660.1	3410.29	41275.48	1114.83	23930	11662	13.52	1007.78	84.19	0.77	120.77	1051.40	701651	124104	0.90	7
惠州	2678.5	6005.29	56987.23	2361.28	32991	14029	13.13	1401.30	94.90	0.64	250.17	1826.62	5739017	183413	0.99	8
东莞	5490	11023.45	66009.38	22317.07	46594	27214	9.58	1383.94	99.64	1.17	409.29	4774.23	15307015	393775	2.03	2
中山	2638.9	5673.75	83141.15	14792.04	34274	21727	8.11	962.93	97.47	0.76	225.31	309.09	3562254	64637	1.45	8

数据来源：《中国城市统计年鉴(2014)》。

业产值所占比重均高于第三产业，是典型的工业型城市。此外，深圳的地方财政一般预算收入是珠三角城市群最高的，广州的金融机构人民币贷款额最高。

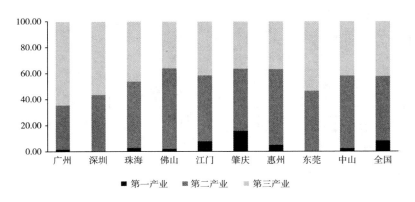

图 4－4　2013 年珠三角城市群各城市及全国产业结构对比

第四，从对外开放和基础设施方面来看，主要包括货物进出口总额、外商直接投资实际使用额、公路网密度和每万人拥有公共汽车四个指标。其中，深圳的货物进出口总额和外商直接投资实际使用额均居于首位，广州的货物进出口总额和外商直接投资实际使用额均居于第二位；从公路网密度方面来看，东莞的公路网密度是珠三角城市群中最高的，中山次之，佛山居于第三位；深圳每万人拥有的公共汽车数是最多的，广州和珠海居于第二位。

4.2.3　珠三角城市群社会可持续发展分析

珠三角城市群作为我国最为发达的城市群之一，其较高的经济发展水平为珠三角城市群社会的发展提供了良好的基础，从而使得珠三角城市群的社会可持续发展成为可能，珠三角城市群的社会可持续发展竞争力在所有城市群中排名第一。表 4－21 显示了包括社会稳定、人口结构、社会保障、居民住房、教育文化以及医疗卫生六个方面的珠三角城市群的社会可持续发展情况。

第一，社会稳定主要包括城镇登记失业率和城乡居民收入差距两个方面。

表4—21 2013年珠三角城市群社会发展概况

	社会稳定		人口结构		社会保障			居民住房		教育文化				医疗卫生	
	城镇登记失业率(%)	城乡居民收入差距(元)	人口城市化率(%)	人口老龄化率(%)	城镇职工基本养老保险参保比例(%)	城镇基本医疗保险参保比例(%)	失业保险参保比例(%)	农村人均住房面积(平方米/人)	城镇人均住房建筑面积(平方米/人)	中学生每百人拥有教师数	生均财政教育支出(元/人)	每百人拥有公共图书馆藏书(册)	影院、剧场以及公共图书馆个数(个)	每万人拥有医生数(人)	每万人拥有卫生机构床位数(个)
广 州	2.15	23162	83.78	6.67	56.66	50.58	38.83	45.30	22.70	7.46	18059.12	143.43	68	30.71	51.61
深 圳	2.35	—	100.00	1.79	78.57	96.49	89.83		27.60	7.28	26111.99	268.55	11	23.86	25.55
珠 海	2.28	21435	87.65	5.01	76.93	78.79	63.83	38.60	29.30	6.76	22651.93	72.96	17	31.87	43.96
佛 山	2.26	20535	94.09	5.25	45.10	38.15	30.84	50.00	38.80	6.86	13160.99	49.49	53	19.67	36.59
江 门	2.32	17088	62.30	9.08	36.07	36.07	25.69	29.50	30.90	7.91	9517.45	49.13	9	17.54	37.34
肇 庆	2.39	12268	42.39	9.08	43.41	36.06	24.73	29.10	21.10	7.01	7909.59	44.55	22	14.49	30.82
惠 州	2.25	18962	61.84	5.91	69.49	56.02	44.79	35.60	35.30	6.64	9931.19	24.96	12	20.71	34.59
东 莞	2.17	19380	88.46	2.29	71.78	85.00	44.34	50.30	58.40	5.90	12118.02	127.53	14	17.87	30.09
中 山	2.25	12547	87.82	4.43	69.33	59.64	54.51	42.50	34.60	6.81	16118.12	42.12	21	19.09	38.52

资料来源:《中国城市统计年鉴(2014)》。

2013 年，在整个珠三角城市群中，广州拥有最低的城镇登记失业率（2.15％）和最高的城乡居民收入差距（23162），肇庆的城镇登记职业率是珠三角城市群中最高的，为 2.39％；而肇庆的城乡收入差距（12268 元）是珠三角城市群中最低的。总体来看，珠三角城市群总体的城镇登记失业率较低，城乡收入存在比较大的差距。

第二，从人口结构和社会保障方面来看，人口结构主要包括人口城市化率和人口老龄化率，而社会保障包括城镇职工基本养老保险参保比例、城镇基本医疗保险参保比例以及失业保险参保比例三个指标。从人口结构方面来看，深圳的人口城镇化率是珠三角城市群中最高的，达到了 100％，总体来看，除了肇庆的人口城镇化率低于 50％以外，珠三角城市群其他 22 个城市的人口城镇化率均在 60％以上，远远高于长三角城市群；江门和肇庆是珠三角城市群中人口老龄化率最高的城市，为 9.08％，深圳的人口老龄化率是珠三角城市群中最低的，为 1.79％。此外，从社会保障方面来看，珠三角城市群的社会保障整体相差较大，各个城市的社会保障程度不一，单就城镇基本医疗保险参保比例而言，深圳的城镇基本医疗保险参保比例达到了 96.49％，而肇庆的城镇基本医疗保险参保比例只有 36.06％。

第三，从居民住房和医疗卫生方面来看，主要包括农村人均住房面积、城镇人均住房建筑面积、每万人拥有医生数、每万人拥有卫生机构床位数等四个方面。在居民住房方面，除了江门和东莞之外，珠三角城市群的农村人均住房面积均大于城镇人均住房建筑面积，具体来看，佛山的农村人均住房面积是最高的，为 50 平方米/人，东莞的城镇人均住房建筑面积是珠三角城市群最高的，为 58.40 平方米/人。在医疗卫生方面，珠海是每万人拥有医生数最多的城市，为 31.87 人；广州每万人拥有卫生机构床位数最多，为 51.61 个。

第四，从教育文化方面来看，主要包括每百人中学生拥有教师数、生均财政教育支出、每百人拥有公共图书馆藏书、影院、剧场以及公共图书馆个数四个指标。江门中学生每百人拥有的教师数是最多的，为 7.91 人，深圳的生均财政教育支出、每百人拥有公共图书馆藏书均是最高的，广州拥有最多的影院、剧场以及公共图书馆。

4.2.3　珠三角城市群生态可持续发展分析

经济和社会的可持续发展是城市群可持续发展的基础和动力,而生态环境也是城市群发展的重要支撑,珠三角城市群作为所有城市群中生态可持续发展能力最高的城市群,环境效率具有一定优势,资源环境承载力整体较高。表4-22显示了包括社会稳定、人口结构、社会保障、居民住房、教育文化以及医疗卫生六个方面的珠三角城市群的社会可持续发展情况。

首先,从资源禀赋和绿化状况方面来看,主要包括人均用电量、人均用水量、人均煤气用量以及人均液化石油气用量、人均绿地面积、建成区绿化覆盖率六个指标。在资源禀赋方面,广州的人均用电量和居于珠三角城市群首位,为1157.98千瓦时/人,深圳的人均用水量和人均煤气用量均是最高的,分别为88.05吨/人和303.41立方米/人,珠海的人均液化石油气用量是珠三角城市群最高的;在绿化状况方面,广州具有最高的人均绿地面积,为118.72平方米/人,珠海拥有最高的建成区绿化覆盖率64.45%。

其次,从环境污染和污染治理方面来看,主要包括单位GDP工业废水排放量、单位GDP工业二氧化硫排放量、单位GDP工业烟尘排放量、一般工业固体废物综合利用率、城镇生活污水处理率以及生活垃圾无害化处理率等六个指标。在环境污染方面,肇庆是单位GDP工业废水排放量最高的城市,为6.12万吨/亿元,江门的单位GDP工业二氧化硫排放量最高,肇庆的单位GDP工业烟尘排放量最高,相反,深圳的单位GDP工业三废排放量在珠三角城市群中是最低的,可见,深圳具有较高的环境效率。在污染治理方面,肇庆的一般工业固体废物综合利用率最低,只有46.34%;深圳的城镇生活污水处理率为96.22%,居于珠三角城市群首位,可见,珠三角城市群的城镇生活污水处理率总体并不是很高;此外,对于生活垃圾无害化处理率,只有珠海、江门、惠州、中山达到了100%的水平。总体来看,珠三角城市群的污染治理水平并不是很高,还有待进一步提高。

表4—22 2013年珠三角城市群资源环境承载力概况

	资源禀赋				绿化状况		环境污染			污染治理		
	人均用电量（千瓦时/人）	人均用水量（吨/人）	人均煤气用量（立方米/人）	人均液化石油气用量（吨/人）	人均绿地面积（平方米/人）	建成区绿化覆盖率（%）	单位GDP工业废水排放量（万吨/亿元）	单位GDP工业二氧化碳排放量（吨/亿元）	单位GDP工业烟尘排放量（吨/亿元）	一般工业固体废物综合利用率（%）	城镇生活污水处理率（%）	生活垃圾无害化处理率（%）
广州	1157.98	80.14	120.04	898.36	118.72	41.00	1.46	4.11	0.71	95.17	91.38	91.23
深圳	1003.43	88.05	303.41	373.81	93.35	45.08	0.83	0.57	0.05	78.69	96.22	98.36
珠海	1077.98	68.16	31.83	1983.32	52.50	64.45	3.33	13.63	5.77	92.81	88.50	100
佛山	840.63	65.69	121.82	360.30	7.94	38.80	2.11	11.33	7.11	93.14	94.28	98
江门	643.28	33.39	27.73	425.20	61.10	43.20	5.87	28.93	6.25	90.84	87.19	100
肇庆	813.27	57.90	88.96	249.52	82.84	35.33	6.12	17.86	19.22	46.34	80.30	73
惠州	818.80	42.19	21.33	360.21	32.87	36.00	3.11	11.21	8.59	99.41	95.50	100
东莞	876.63	49.17	76.33	353.22	47.64	50.96	4.27	20.42	2.83	78.94	90.93	67.55
中山	1051.73	19.66	24.63	109.67	11.45	40.61	3.38	8.52	6.59	62.66	90.70	100

资料来源:《中国城市统计年鉴(2014)》。

4.3 京津冀城市群

京津冀城市群地处环渤海地区，是我国东北、华北、西北、华东四大经济区的交汇处，是中国经济自东向西扩展、由南向北推移的重要纽带，是我国最发达的三大城市群之一。按照国家发改委的界定，京津冀城市群包括北京、天津和河北省的石家庄、唐山、保定、秦皇岛、廊坊、沧州、承德、张家口 10 个城市。2013 年京津冀城市群的土地面积为 18.37 万平方公里，占全国土地面积的 1.91%；2013 年，京津冀城市群的常住人口为 8824.5 万人，占全国总人口的 6.49%；2013 年，京津冀城市群的地区生产总值为 47023.75 亿元，占当年国内生产总值的 9.60%。

图 4－5 京津冀城市群城市空间分布

4.3.1 京津冀城市群城市体系分析

4.3.1.1 京津冀城市群规模分布分析

由表 4－23 可见，与长三角城市群和珠三角城市群相比，京津冀城市群大城市分布较少，中小城市的数量占到了城市群的 88.89％，然而形成明显对比的是，中小城市总的人口规模占比却只有 36.75％，而两个核心城市北京和天津的人口规模占比则达到了 57.16％。京津冀城市群的位序一规模系数也大于 1，为 1.046，虽然小于珠三角城市群的系数值，但考虑到珠三角城市群大城市的数量相比京津冀城市群也要更多，这也进一步说明京津冀城市群的人口分布更加不均衡，两个直辖市的人口规模相比城市群内其他城市差距较大，城市群的人口分布过于集中。核心城市特别是北京的不断扩张在一定程度上占据了过多的资源，挤压中小城市的发展空间，形成了一定的"虹吸效应"。这样的规模分布特征一方面不利于城市群产业结构的互补和产业链条的完善，同时也抑制了中小城市对人口的分流作用，从而使得区域内大城市的拥堵问题日益严重。

表 4－23　京津冀城市群内部等级规模结构

级序	人口级别（人）	城市数量（个）	人口规模占比（％）	城　市　名　称
1	＞1000 万	2	57.16	北京、天津
2	500 万—1000 万	0	0	—
3	300 万—500 万	1	6.09	唐山
4	100 万—300 万	5	13.81	石家庄、定州、保定、张家口、秦皇岛
5	100 万以下	19	22.94	廊坊、任丘、河间、藁城、遵化、迁安、三河、高碑店、承德、霸州、辛集、涿州、泊头、黄骅、晋州、沧州、新乐、鹿泉、安国

资料来源：根据全国第六次人口普查数据（2010）整理得到，其中空间样本具体到县级市。

4.3.1.2 京津冀城市群产业分工分析

表 4－25 是以京津冀城市群的产业结构为参照系，2013 年京津冀城市群各城市的产业结构灰色关联度排序。总体来看，京津冀城市群的各城市的产业结构灰色关联度并不是很高，石家庄的灰色关联度是所有城市中最

高的，为 0.740，张家口的灰色关联度为 0.622，是京津冀城市群所有城市中最小的，此外，天津和北京的灰色关联度分别为 0.723 和 0.697，排在第二、第三位，唐山、廊坊、承德、秦皇岛、保定、沧州的灰色关联度均在 0.6 至 0.7 之间，可见，京津冀城市群各城市的产业结构灰色关联度变化范围并不是很大，这说明，京津冀城市群各城市的产业同构性较强。表4-26 是京津冀城市群不同产业的灰色关联度，总体来看，京津冀城市群不同产业的灰色关联度变化范围较大。建筑业的灰色关联度最高，为0.869，其中，唐山建筑业的灰色关联系数是最高的，达到了 1.0，这说明，唐山建筑业的产业结构与京津冀城市群的产业结构非常相似。信息传输、计算机服务和软件业的灰色关联度是最小的，为 0.444，这说明该产业在京津冀地区区域差异较大，信息传输、计算机服务和软件业在京津冀城市群内的分工逐渐显现。就第三产业而言，第三产业的灰色关联度变化范围很大，其中，金融业（0.789）、卫生、社会保障和社会福利业（0.789）、批发和零售业（0.715）、教育（0.698）、交通运输、仓储及邮政业（0.663）、公共管理和社会组织（0.656）、住宿餐饮业（0.637）、文化体育和娱乐业（0.600）、房地产业（0.567）、租赁和商业服务业（0.467）、科学研究、技术服务和地质勘查业（0.459）等产业的灰色关联度的变化范围从 0.4 到 0.789 不等，这说明第三产业在京津冀城市群内的发展存在一定差异，存在明显的地域分工。

4.3.1.3 京津冀城市群空间联系分析

通过计算，京津冀城市群各城市间相互作用强度如表 4-27 所示。2013 年，京津冀城市群城市间相互作用强度最高的城市是北京和天津（2020.74 亿元·万人/平方公里），这主要是由于两城市间距离较短，且北京和天津作为京津冀城市群的核心城市，两者之间必然具有更加紧密的联系。其次是北京和廊坊（1928.73 亿元·万人/平方公里），这主要源于北京和廊坊之间的距离是整个京津冀城市群内最短的，且北京作为核心城市，无论是地区生产总值还是人口规模都很大，对周边城市的带动作用明显。排在第三位的是天津和廊坊，作用强度为 892.32 亿元·万人/平方公里，排在第四位的是天津和唐山，作用强度为 763.35。京津冀城市群的核心城市北京和天津与其他城市之间的相互作用强度较高，其中，只有北京和

表4—24 2013年京津冀城市群各城市产业结构灰色关联系数矩阵

	制造业	电力、燃气及水的生产和供应业	建筑业	交通运输、仓储及邮政业	信息传输、计算机服务和软件业	批发和零售业	住宿餐饮业	金融业	房地产业	租赁和商业服务业	科学研究、技术服务和地质勘查业	水利、环境和公共设施管理业	教育	卫生、社会保障和社会福利业	文化、体育和娱乐业	公共管理和社会组织
北京	0.800	0.780	0.845	0.728	0.408	0.732	0.649	0.775	0.573	0.427	0.462	0.916	0.818	0.902	0.520	0.822
天津	0.641	0.888	0.951	0.763	0.412	0.821	0.799	0.654	0.773	0.434	0.557	0.943	0.822	0.855	0.512	0.751
石家庄	0.946	0.711	1.000	0.854	0.496	0.859	0.677	0.891	0.504	0.512	0.542	0.742	0.657	0.743	0.988	0.723
唐山	0.878	0.685	0.989	0.726	0.386	0.849	0.554	0.755	0.499	0.450	0.335	0.817	0.896	0.925	0.461	0.823
秦皇岛	0.949	0.505	0.948	0.549	0.446	0.628	0.660	0.865	0.518	0.404	0.383	0.762	0.721	0.668	0.863	0.628
保定	0.982	0.784	0.480	0.554	0.388	0.619	0.560	0.750	0.473	0.363	0.714	0.713	0.706	0.882	0.432	0.763
张家口	0.856	0.476	0.865	0.619	0.429	0.818	0.702	0.838	0.781	0.401	0.389	0.510	0.592	0.673	0.550	0.448
承德	0.878	0.718	0.902	0.710	0.494	0.620	0.612	0.773	0.476	0.410	0.400	0.577	0.589	0.643	0.719	0.491
沧州	0.870	0.621	0.843	0.618	0.393	0.622	0.552	0.885	0.466	0.821	0.340	0.887	0.520	0.680	0.527	0.548
廊坊	0.769	0.683	0.869	0.506	0.586	0.581	0.603	0.703	0.604	0.446	0.470	0.996	0.657	0.915	0.433	0.564

资料来源：根据《中国城市统计年鉴（2014）》计算得到。

表 4—25 2013 年京津冀城市群各城市产业结构灰色关联度排序

石家庄	天 津	北 京	唐 山	秦皇岛	廊 坊	沧 州	保 定	承 德	张家口
0.740	0.723	0.697	0.689	0.656	0.649	0.637	0.635	0.626	0.622

资料来源:根据《中国城市统计年鉴(2014)》计算得到。

表 4—26 2013 年京津冀城市群不同产业的灰色关联度排序

建筑业	制造业	卫生、社会保障和社会福利业	水利、环境和公共设施管理业	批发和零售业	教育	电力、燃气及水的生产和供应业	交通运输、仓储及邮政业	公共管理和社会组织	住宿餐饮业	文化、体育和娱乐业	房地产业	租赁和商业服务业	科学研究、技术服务和地质勘查业	信息传输、计算机服务和软件业
0.869	0.857	0.789	0.786	0.715	0.698	0.685	0.663	0.656	0.637	0.600	0.567	0.467	0.459	0.444

资料来源:根据《中国城市统计年鉴(2014)》计算得到。

表 4－27　2013 年京津冀城市群各城市间相互作用强度

单位：亿元·万人/平方公里

	北　京	天　津	石家庄	唐　山	秦皇岛	保　定	张家口	承　德	沧州
天　津	2020.74								
石家庄	177.55	112.46							
唐　山	431.51	763.35	29.27						
秦皇岛	46.26	42.83	4.49	66.02					
保　定	500.85	282.42	222.47	51.32	6.28				
张家口	131.30	35.58	12.08	13.13	2.05	13.90			
承　德	98.41	45.25	6.17	42.44	8.14	9.33	4.02		
沧　州	235.67	531.72	68.67	69.41	7.38	122.21	7.17	7.27	
廊　坊	1928.73	892.32	26.53	96.53	7.20	77.56	11.08	10.56	62.71

资料来源：根据《中国城市统计年鉴（2014）》计算得到。

秦皇岛、承德之间的作用强度分别为 46.26 和 98.41，与其他城市之间的作用强度都在 100 以上。由此可见，北京和天津对京津冀城市群中其他城市的经济和社会发展发挥着重要的带动作用。

　　根据京津冀城市群 10 个地级以上城市 16 个部门的从业人员数量来计算的城市流强度如表 4－30 所示。如表 4－28 所示，从城市层面来看，石家庄有 12 个部门的区位熵大于 1，表明，石家庄是京津冀城市群中经济较为发达的地区，具有一定的对外辐射功能；廊坊有 10 个部门的区位熵大于 1；北京有 9 个部门的区位熵大于 1，且这 9 个部门都属于第三产业，表明北京作为京津冀城市群的中心城市，其第三产业比较发达，具有较强的外向功能。而北京的外向功能量在京津冀城市群 10 个城市中是最高的，达到了 258.74，是居于第二位的天津的外向功能量的 6.17 倍，可见，北京作为京津冀城市群的中心城市具有非常强的对外辐射功能，在整个城市群中占据着绝对突出的位置；天津的外向功能量为 41.94，分别来自于制造业、交通运输、仓储及邮政业、批发和零售业、房地产业、科学研究、技术服务和地质勘查业、水利、环境和公共设施管理业，天津和北京作为京津冀城市群区域的中心城市，呈现"双核"模式。此外，北京在很多部门都显示了比其他城市更强的外向功能量，其中，北京的交通运输、仓储及邮政业（27.570）、信息传输、计算机服务和软件业（42.509）、批发和零售业（27.705）、住宿

表4-28 2013年京津冀城市群各城市主要部门区位熵

	制造业	电力.燃气及水的生产和供应业	建筑业	交通运输.仓储及邮政业	信息传输.计算机服务和软件业	批发和零售业	住宿餐饮业	金融业	房地产业	租赁和商业服务业	科学研究.技术服务和地质勘查业	水利.环境和公共设施管理业	教育	卫生.社会保障和社会福利业	文化.体育和娱乐业	公共管理和社会组织
北京	0.471	0.641	0.366	1.871	3.702	1.674	1.828	1.837	2.564	3.678	3.844	0.988	0.714	0.830	2.969	0.775
天津	1.367	0.810	0.635	1.112	0.557	1.025	0.951	0.932	1.419	0.787	1.700	1.023	0.720	0.763	0.914	0.650
石家庄	0.820	1.403	0.565	1.651	1.006	1.085	0.707	1.654	0.667	1.168	1.648	1.480	1.538	1.338	1.980	1.441
唐山	0.908	1.461	0.553	1.041	0.381	1.069	0.349	1.154	0.645	0.875	0.411	1.345	1.095	1.049	0.680	1.258
秦皇岛	0.815	2.025	0.639	2.358	0.759	0.618	0.665	1.691	0.727	0.603	0.811	1.441	1.390	1.501	1.780	1.668
保定	0.777	1.261	1.758	0.575	0.397	0.593	0.372	1.144	0.526	0.297	2.130	0.651	1.423	1.107	0.524	1.361
张家口	0.560	2.156	0.396	0.782	0.666	1.020	0.764	1.297	1.433	0.583	0.860	2.148	1.717	1.490	1.063	2.361
承德	0.593	1.387	0.697	1.007	0.997	0.596	0.535	1.841	0.542	0.640	0.932	1.900	1.727	1.564	1.528	2.151
沧州	0.581	1.624	0.782	0.779	0.432	0.603	0.342	1.663	0.492	1.969	0.456	1.241	1.974	1.472	0.976	1.922
廊坊	1.084	1.466	0.743	0.390	1.344	0.477	0.508	1.048	1.026	0.855	1.340	1.106	1.536	1.062	0.527	1.864

资料来源:根据《中国城市统计年鉴(2014)》计算得到。

表4—29　2013年京津冀城市群各城市主要部门外向功能量

	制造业	电力、燃气及水的生产和供应业	建筑业	交通运输、仓储及邮政业	信息传输、计算机服务和软件业	批发和零售业	住宿餐饮业	金融业	房地产业	租赁和商业服务业	科学研究、技术服务和地质勘查业	水利、环境和公共设施管理业	教育	卫生、社会保障和社会福利业	文化、体育和娱乐业	公共管理和社会组织
北京	0	0	0	27.570	42.509	27.705	14.039	17.836	24.754	48.188	44.131	0	0	0	12.004	0
天津	32.852	0	0	1.450	0	0.421	0	0	2.702	0	4.427	0.091	0	0	0	0
石家庄	0	0.687	0	2.578	0.012	0.436	0	1.744	0	0.379	1.258	0.597	4.346	1.265	0.747	3.238
唐山	0	0.818	0	0.168	0	0.368	0	0.426	0	0	0	0.446	0.798	0.193	0	1.970
秦皇岛	0	0.643	0	1.981	0	0	0	0.678	0	0	0	0.202	1.163	0.691	0.219	1.806
保定	0	0.478	12.233	0	0	0	0	0.412	0	0	2.361	0	3.675	0.431	0	2.852
张家口	0	0.826	0	0	0	0.043	0	0.332	0.360	0	0	0.599	2.430	0.769	0.020	4.191
承德	0	0.215	0	0.008461	0	0	0	0.731	0	0	0	0.365	1.915	0.689	0.131	2.756
沧州	0	0.599	0	0	0	0	0	0.996	0	1.230	0	0.169	4.440	0.998	0	3.818
廊坊	1.092	0.375	0	0	0.320	0	0	0.060	0.024	0	0.312	0.062	2.049	0.110	0	3.000

资料来源：根据《中国城市统计年鉴（2014）》计算得到。

表4—30　2013年京津冀城市群各城市城市流倾向度与强度

	年末单位从业人员总数（万人）	从业人员人均地区生产总值（Ni）（万元）	城市的外向功能量（Ei）	城市流强度（Fi）	城市流倾向度（Ki）
北　京	742.26	26.27	258.74	6797.47	0.35
天　津	302.44	47.51	41.94	1992.88	0.14
石家庄	92.88	52.37	17.29	905.24	0.19
唐　山	96.65	63.33	5.19	328.44	0.05
秦皇岛	34.21	34.17	7.38	252.19	0.22
保　定	99.91	29.07	22.44	652.37	0.22
张家口	38.95	33.81	9.57	323.57	0.25
承　德	30.28	42.01	6.81	286.10	0.22
沧　州	52.39	57.51	12.25	704.55	0.23
廊　坊	43.90	44.26	7.40	327.71	0.17

资料来源：根据《中国城市统计年鉴（2014）》计算得到。

餐饮业（14.039）、金融业（17.836）、房地产业（24.754）、租赁和商业服务业（48.188）、科学研究、技术服务和地质勘查业（44.131）、文化、体育和娱乐业（12.004）的外向功能量在京津冀城市群10个城市中均居于首位，而这也反映了北京作为京津冀城市群的核心城市存在一定的"虹吸效应"。就城市流强度而言，北京的城市流强度为6797.47，是京津冀城市群所有城市中最高的，天津为1992.88，居于第二位，石家庄为905.24，居于第三位。根据城市流强度的大小，可以将京津冀城市群中的城市分为三类：高城市流强度的城市——北京、天津，是该区域的中心城市，带动区域经济和社会发展；中等城市流强度的城市——石家庄；低城市流强度的城市——唐山、秦皇岛、保定、张家口、承德、沧州、廊坊。

4.3.2　京津冀城市群经济可持续发展分析

京津冀城市群作为我国最为发达的三大城市群之一，其经济可持续发展能力仅次于长三角城市群和珠三角城市群居于第三位，但是京津冀城市群内部也存在着经济发展不平衡的现象。表4—31从经济规模、产出效率、收入水平、增长潜力、产业结构、金融财政、对外开放、基础设施8个方面分析了京津冀城市群的社会可持续发展情况。

表4—31 2013年京津冀城市群经济发展概况

	经济规模		产出效率		收入水平		增长潜力		产业结构		金融财政		对外开放		基础设施	
	GDP（亿元）	规模以上工业总产值（亿元）	人均GDP（元/人）	地均GDP（万元/平方公里）	城镇居民人均可支配收入（元）	农村居民人均纯收入（元）	GDP增长率	全社会固定资产投资总额（亿元）	非农产业比重（%）	第三产业与第二产业产值比	地方财政一般预算收入（亿元）	金融机构人民币贷款额（亿元）	货物进出口总额（万美元）	外商直接投资实际使用额（万美元）	公路网密度	每万人拥有公共汽车（辆/万人）
北京	19501	17371	92201.23	11882.62	40321	18337	9.07	6983	99.17	3.44	3661.11	38221.45	42899581	852418	1.32	13
天津	14370	26227	97623.37	12058.54	32294	15841	11.45	10091	98.69	0.95	2079.07	19453.31	128501791	1682897	1.32	9
石家庄	4864	7625	46320.95	3068.97	24074	9546	8.08	4186	90.25	0.87	315.12	4512.02	1399874	95519	1.10	16
唐山	6121	10430	79413.6	4454.37	26704	11674	4.43	3576	90.97	0.55	318.42	3963.74	1266856	134481	1.24	8
秦皇岛	1169	1508	38384.24	1498.08	24021	9007	2.58	770	85.45	1.25	109.50	1307.12	437453	73825	1.14	9
保定	2904	4133	25440.61	1389.62	19840	8533	6.74	1905	85.91	0.58	180.30	1879.73	549619	63293	1.00	21
张家口	1317	1334	29843.64	357.17	19641	6583	6.76	1272	82.12	0.95	118.47	1337.61	38794	27429	0.55	13
承德	1272	1849	36190.61	320.15	19138	6381	7.63	1202	83.46	0.63	102.50	1108.79	25581	3475	0.51	13
沧州	3013	5312	41217.51	2144.03	22072	8470	7.13	2292	89.61	0.71	172.28	1565.93	256980	40714	1.07	27
廊坊	1943	3444	43489.26	3044.66	27090	10985	8.29	1541	89.76	0.71	205.43	2208.48	590491	59759	1.58	8

资料来源：《中国城市统计年鉴（2014）》。

第一，从经济规模和产出效率方面来看，主要包括 GDP、规模以上工业总产值、人均 GDP 和地均 GDP 四个指标。2013 年，北京的 GDP 是京津冀城市群 10 个城市中最高的，天津居于第二位，秦皇岛的 GDP 是京津冀城市群中最低的；天津的规模以上工业总产值是最高的，北京居于第二位，张家口最低，天津的规模以上工业总产值是张家口的 19.66 倍。此外，从产出效率方面来看，天津的人均 GDP 和地均 GDP 均居于京津冀城市群首位，北京居于第二。

第二，从收入水平和增长潜力方面来看，主要包括城镇居民人均可支配收入、农村居民人均纯收入、GDP 增长率、全社会固定资产投资总额四个指标。2013 年，北京的城镇居民人均可支配收入（40321 元）和农村居民人均纯收入（18337 元）均是京津冀城市群最高的，天津次之。从增长潜力方面来看，天津具有最高的 GDP 增长率，比上年同期增长 11.45%，秦皇岛的 GDP 较上年同期增长 2.58%，居于京津冀城市群末位；天津和北京的全社会固定资产投资总额分别居于第一和第二位。

第三，从产业结构和金融财政方面来看，主要包括非农产业比重、第三产业与第二产业产值比、地方财政一般预算收入和金融机构人民币贷款额四个指标。图 4－6 是京津冀城市群 2013 年的产业发展概况，以生产总值所占比重为标准，北京和秦皇岛的产业结构表现出"三、二、一"的结构模式，其他城市的产业结构表现出"二、三、一"的产业结构。

其中，北京第三产业的生产总值达到了 14986.4 亿元，所占比例为 76.85%，居全国城市首位，可见，北京已经成为典型的服务业主导型的城市；天津第三产业的产值为 6905.0 亿元，所占比重为 48.05%，居于第二位；秦皇岛第三产业的比重为 47.03%，居于第三位，但是产值（553.9 亿元）较低；京津冀城市群中其他城市第三产业的比重均比较低。就第二产业而言，天津第二产业的生产总值是最高的，为 7276.68 亿元，北京为 4352.3 亿元，居于第二位，唐山为 3593.1 亿元，居于第三位；从第二产业所占比例方面来看，唐山是最高的，为 58.7%，此外，承德（51.08%）、保定（54.36%）、廊坊（52.6%）、沧州（52.27%）第二产业所占比例都在 50% 以上，均高于全国平均水平（42.32%），是典型的工业主导型的城市，北京第二产业所占比重在京津冀城市群的 10 个城市中是最低的，为 22.32%。就第一产业而言，和长三角城市群以及珠三角城市群相比，京津冀城市群第一产业产值所占比重相对较高，这说明，京津冀城市群的第一产业比长三角城市群和珠三角城市群更发达；从生产总值方面来看，唐山的生产总值是最高的，为 553.00 亿元，石家庄为 474.00 亿元，居于第二位，保定为 409.30 亿元，居于第三位，其他城市都在 300 亿元以下；从第一产业产值所占比重方面来看，除了北京、天津和唐山以外，其他城市第一产业产值所占比重都在 10% 以上，除了北京和天津以外，其他城市第一产业产值的比重均远远高于全国平均水平（8.19%），其中，张家口是京津冀城市群中最高的，为 18.32%，北京是最低的，只有 0.83%。此外，北京的地方财政一般预算收入和金融机构人民币贷款额是京津冀城市群中最高的。

第四，从对外开放和基础设施方面来看，主要包括货物进出口总额、外商直接投资实际使用额、公路网密度和每万人拥有公共汽车四个指标，其中，北京的货物进出口总额居于京津冀城市群首位，天津的外商直接投资实际使用额居于第一位；从公路网密度方面来看，廊坊的公路网密度是京津冀城市群中最高的，沧州每万人拥有的公共汽车数是最多的。

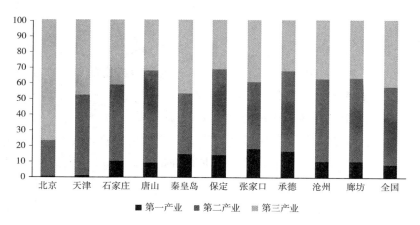

图 4—6　2013 年京津冀城市群各城市及全国产业结构对比

4.3.3 京津冀城市群社会可持续发展分析

京津冀城市群作为我国最为发达的城市群之一，其社会可持续发展竞争力仅居于全国所有城市群的第四位，可见，和其经济发展水平相比，京津冀城市群的社会可持续发展能力有待进一步提高。表4—32显示了包括社会稳定、人口结构、社会保障、居民住房、教育文化以及医疗卫生六个方面的京津冀城市群的社会可持续发展情况。

第一，社会稳定主要包括城镇登记失业率和城乡居民收入差距两个方面。2013年，在整个京津冀城市群中，北京拥有最低的城镇登记失业率（1.2%）和最高的城乡居民收入差距（21983.55元），张家口的城镇登记失业率是京津冀城市群中最高的，为4.05%，而保定的城乡收入差距（11307元）是京津冀城市群中最低的。总体来看，京津冀城市群总体的城镇登记失业率较高，城乡收入存在比较大的差距。

第二，从人口结构和社会保障方面来看，人口结构主要包括人口城镇化率和人口老龄化率，而社会保障包括城镇职工基本养老保险参保比例、城镇基本医疗保险参保比例以及失业保险参保比例三个指标。从人口结构方面来看，北京的人口城镇化率是京津冀城市群中最高的，达到了85.96%，总体来看，只有北京、天津、石家庄和唐山的人口城镇化率高于50%，京津冀城市群其他6个城市的人口城镇化率均在50%以下；张家口是京津冀城市群中人口老龄化率最高的城市，为10.34%，廊坊的人口老龄化率是京津冀城市群中最低的，为7.75%，可见，京津冀城市群面临着较为严重的人口老龄化问题。此外，从社会保障方面来看，京津冀城市群的社会保障整体相差较大，各个城市的社会保障程度不一，单就城镇基本医疗保险参保比例而言，北京的城镇基本医疗保险参保比例达到了80.36%，而沧州的城镇基本医疗保险参保比例只有20.86%。

第三，从居民住房和医疗卫生方面来看，主要包括农村人均住房面积、城镇人均住房建筑面积、每万人拥有医生数、每万人拥有卫生机构床位数四个方面。在居民住房方面，除了保定、张家口和沧州之外，京津冀城市群的农村人均住房面积均大于城镇人均住房建筑面积，具体来看，北京的农村人均住房面积是最高的，为48.6平方米/人，廊坊的城镇人均

表 4—32 2013 年京津冀城市群社会发展概况

	社会稳定		人口结构		社会保障			居民住房		教育文化				医疗卫生	
	城镇登记失业率(%)	城乡居民收入差距(元)	人口城镇化率(%)	人口老龄化率(%)	城镇职工基本养老保险参保比例(%)	城镇基本医疗保险参保比例(%)	失业保险参保比例(%)	农村人均住房面积(平方米/人)	城镇人均住房建筑面积(平方米/人)	中学生每百人拥有教师数	生均财政教育支出(元/人)	每百人拥有公共图书馆书藏书(册)	影院、剧场以及公共图书馆个数(个)	每万人拥有医生数(人)	每万人拥有卫生机构床位数(个)
北 京	1.2	21983.55	85.96	8.71	77.78	80.36	60.80	48.60	29.40	11.84	52906.99	251.35	296	40.58	54.50
天 津	3.6	16452.52	79.44	8.52	50.66	47.97	27.12	30.20	23.30	9.53	46696.06	100.12	60	21.78	36.05
石家庄	3.68	14528	50.62	8.13	36.27	26.42	17.53	40.30	29.90	7.68	10146.32	52.92	48	25.77	45.54
唐 山	4.02	15030	50.82	9.19	51.39	39.42	20.73	37.30	25.60	9.51	12257.54	28.41	36	23.53	49.66
秦皇岛	3.49	15014	47.51	9.46	50.14	40.70	22.44	33.20	29.80	8.94	10750.23	37.80	20	25.05	45.73
保 定	4	11307	38.77	8.11	26.95	23.52	11.56	26.00	33.60	7.38	5680.01	16.80	57	17.90	30.57
张家口	4.05	13058	45.16	10.34	39.86	32.11	19.65	22.50	26.80	7.80	10376.25	30.70	19	16.15	43.69
承 德	3.44	12757	38.67	8.59	40.20	32.19	17.57	29.10	25.90	7.43	12852.06	2.48	28	21.86	44.73
沧 州	3.8	13602	40.83	8.27	27.88	20.86	12.30	32.10	33.10	7.90	8410.30	16.29	20	21.20	36.43
廊 坊	2.08	16105	48.53	7.75	34.33	28.61	11.81	38.10	35.00	8.26	10097.44	45.59	16	19.36	34.80

资料来源:《中国城市统计年鉴(2014)》。

住房建筑面积是京津冀城市群最高的，为 35 平方米/人。在医疗卫生方面，北京每万人拥有医生数和每万人拥有卫生机构床位数都是最多的。

第四，从教育文化方面来看，主要包括中学生每百人拥有教师数、生均财政教育支出、每百人拥有公共图书馆藏书、影院、剧场以及公共图书馆个数四个指标。北京中学生每百人拥有的教师数、生均财政教育支出、每百人拥有公共图书馆藏书、影院、剧场以及公共图书馆个数都远远高于京津冀城市群中的其他城市。

4.3.4 京津冀城市群生态可持续发展分析

经济和社会的可持续发展是城市群可持续发展的基础和动力，而生态环境也是城市群发展的重要支撑，京津冀城市群的经济可持续发展竞争力和生态可持续发展竞争力分别排在所有城市群的第三和第四位，但是生态可持续竞争力却远远落后于长三角城市群和珠三角城市群，排在第十四位，可见京津冀城市群的环境效率并不具备比较优势，资源环境承载力整体较低。表 4－33 显示了包括资源禀赋、绿化状况、环境污染以及污染治理四个方面的京津冀城市群的生态可持续发展情况。

首先，从资源禀赋和绿化状况方面来看，主要包括人均用电量、人均用水量、人均煤气用量以及人均液化石油气用量、人均绿地面积、建成区绿化覆盖率六个指标。在资源禀赋方面，保定的人均用电量居于京津冀城市群首位，为 1076.9 千瓦时/人，北京的人均用水量、人均煤气用量和人均液化石油气用量均是最高的，分别为 40.43 吨/人、525.56 立方米/人和 251.22 吨/人；在绿化状况方面，承德具有最高的人均绿地面积，为 74.07 平方米/人，北京拥有最高的建成区绿化覆盖率 51.11%。

其次，从环境污染和污染治理方面来看，主要包括单位 GDP 工业废水排放量、单位 GDP 工业二氧化硫排放量、单位 GDP 工业烟尘排放量、一般工业固体废物综合利用率、城镇生活污水处理率以及生活垃圾无害化处理率六个指标。在环境污染方面，石家庄是单位 GDP 工业废水排放量最高的城市，为 5.71 万吨/亿元，秦皇岛的单位 GDP 工业二氧化硫和单位 GDP 工业烟尘排放量最高，相反，北京的单位 GDP 工业三废排放量在京津

表 4-33 2013 年京津冀城市群资源环境承载力概况

	资源禀赋				绿化状况		环境污染			污染治理		
	人均用电量（千瓦时/人）	人均用水量（吨/人）	人均煤气用量（立方米/人）	人均液化石油气用量（吨/人）	人均绿地面积（平方米/人）	建成区绿化覆盖率（%）	单位GDP工业废水排放量（万吨/亿元）	单位GDP工业二氧化硫排放量（吨/亿元）	单位GDP工业烟尘排放量（吨/亿元）	一般工业固体废物综合利用率（%）	城镇生活污水处理率（%）	生活垃圾无害化处理率（%）
北　京	812.14	40.43	525.56	251.22	34.07	51.11	0.49	2.67	1.39	86.58	84.6	99.3
天　津	677.80	21.94	254.16	44.62	20.91	35.46	1.30	14.46	4.37	99.39	89.2	96.8
石家庄	594.47	25.21	120.62	107.05	32.61	42.89	5.71	37.32	21.59	98.61	95.17	73.54
唐　山	325.57	18.49	198.31	30.97	30.18	41.14	2.06	46.20	78.18	73.32	95.5	88.34
秦皇岛	816.28	39.52	200.55	28.10	50.38	56.16	5.27	62.03	66.81	49.32	95.59	90.22
保　定	1076.90	34.06	142.34	28.54	49.00	41.41	4.91	27.29	13.45	89.64	92	68.91
张家口	495.08	20.69	53.05	53.18	31.85	41.45	4.58	58.99	32.32	38.93	100	87.58
承　德	524.31	29.20	82.10	70.24	74.07	41.02	1.29	56.93	25.18	5.49	88.11	85.86
沧　州	915.43	24.27	151.45	59.80	38.23	36.88	2.96	13.50	18.13	99.58	97.99	74.44
廊　坊	869.73	24.79	190.42	33.41	50.09	44.15	2.61	25.02	12.42	98.9	91.12	27.16

资料来源：《中国城市统计年鉴(2014)》。

冀城市群中是最低的。在污染治理方面，沧州的一般工业固体废物综合利用率最高，为99.58%，天津居于第二位；张家口的城镇生活污水处理率为100%，居于京津冀城市群首位；此外，北京的生活垃圾无害化处理率最高，为99.3%。总体来看，京津冀城市群的污染治理水平并不是很高，还有待进一步提高。

4.4　三大城市群核心城市对比分析

4.4.1　三大城市群的空间格局

表4-34反映了我国三大成熟型城市群（长三角城市群、珠三角城市群、京津冀城市群）在空间分布和功能格局上的差异。城市群一般以一个或两个（有少数城市群是多核心的例外）经济比较发达、具有较强辐射带动功能的中心城市为核心，由若干个空间距离较近、经济联系密切、功能互补、等级有序的周边城市共同组成。根据这一定义，长三角城市群形成了以上海为首位城市的单核城市群，珠三角城市群和京津冀城市群是分别以广州和深圳、北京和天津为中心城市的双核城市群。

表4-34　三大城市群类型及核心城市

	长三角城市群	珠三角城市群	京津冀城市群
类　型	单核城市群	双核城市群	双核城市群
核心城市	上海	广州、深圳	北京、天津

资料来源：《中国城市统计年鉴（2014）》。

4.4.2　三大城市群核心城市对比分析

4.4.2.1　三大城市群核心城市基本状况

从表4-35可以看出，作为长三角城市群中心城市的上海，在地区生

表 4-35　2013 年三大城市群核心城市基本状况

	长三角	京津冀		珠三角	
	上 海	北 京	天 津	广 州	深 圳
土地面积（平方公里）	6340	16411	11917	7434	1997
常住人口（万人）	2415	2115	1472	1292.7	1062.9
地区生产总值（亿元）	21602.12	19500.56	14370.16	15420.1	14500.2
人均地区生产总值（元）	89449.77	92201.23	97623.37	119285.99	136421.11
生产总值增长率（%，上年＝100）	7.04	9.07	11.45	13.79	11.97
地方财政一般预算收入（亿元）	4109.51	3661.11	2079.07	1141.80	1731.26
货物进出口总额（万美元）	44126822	42899581	12850179	11889571	53747475
外商直接投资（万美元）	1677958	852418	1682897	480383	546784
经济密度（万元/平方公里）	34072.74	12163.05	12058.54	20742.67	72609.91

资料来源：根据《中国城市统计年鉴（2014）》整理得到。

产总值、地方财政一般预算收入方面均居于三大城市群 5 大中心城市首位，同时，上海的常住人口在 5 大中心城市中也是最多的。上海作为全国的经济中心城市，其地区生产总值的增长率却不是最高的，在 5 大城市中居于最后一位。在长三角城市群中，次中心城市南京的增长速度要明显快于上海，因此，上海今后需要进一步转变发展方式，巩固上海作为长三角城市群中心城市的地位，更好的发挥中心城市的辐射和带动作用。

北京和天津的土地面积在 5 大中心城市中居于第一和第二位，常住人口低于上海，居于第二和第三位；北京的地区生产总值低于上海，居于第二位，天津的地区生产总值是 5 大城市中最低的；此外，北京的地区生产总值的增长率处于 5 大城市的倒数第二位，仅高于上海；2013年，北京的地方财政一般预算收入仅次于上海，在 5 大核心城市中居于第二位，天津的地方财政一般预算收入居于第三位；就货物进出口总额、外商直接投资和经济密度而言，北京和天津均不是最高的，辐射能力不强。

深圳和广州的常住人口是 5 大中心城市中较少的，分别居第四和第五位；广州和深圳的地区生产总值略高于天津，分别居第三和第四位，但就人均地区生产总值而言，深圳和广州分别居 5 大中心城市的前两位；同时，广州和深圳的增长实力比较强劲，地区生产总值的增长率在 5 大城市中居于前两位；此外，广州的地方财政一般预算收入是 5 大中心城市中最少的，深圳居于第四位；在国际贸易方面，深圳的进出口总额是五大城市中最高的，广州的进出口总额是五大城市中最低的；广州和深圳作为珠三角区域的中心城市，近年来在吸引外资方面存在不足，2013 年，广州和深圳的外商直接投资在 5 个中心城市中居于倒数一、二位。

4.4.2.2　核心城市对外辐射功能和城市间相互作用强度

由表 4－36 至表 4－38 可知，三大城市群核心城市与其他城市的相互作用强度普遍较高。在长三角城市群中，上海位于东部海岸带和长江入海口的交汇点，海陆交通十分方便，拥有优越的地理位置、广阔的经济腹地、强劲的经济实力，是长三角地区经济规模最大的城市，因此，上海的城市辐射功能很强。对于京津冀城市群而言，北京和天津位于城市群圈层结构的核心位置，两个城市的服务业与工业在整个城市群中占优势地位，经济规模的优势突出，并且北京和天津是北方重要的交通枢纽，与城市群其他城市之间的交通联系便利，这些因素共同决定了它们与其他城市之间的相互作用强度非常强。同样，就地理位置而言，广州和深圳位于珠三角城市群的接近中心位置，同时，两个核心城市的交通便利，深圳是世界第四大集装箱港口，中国大陆第四大航空港，广州为国家交通枢纽，海陆空交通便利；就经济实力而言，广州为中国第三大城市，人均地区生产总值达到中等发达国家和地区水平，优越的地理位置、便利的海陆空交通条件、强大的经济实力等，决定了中心城市广州和深圳与其他城市之间的相互作用强度较高。

表 4-36　2013 年上海与长三角城市群其他城市间的相互作用强度

	南　京	无　锡	徐　州	常　州	苏　州	南　通
上　海	211.29	943.95	42.28	342.43	3146.01	1054.65
	连云港	淮　安	盐　城	扬　州	镇　江	泰　州
上　海	30.40	47.22	130.32	126.38	119.01	164.16
	宿　迁	杭　州	宁　波	温　州	嘉　兴	湖　州
上　海	27.89	631.97	384.27	1476.13	895.23	244.03
	绍　兴	金　华	衢　州	舟　山	台　州	丽　水
上　海	281.83	82.40	21.63	71.96	73.43	18.45

资料来源：根据《中国城市统计年鉴（2014）》计算得到。

表 4-37　2013 年深圳、广州与珠三角城市群其他城市间的相互作用强度

	深　圳	珠　海	佛　山	江　门	肇　庆	惠　州	东　莞	中　山
广　州	1118.19	150.50	15774.63	678.55	390.95	288.81	2650.08	580.47
深　圳		85.11	469.61	177.85	67.38	609.65	1761.99	257.60

资料来源：根据《中国城市统计年鉴（2014）》计算得到。

表 4-38　2013 年北京、天津与京津冀城市群其他城市间的相互作用强度

	天　津	石家庄	唐　山	秦皇岛	保　定	张家口	承　德	沧　州	廊　坊
北　京	2020.74	177.55	431.51	46.26	500.85	131.30	98.41	235.67	1928.73
天　津		112.46	763.35	42.83	282.42	35.58	45.25	531.72	892.32

资料来源：根据《中国城市统计年鉴（2014）》计算得到。

如表 4-39 和表 4-40 所示，5 大中心城市中，北京具有最高的外向功能量（258.74）、城市流强度（6797.47）和城市流倾向度（0.35），说明北京对京津冀城市群发挥着重要的辐射和带动作用；京津冀城市群的另一个中心城市天津的外向功能量（41.94）、城市流强度（1992.88）和城市流倾向度（0.14）在 5 大中心城市中均居于末位；上海的外向功能量（171.27）以及城市流强度（5977.31）仅次于北京；珠三角城市群的中心

表 4—39　2013 年三大城市群核心城市主要部门外向功能量

	制造业	电力、燃气及水的生产和供应业	建筑业	交通运输、仓储及邮政业	信息传输、计算机服务和软件业	批发和零售业	住宿餐饮业	金融业	房地产业	租赁和商业服务业	科学研究、技术服务和地质勘查业	水利、环境和公共设施管理业	教育	卫生、社会保障和社会福利业	文化、体育和娱乐业	公共管理和社会组织
上　海	28.618	0	0	40.519	36.312	0	7.496	12.265	10.823	27.067	7.359	0	0	0	0.807	0
北　京	0	0	0	27.570	42.509	27.705	14.039	17.836	24.754	48.188	44.131	0	0	0	12.004	0
天津市	32.852	0	0	1.450	0	0.421	0	0	2.702	0	4.427	0.091	0	0	0	0
广州市	2.469	0	0	20.985	2.511	10.545	3.473	0	10.139	11.712	7.163	0.725	0	0	1.084	0
深圳市	120.554	0	0	1.630	2.806	0	0	10.283	6.918	10.283	0	0	0	0	0	0

资料来源：根据《中国城市统计年鉴（2014）》计算得到。

表 4—40　2013 年三大城市群核心城市城市流倾向度与强度

	年末单位从业人员总数（万人）	从业人员人均地区生产总值（Ni）（万元）	城市的外向功能能量（Ei）	城市流强度（Fi）	城市流倾向度（Ki）
上　海	618.96	34.90	171.27	5977.31	0.28
北　京	742.26	26.27	258.74	6797.47	0.35
天　津	302.44	47.51	41.94	1992.88	0.14
广　州	324.59	47.51	70.81	3363.78	0.22
深　圳	457.41	31.70	142.19	4507.52	0.31

资料来源：根据《中国城市统计年鉴（2014）》计算得到。

城市深圳的外向功能量、城市流强度以及城市流倾向度均高于中心城市广州。

参考文献

［1］Asheim，B. T. and A. Isaksen，"Location，Agglomeration and In-novation：Towards Regional Innovation Systems in Norway?" *European Planning Studies*，1997，5：299-330.

［2］Dan O'Donoghue，Bill Gleave，"A Note on Methods for Meas-uring Industrial Agglomeration"，*Regional Studies*，2004，38（4）：419-427.

［3］Miller，P.，R. Botham，R. Martin and B. Moore，"Business Clusters in the UK：a First Assessment"，London：Department of Trade and Indus-try，2001.

［4］邓玉春：《珠三角与环珠三角城市群空间经济联系优化研究》，《城市问题》2009 年第 7 期。，

［5］魏后凯：《大都市区新型产业分工与冲突管理——基于产业链分工的视角》，《中国工业经济》2007 年第 2 期。

［6］李俊峰、焦华富：《江淮城市群空间联系及整合模式》，《地理研究》2009 年第 29 卷。

［7］李仙德、宁越敏：《城市群研究评述与展望》，《地理科学》2012 年第 32 卷。

［8］李学鑫、苗长虹：《城市群产业结构与分工的测度研究——以中原城市群为例》，《人文地理》2006 年第 4 期。

［9］宁越敏、姚瑶：《长三角制造业发展层次和空间差异研究》，《2009 年长江三角洲区域经济社会协调发展学术研讨会论文集》，上海、江苏、浙江哲学社会科学规划办公室。

［10］薛东前、姚士谋、张红：《关中城市群的功能联系与结构优化》，《经济地理》2000 年第 20 卷。

［11］王伟凯、黄志基、贺灿飞：《中国城市群经济空间评价——基于新经济地理的视角》，《城市发展研究》2012 年第 19 卷。

［12］王红霞：《要素流动、空间集聚与城市互动发展的定量研究——以长三角地区为例》，《上海经济研究》2011 年第 12 期。

［13］赵勇、白永秀：《区域一体化视角的城市群内涵及其形成机理》，《重庆社会科学》2008 年第 9 期。

［14］张京祥：《城镇群体空间组合》，东南大学出版社 2000 年版。

［15］张学良：《2014 中国区域经济发展报告——中国城市群资源环境承载力》，人民出版社 2014 年版。

5

中国发展型城市群

根据中国城市群经济发展水平、城市群规模、联系强度、中心城市的辐射水平等指标，辽中南城市群、山东半岛城市群、哈长城市群、江淮城市群、海峡西岸城市群、中原经济区、武汉城市群、成渝城市群以及关中—天水城市群被定义为中国的发展型城市群（张学良，2013）。这些城市群具有"发展已达到一定的规模、有一定数量的特大城市、中心城市具有一定的集聚水平、城市间已具有良好的交通基础设施联系，但城市相互作用强度仍较弱、具有成为成熟型城市群的发展潜力"等一系列特点（张学良，2013）。作为中国最具发展潜力的区域，其未来的发展关系到中国地区经济发展格局，中国经济新增长极等关键问题。因此，如何提升这些城市群的可持续发展对中国经济的发展具有重要的意义。本研究认为可持续的城市群发展是在考量城市群发展成本的前提下，追求城市群发展最大竞争力的发展路径，城市群可持续发展是城市群的发展效率的体现。其中，城市群的发展成本包括经济成本、社会成本、环境成本、资源成本等。城市群可持续发展即在几方面之间追求平衡的过程。因此，本章将从经济可持续发展、社会可持续发展、环境可持续发展和资源可持续发展四个方面就中国发展型城市群的可持续发展问题进行探讨。

5.1 辽中南城市群

辽中南城市群位于中国的东北地区，濒临渤海，与京津冀城市群和山东半岛城市群共同构成环渤海经济圈。辽中南城市群以沈阳和大连为核心，包括鞍山、抚顺、本溪、丹东、营口、辽阳、盘锦、铁岭，共10个城市。其中，沈阳是东北和内蒙古东部的经济、交通以及文化和信息中心，全国重要的工业基地;而大连是东北亚地区重要的国际航运中心、东北地区最大的港口城市和对外贸易口岸。《全国主体功能区规划》中辽中南城市群为国家优化开发区域,规划中对辽中南城市群的定位为东北地区对外开放的重要门户和陆海交通走廊,全国先进装备制造业和新型原材料基地,重要的科技创新与技术研发基地,辐射带动东北地区发展的龙头。

5.1.1 城市群城市体系分析

表 5-1 辽中南城市群内部等级规模结构 (地级市)

级序	人口级别 (人)	城市数量 (个)	城 市 名 称
1	>1000 万	0	
2	500 万—1000 万	2	沈阳、大连
3	200 万—500 万	5	鞍山、抚顺、丹东、营口、铁岭
4	200 万以下	3	本溪、辽阳、盘锦

资料来源:《中国城市统计年鉴 (2014)》和《中国区域经济统计年鉴 (2014)》。

从表 5-1 中可以看出,辽中南城市群的城市等级结构为金字塔结构。沈阳和大连作为该地区发展的双核,常住人口分别为 727 万和 592 万,分别占到了当年辽中南城市群总人口的 23% 和 19%。但其他城市人口与其相差较大,而且城市群内城市人口规模总体较小,200 万人口以下城市有 3个。苏飞和张平宇 (2010) 认为,辽中南城市群中矿业城市居多,并且大多数矿业城市处于成熟期和衰退期,面临着严峻的经济转型任务,有些矿业城市甚至出现了人口下降趋势,因此,如何不断提高城市经济实力和城市化水平,加快经济转型步伐,提升城市群的集聚水平,对于促进辽中南城市群的发展具有重要的意义。

5.1.2 城市群经济可持续发展分析

从地区生产总值指标来看,辽中南城市群属于比较明显的双核驱动型城市群,大连市和沈阳市是辽中南城市群经济发展的中心,其中大连市的地区生产总值 2013 年达到 7650.8 亿元,占整个城市群生产总值的 29%,沈阳市 2013 年地区生产总值达到 7158.6 亿元,占整个城市群生产总值的

27％。两个城市的地区生产总值之和占整个城市群生产总值超过 50％。在工业总产值方面，沈阳市作为中国最重要的重工业基地之一，其工业总产值较高，达到 13735.18 亿元，是辽中南城市群中工业总产值最高的城市。同时，从表 5－2 也可以看出沈阳市的第二产业比重也较高。在经济发展的外向度方面，大连市是辽中南城市群对外联系的窗口，其中，外商直接投资实际使用额达到 1359985 万美元，货物进出口总额达到了 6882276 万美元，分别占到当年辽中南城市群总值的 53％和 63％。在科学技术支出占公共财政支出比重方面，大连市也表现出了绝对的优势，表明其城市经济发展的可持续竞争力。从表 5－2 中可以发现辽中南城市群的第二产业比重较高，作为中国传统的重工业基地，是否能够实现产业的升级转型，提升服务业的发展水平是影响到辽中南城市群经济可持续发展的重要因素。

表 5－2　2013 年辽中南城市群经济发展概况

	地区生产总值（亿元）	工业总产值（亿元）	外商直接投资实际使用额（万美元）	货物进出口总额（万美元）	科学技术支出占公共财政支出比重（％）	年末金融机构人民币各项贷款余额（亿元）	第二产业比重（％）	第三产业比重（％）
沈阳市	7158.6	13735.18	581093	1432870	3.15	8867.05	51.8	43.5
大连市	7650.8	11521.57	1359985	6882276	4.27	9108.55	50.9	42.9
鞍山市	2623.3	3353.59	138391	488009	0.78	1423.41	53.1	41.9
抚顺市	1340.4	2713.78	52108	107400	1.17	586.75	59.3	33.7
本溪市	1193.7	2412.11	51449	446299	1.58	651.59	59.7	35.0
丹东市	1107.3	1361.43	110012	511615	0.96	787.97	49.4	37.2
营口市	1513.1	2944.60	133041	669054	1.53	1311.42	52.7	40.0
辽阳市	1080.0	2096.75	52009	91936	1.26	807.84	62.9	30.8
盘锦市	1351.1	2826.04	55539	130661	1.09	665.55	67.5	24.1
铁岭市	1031.3	2764.55	21020	85427	1.56	702.32	50.6	29.4
合　计	26049.6	45729.59	2554647.0	10845547.0	2.55	24912.48	53.6	39.7

资料来源：《中国城市统计年鉴（2014）》和《中国区域经济统计年鉴（2014）》。

5.1.3 城市群社会可持续发展分析

在医疗卫生发展方面，沈阳市作为省会城市其在医疗资源方面具有较为明显的优势，此外，沈阳在教育支出、影剧院数方面也表现出较高的水平，凸显其在社会可持续发展方面的优势。但是沈阳市在城乡收入差距方面高于辽中南城市群中的大多数城市，成为其社会可持续发展的阻力因素。与沈阳市相比，大连市的城乡收入差距相对较好。此外，大连市在图书藏量、城镇人均住房建筑面积等指标方面也优于沈阳市。

表 5—3 2013 年辽中南城市群社会发展概况

	医院、卫生院床位数（张）	教育支出占公共财政支出比重（%）	剧场、影院数（个）	图书馆图书藏量（千册）	城镇人均住房建筑面积（平方米）	城乡收入差距（元）①
沈阳市	53515	14.93	45	12721	26.3	14607.0
大连市	36931	11.28	6	14512	27.3	12521.0
鞍山市	19018	9.48	11	2408	25.9	12455.0
抚顺市	10433	7.78	8	1101	24.6	11392.0
本溪市	10357	13.87	5	1033	23.5	12756.0
丹东市	14198	12.25	9	955	25.5	8923.0
营口市	10714	12.03	2	1341	31.9	12925.0
辽阳市	11270	13.88	2	1085	28.2	12240.0
盘锦市	7784	9.79	3	578	31.3	15686.0
铁岭市	9202	13.13	7	64	30.3	8707.0
合 计	183422	12.15	98	35798	27.2	12555.4

资料来源：《中国城市统计年鉴（2014）》和《中国区域经济统计年鉴（2014）》

5.1.4 城市群生态可持续发展分析

辽中南城市群幅员辽阔，土地资源丰富，为城市群的发展提供了土地资源的支持。同时，从表 5—4 中还可以看出辽中南城市群的人口密度普遍

---

① 受数据收集的限制，本书所指的城乡收入差距＝城镇居民人均可支配收入－农村居民人均纯收入。

较低，人口密度最低的本溪市人口密度只有 181.07 人/平方公里。但是辽中南城市群的产业结构对资源及能源的承载力提出了考验。例如，从表 5—2 可以看出本溪市的工业总产值只有 2412.11 亿元，仅占到辽中南城市群 2013 年工业总产值的 5%，但是其工业用电量达到了 1180210 万千瓦时，占到了辽中南城市群用电量的 14%。本溪市的支柱产业是冶金，这也是造成了其资源及能源压力较大的原因。作为城市群发展的重要载体，资源和环境对城市群的可持续发展具有重要的影响。因此，资源可持续发展应当作为辽中南城市群提高整个城市群可持续发展水平的重要任务。

表 5—4　2013 年辽中南城市群资源承载力概况

	土地承载力		资源及能源承载力		
	土地面积（平方公里）	人口密度（人/平方公里）	工业用电量（万千瓦时）	人均生活用电（千瓦时）	人均生活用水（吨）
沈阳市	12980.00	560.17	1221312	801	40
大连市	12574.00	470.42	1811990	944	35
鞍山市	9255.00	377.96	1421353	583	23
抚顺市	11272.00	193.40	942891	475	16
本溪市	8411.00	181.07	1180210	535	17
丹东市	15290.00	156.77	192100	607	19
营口市	5242.00	443.53	833712	677	21
辽阳市	4736.00	380.07	574049	419	21
盘锦市	4065.00	317.34	438000	493	30
铁岭市	12985.00	232.50	107397	687	29
合　计	96810.0	322.47	8723014.0	708	30

资料来源：《中国城市统计年鉴（2014）》和《中国区域经济统计年鉴（2014）》。

　　在城市群的环境承载力方面，本书主要分为环境污染和污染治理两个方面研究，根据可得数据，从城市群对环境的破坏程度及其对环境的修复和贡献程度两个方面进行评价，希望能够综合界定城市群的环境承载力。在环境污染方面，大连市的工业废水排放量远超过了辽中南城市群中的其他城市，虽然这一数据较 2012 年（2012 年大连市工业废水排放量 31488 万吨）有了很大程度的改观，但是仍表明其对环境造成了较大的影响。在工业二氧化硫排放量方面，沈阳市表现较差，为130672吨，超过辽中南城市群其他城市。而在工业烟尘排放量方面，鞍山市、本溪市都表现出与其经济发展水平不相匹配的工业烟尘排放量，暗示其粗放式的生产模式所带来的对环境的巨大的伤害。在一般工业固体废物综合利用率方面，鞍山市和本溪市分别为 24.19％和 16.24％，远低于辽中南城市群平均水平77.21％。低效率的粗放生产，落后的污染治理意识，都将成为辽中南提升城市群可持续发展道路上的重大阻力。

表5－5　2013年辽中南城市群环境承载力概况

	环 境 污 染			污 染 治 理		
	工业废水排放量（万吨）	工业二氧化硫排放量（吨）	工业烟尘排放量（吨）	一般工业固体废物综合利用率（％）	污水处理厂集中处理率（％）	生活垃圾无害化处理率（％）
沈阳市	8533	130672	60425	92.69	95.00	100.00
大连市	26154	102938	46332	90.33	95.96	87.90
鞍山市	6322	124889	98218	24.19	87.00	100.00
抚顺市	2089	51430	48169	40.41	75.00	100.00
本溪市	2953	70002	61697	16.24	92.24	99.95
丹东市	5521	34200	39000	96.20	62.99	100.00
营口市	2790	52069	33569	86.01	79.00	100.00
辽阳市	6807	44580	34575	74.00	100.00	100.00
盘锦市	9712	58565	18110	92.15	100.00	100.00
铁岭市	1667	33061	24120	67.70	100.00	100.00
合　计	72548.0	702406.0	464215.0	77.21	92.18	97.49

资料来源：《中国城市统计年鉴（2014）》和《中国区域经济统计年鉴（2014）》。

5.2　山东半岛城市群

山东半岛城市群位于中国东部沿海地区，2011年1月4日，国务院批复《山东半岛蓝色经济区发展规划》，提出山东半岛蓝色经济区发展规划是以临港、涉海、海洋产业发达为特征，以科学开发海洋资源与保护生态环境为导向，以区域优势产业为特色，以经济、文化、社会、生态协调发展为前提，形成具有较强综合竞争力的经济功能区。2015年6月，中韩自贸协定正式签署，标志着中韩自贸区建设正式完成制度设计，即将进入实施阶段。山东半岛城市群与韩国隔海相望，中韩自贸区的建立又为山东半岛城市群发展注入了新的活力。根据国家对山东半岛城市群的规划，全球范围内，山东半岛城市群是以东北亚区域国际性城市青岛为龙头，带动山东半岛城市群外向型城市功能整体发展的城市密集区域，是全球城市体系和全球产品生产服务供应链中的重要一环；在全国范围内，山东半岛城市群是黄河流域的经济中心和龙头带动区域，与京津冀城市群、辽中南城市群共同构筑引领中国经济发展的重要增长极；在环黄海范围内，山东半岛城市群是环黄海地区区域经济合作的先进制造业生产服务中心之一（张学良，2013）。作为中国最具潜力的第四增长极，山东半岛城市群具有较强的城市群可持续发展水平。

5.2.1　城市群城市体系分析

表5-6　山东半岛城市群内部等级规模结构（地级市）

级序	人口级别（人）	城市数量（个）	城　市　名　称
1	＞1000万	0	
2	500万—1000万	4	青岛、烟台、济南、潍坊
3	200万—500万	3	威海、淄博、日照
4	200万以下	1	东营

资料来源：《中国城市统计年鉴（2014）》和《中国区域经济统计年鉴（2014）》。

从表5-6中可以看出，山东半岛城市群中没有人口超过1000万的特大型城市，整个城市群的人口结构呈现葫芦式分布。其中，青岛、烟台、济南和潍坊市的人口规模分别为774万人、651万人、613万人和883万人，均超过500万人，分别占到山东半岛城市群人口总量的19%、16%、15%和22%。作为山东半岛城市群的核心城市，青岛和其他城市之间并没有形成显著的规模级别差距，首位城市的地位不十分突出，不利于中心城市的辐射和集聚，较难带动整个城市群的发展。

5.2.2　城市群经济可持续发展分析

表 5-7　2013 年山东半岛城市群经济发展概况

	地区生产总值（亿元）	工业总产值（亿元）	外商直接投资实际使用额（万美元）	货物进出口总额（万美元）	科学技术支出占公共财政支出比重（%）	年末金融机构人民币各项贷款余额（亿元）	第二产业比重（%）	第三产业比重（%）
济南市	5230.2	4777.47	132054	956606	2.10	7812.51	39.3	55.3
青岛市	8006.6	16104.11	552084	7791246	2.56	8860.74	45.5	50.1
淄博市	3801.2	11207.04	52666	900844	2.89	2329.41	57.1	39.3
东营市	3250.2	11997.18	19335	1314792	2.17	2089.61	69.5	26.9
烟台市	5613.9	13891.44	160597	4931276	2.74	3760.67	54.8	37.7
潍坊市	4420.7	11609.80	81021	1616005	3.11	3832.70	52.0	38.2
威海市	2549.7	6003.10	92018	1714969	3.28	1512.13	51.5	40.5
日照市	1500.2	2686.29	52991	3303931	0.33	1271.91	52.3	39.0
合　计	34372.7	78276.44	1142766	22529669	2.34	31469.69	51.2	42.8

资料来源：《中国城市统计年鉴（2014）》和《中国区域经济统计年鉴（2014）》。

在经济发展方面，山东半岛城市群在整个中国发展型城市群中具有较好的表现，成为中国最具潜力的第四增长极。从表 5-7 中可以看出，山东半岛城市群表现出较为明显的"一核两翼"的发展结构。其中，核心城市青岛在地区生产总值、工业总产值、外商直接投资、货物进出口、金融机构人民币各项贷款余额等各个方面都在城市群中具有领先位置。2013 年，青岛市的直接投资实际使用额达到了 55 亿美元，占山东半岛城市群 2013 年利用外资总额的 48%，接近一半；货物进出口总额达到了 779.1 亿美元，占当年整个城市群货物进出口总额的 35%。虽然与同样是沿海城市的大连市相比，青岛市的外商直接投资额略低。然而，青岛市在地区生产总值、工业总产值以及货物进出口等指标方面均超出大连市。最主要的是山东半岛城市群已经形成了以青岛市为发展核心，烟台市、威海市为两翼的多层嵌套、圈点带片的城市群发展模式。从表 5-7 中可以看出，济南市和烟台市在经济可持续发展的各项指标方面均有不俗的表现。在这一点上，辽中南城市群的其他城市与核心城市大连的发展方面则存在较大的差距，无法构成对核心城市的有力支撑。此外，山东半岛城市群的第三产业发展情况较好，济南市和青岛市的第三产业比重均超过50%。

5.2.3 城市群社会可持续发展分析

表5－8 2013年山东半岛城市群社会发展概况

	医院、卫生院床位数（张）	教育支出占公共财政支出比重（%）	剧场、影院数（个）	图书馆图书藏量（千册）	城镇人均住房建筑面积（平方米）	城乡收入差距（元）
济南市	41287	17.13	25	10932	30.1	22400.0
青岛市	39725	16.99	40	5457	29.1	19496.0
淄博市	23235	23.42	8	2236	36.4	16957.0
东营市	11318	19.03	22	1560	37.3	20983.0
烟台市	36874	18.82	26	6342	29.9	18004.0
潍坊市	46628	26.72	36	3494	30.3	15113.0
威海市	15793	20.76	14	3248	29.4	15860.0
日照市	10096	5.96	9	413	37.1	13786.0
合 计	224956	17.88	180	33682	31.3	18022.7

资料来源：《中国城市统计年鉴（2014）》和《中国区域经济统计年鉴（2014）》。

在社会可持续发展方面，从表5－8中可以看出济南市作为山东的省会城市，其在医疗卫生环境、教育投入、图书藏量方面具有较大的优势。此外，山东半岛城市群的平均城镇人均住房建筑面积达到了30平方米以上，表现良好。但同时，城乡收入差距较大，济南市、东营市城乡收入差距都达到了20000元以上，降低了山东半岛城市群的社会可持续发展水平。

5.2.4 城市群生态可持续发展分析

从表5－9可以看出，山东半岛城市群的人口密度较大，除东营市以外，人口密度都在400人/平方公里以上。济南市的人口密度达到了750人/平方公里，而青岛市也达到了686人/平方公里。较大的人口密度一方面为山东半岛城市群的发展提供了充足的人力资源，但同时激增的人口和随之而来的需求扩大势必对资源环境产生巨大影响。艾华（2006）等认为人口基数大、密度大是山东半岛城市群经济发展和生态环境改善的重要制约因素。在工业用电量方面，山东半岛城市群的工业用电总量总体较低，这与山东半岛城市群一直倡导蓝色经济有关。其中，淄博市的工业用电量最高，达到了 2226243 万千瓦时，占 2013 年山东半岛城市群工业用电总量的 25％，但其工业总产值只占到当年山东半岛城市群工业总产值的 14％。这与淄博市的矿产资源较为丰富相关，其主导产业是石油化工、精细化工以及冶金等。在人均生活用电和人均生活用水方面，济南市以及青岛市的水平都较高。

表 5—9 2013 年山东半岛城市群资源承载力概况

	土地承载力		资源及能源承载力		
	土地面积（平方公里）	人口密度（人/平方公里）	工业用电量（万千瓦时）	人均生活用电（千瓦时）	人均生活用水（吨）
济南市	8177.00	750.03	963649	948	36
青岛市	11282.00	685.78	1199839	861	32
淄博市	5965.00	712.99	2226243	684	20
东营市	8243.00	226.86	1365580	418	28
烟台市	13852.00	470.11	893888	724	25
潍坊市	16143.00	546.92	1025138	660	19
威海市	5786.00	438.65	360800	804	23
日照市	5359.00	541.33	1043181	564	15
合 计	74807.0	545.04	9078318.0	764	27

资料来源：《中国城市统计年鉴（2014）》和《中国区域经济统计年鉴（2014）》。

2011 年，山东半岛城市群的工业二氧化硫排放量为 798888 万吨。从表 5—10 可以看出，2013 年山东半岛城市群在工业二氧化硫排放量方面和 2011 年相比有很大的进步，这与山东半岛城市群近年来发展蓝色经济，有步骤的对产业结构进行调整，引进和发展技术含量高、高附加值而低能耗、低污染的产业有关。然而从表 5—10 中可以看出淄博市、潍坊市等在产业升级转型，降低环境污染方面还有很长的路要走。此外，从表 5—10

还可以看出，山东半岛城市群在污染治理方面投入了较大的精力，其一般工业固体废物综合利用率均值达到 94.5%，整个城市群的污水处理厂集中处理率达到 94.92%，生活垃圾无害化处理率更是超过 99%，远高于全国平均水平。

表 5−10　2013 年山东半岛城市群环境承载力概况

	环　境　污　染			污　染　治　理		
	工业废水排放量（万吨）	工业二氧化硫排放量（吨）	工业烟尘排放量（吨）	一般工业固体废物综合利用率（%）	污水处理厂集中处理率（%）	生活垃圾无害化处理率（%）
济南市	8596	81118	47117	98.72	90.21	96.53
青岛市	10641	69337	27803	94.87	95.30	100.00
淄博市	15460	206723	47252	95.18	95.38	100.00
东营市	10111	52818	5636	98.50	95.00	100.00
烟台市	9530	79834	34945	83.71	94.87	100.00
潍坊市	28103	128227	33823	99.98	95.76	100.00
威海市	2740	36212	7999	93.31	95.25	100.00
日照市	15557	52084	29328	98.93	94.49	100.00
合　计	100738.0	706353.0	233903.0	94.50	94.92	99.45

资料来源：《中国城市统计年鉴（2014）》和《中国区域经济统计年鉴（2014）》。

5.3　哈长城市群

哈长城市群包括了长春市、吉林市、松原市、延边朝鲜族自治州、哈尔滨市、齐齐哈尔市、大庆市和牡丹江市。根据《国家主体功能区规划》，哈长城市群定位为我国面向东北亚地区和俄罗斯对外开放的重要门户，全国重要的能源、装备制造基地，区域性的原材料、石化、生物、高新技术产业和农产品加工基地，带动东北地区发展的重要增长极。在国家近期提出的"一带一路"战略规划中，哈长城市群作为中国与俄罗斯远东地区联系的窗口地区，将进一步发挥地缘优势，为哈长城市群的发展注入新活力。

5.3.1 城市群城市体系分析

表 5—11 哈长城市群内部等级规模结构（地级市）

级序	人口级别（人）	城市数量（个）	城 市 名 称
1	＞1000 万	0	
2	500 万—1000 万	3	哈尔滨、长春、齐齐哈尔
3	200 万—500 万	4	大庆、牡丹江、吉林、松原
4	200 万以下	0	

资料来源：《中国城市统计年鉴（2014）》和《中国区域经济统计年鉴（2014）》。

哈长城市群没有人口超过 1000 万人的城市，但是哈尔滨市 2013 年人口为 995 万人，接近 1000 万人口，占到了当年哈长城市群总人口的 28％。排在第二位的是长春市，人口 853 万，占到了当年哈长城市群总人口的 21％。而核心城市哈尔滨周边城市大庆、松原等人口为 500 万以下，人口分布总体较为合理。李秀伟和修春亮（2008）的研究指出，哈尔滨和长春与辽东南城市群中的大连和沈阳是东北三省区域经济极化的高"极化点"，人口集聚程度较高，其将带动地区经济的发展。

5.3.2 城市群经济可持续发展分析

哈长城市群是较为明显的双核城市群。作为哈长城市群核心的长春市和哈尔滨市 2013 年地区生产总值分别为 5003.2 亿元和 5010.8 亿元，其总和占到哈长城市群总地区生产总值的 46％。在工业总产值方面，长春市 2013 年工业总产值 9228.04 亿元，占当年整个城市群工业总产值的 38％，大庆市排第二，其工业总产值为 4481.40 亿元，第三位哈尔滨市的工业总产值为 3399.26 亿元。在外商直接投资方面，哈尔滨市的实际使用额最高，2013 年达到了 226243 万美元，但是其在货物进出口总额方面远远落后于长春市甚至是牡丹江市。牡丹江市由于与俄罗斯接壤，其特殊的地缘位置

表 5-12 2013 年哈长城市群经济发展概况

	地区生产总值（亿元）	工业总产值（亿元）	外商直接投资实际使用额（万美元）	货物进出口总额（万美元）	科学技术支出占公共财政支出比重（%）	年末金融机构人民币各项贷款余额（亿元）	第二产业比重（%）	第三产业比重（%）
长春市	5003.2	9228.04	93794	2041648	1.25	6453.35	53.1	40.2
吉林市	2617.4	3140.14	19621	110197	1.35	1127.15	48.9	41.5
松原市	1650.5	1944.22	9630	9010	0.18	498.43	47.5	36.4
延边朝鲜族自治州	849.0	/	13616	266709	/	/	51.4	40.0
哈尔滨市	5010.8	3399.26	226243	482393	1.68	6275.92	34.8	53.4
齐齐哈尔市	1230.4	960.08	41550	82459	0.90	908.18	36.7	40.5
大庆市	4181.5	4481.40	60032	337285	1.38	770.41	79.4	16.4
牡丹江市	1216.1	913.14	44648	1217519	1.07	534.51	41.0	42.8
合 计	21758.9	24066.28	509134.0	4547220.0	1.30	16567.94	51.3	38.7

资料来源：《中国城市统计年鉴（2014）》和《中国区域经济统计年鉴（2014）》。

为其作为中国通往俄罗斯及远东地区的窗口提供了便利条件。在科学技术支出占公共财政支出比重方面，哈长城市群的比重明显偏低，暗示城市群的创新和经济可持续发展动力不足。此外，从年末金融机构人民币各项贷款余额可以看出作为经济发展的重要支撑力量的金融系统发展仍较为滞后（黄玖立和冼国明，2010），制约了经济的可持续发展。从第二和第三产业比重方面可以看出哈长城市群仍以第二产业为主，城市群中只有哈尔滨市的第三产业比重超过50%。而以石油化工业为支柱产业的大庆市，其第二产业比重甚至达到79.4%。

5.3.3 城市群社会可持续发展分析

从表5-13中可以看出，在医疗卫生资源、科教娱乐等方面，长春市和哈尔滨市的资源明显优于城市群中其他城市。其中，哈尔滨市的剧场、影院数目达到了80个，超过整个城市群合计的50%，而图书馆图书藏量长春市和哈尔滨市的总和也超过城市群合计的 43%。表明了核心地区较为丰富的生活娱乐水平，满足了居民更高的生活要求。此外，哈长城市群的城镇人均住房建筑面积达到了 31.6 平方米，总体城乡收入差距水平较小，暗示了较高的社会和谐度发展水平。

表 5－13　2013 年哈长城市群社会发展概况

	医院、卫生院床位数（张）	教育支出占公共财政支出比重（%）	剧场、影院数（个）	图书馆图书藏量（千册）	城镇人均住房建筑面积（平方米）	城乡收入差距（元）
长春市	43261	15.20	30	8150	30.1	15974.0
吉林市	20728	15.99	4	2131	29.9	15649.0
松原市	7657	17.22	1	668	28.8	16560.0
延边朝鲜族自治州	/	/	/	/	32.4	17460.0
哈尔滨市	60077	15.72	80	7704	38.2	13826.0
齐齐哈尔市	23706	17.57	17	1646	25.8	9080.0
大庆市	14745	19.73	15	2540	28.5	16544.0
牡丹江市	14318	15.80	7	1060	29.9	7139.0
合　计	184492	16.13	154	23899	31.6	13916.5

资料来源：《中国城市统计年鉴（2014）》和《中国区域经济统计年鉴（2014）》。

5.3.4　城市群生态可持续发展分析

哈长城市群幅员辽阔，人口密度较低，平均人口密度只有 158.61 人/平方公里。其中，松原市、齐齐哈尔市、大庆市和牡丹江市的人口密度都低于全国平均水平（137 人/平方公里），因此哈长城市群的土地承载力较强。此外，哈长城市群还拥有丰富的矿产资源和石油资源等，具有较强的城市群资源可持续发展能力。在工业用电量方面，大庆市由于其特殊的产业结构用电量最高，达到了 1725429 万千瓦时，占到了当年整个城市群工业用电量的 34%。如何提高大庆市的能源使用效率是提升整个哈长城市群能源使用效率的关键。

表 5－14　2013 年哈长城市群资源承载力概况

	土地承载力		资源及能源承载力		
	土地面积 （平方公里）	人口密度 （人/平方公里）	工业用电量 （万千瓦时）	人均生活用 电（千瓦时）	人均生活 用水（吨）
长春市	20604.00	365.32	801405	545	24
吉林市	27205.00	157.73	936783	514	26
松原市	21090.00	134.19	262878	555	37
延边朝鲜族 自治州	/	/	/	/	/
哈尔滨市	53068.00	187.53	772963	655	32
齐齐哈尔市	42469.00	131.15	413433	560	21
大庆市	21522.00	131.31	1725429	516	31
牡丹江市	38405.00	67.44	124990	598	19
合　计	224363.0	158.61	5037881.0	580	27

资料来源：《中国城市统计年鉴（2014）》和《中国区域经济统计年鉴（2014）》。

　　在工业废水排放量和工业二氧化硫排放量方面，吉林市在哈长城市群中排在第一位，2013 年工业废水排放量达到了 10366 万吨，工业二氧化硫排放量达到 69924 吨。哈尔滨市的工业烟尘排放量达到了 82323 吨，位居哈长城市群第一位。在污染治理方面，哈长城市群的整体一般工业固体废物综合利用率达到了 93.97％，但是污水处理厂集中处理率和生活垃圾无害化处理率较低，分别为 83.84％和 80.06％。

表 5－15　2013 年哈长城市群环境承载力概况

	环　境　污　染			污　染　治　理		
	工业废水 排放量 （万吨）	工业二氧化 硫排放量 （吨）	工业烟尘 排放量 （吨）	一般工业固 体废物综合 利用率（％）	污水处理厂 集中处理率 （％）	生活垃圾无 害化处理率 （％）
长春市	5482	57246	72970	99.79	78.76	80.59
吉林市	10366	69924	34109	81.88	91.65	61.15
松原市	2559	31112	39914	88.99	95.79	95.75

续表

	环 境 污 染			污 染 治 理		
	工业废水排放量（万吨）	工业二氧化硫排放量（吨）	工业烟尘排放量（吨）	一般工业固体废物综合利用率（%）	污水处理厂集中处理率（%）	生活垃圾无害化处理率（%）
延边朝鲜族自治州	/	/	/	/	/	/
哈尔滨市	4487	65987	82323	93.85	90.47	87.29
齐齐哈尔市	7006	4875	3476	71.00	74.64	53.41
大庆市	5174	47034	29463	96.42	93.19	95.19
牡丹江市	1925	23131	46770	100.00	22.02	100.00
合　计	36999.0	299309.0	309025.0	93.97	83.84	80.06

资料来源：《中国城市统计年鉴（2014）》和《中国区域经济统计年鉴（2014）》。

5.4　江淮城市群

江淮城市群以合肥为中心，包括了芜湖、马鞍山、铜陵、安庆、滁州、六安、池州、宣城等九市。江淮城市群紧邻长三角城市群，为承接长三角城市群的产业转移创造了得天独厚的环境。在《全国主体功能区规划》中将江淮城市群的定位为承接产业转移的示范区，全国重要的科研教育基地，能源原材料、先进制造业和科技创新基地，区域性的高新技术产业基地。规划将构建"一轴双核两翼"空间开发格局。进一步提升合肥中心城市地位，完善综合服务功能，建设全国重要的科研教育基地、科技创新基地、先进制造业基地和综合交通枢纽。培育形成沿江发展带，壮大主要节点城市规模，推进芜湖、马鞍山一体化，建设皖江城市带承接产业转移示范区。加强农业基础设施建设，调整优化农业结构，发展农产品加工业，不断提高农业效益。加强大别山水土保持和水源涵养功能，保护巢湖生态环境，构建以大别山、巢湖及沿江丘陵为主体的生态格局。

5.4.1 城市群城市体系分析

表 5—16 江淮城市群内部等级规模结构（地级市）

级序	人口级别（人）	城市数量（个）	城 市 名 称
1	>1000 万	0	
2	500 万—1000 万	3	合肥、安庆、六安
3	200 万—500 万	4	芜湖、马鞍山、滁州、宣城
4	200 万以下	2	铜陵、池州

资料来源：《中国城市统计年鉴（2014）》和《中国区域经济统计年鉴（2014）》。

江淮城市群的城市整体规模较小，城镇空间结构体系呈"扁平化"分布的特征。核心城市合肥市的极化效应不显著。2013 年，合肥市的年末总人口为 712 万人，只占到江淮城市群总人口的 20%，核心城市地位不够突出。同时，铜陵市和池州市的人口规模都在 200 万以下。

5.4.2 城市群经济可持续发展分析

江淮城市群属于明显的单核结构城市群，作为江淮城市群的核心城市，合肥市 2013 年的地区生产总值为 4672.9 亿元，占到了当年整个城市群生产总值的 34% 以上。工业总产值也达到 7526.58 亿元，占到了当年整个城市群工业总产值的 31%。但同时也可以看出，合肥市与辽中南城市群的核心城市沈阳市、大连市，山东半岛城市群的青岛市在发展方面还存在一定的差距，且城市群中其他城市的地区生产总值较低，铜陵市、池州市和宣城市的地区生产总值均未达到 1000 亿元，未能对核心城市的发展形成有效的支撑。但受到承接长三角地区产业转移的影响，江淮城市群近年来发展速度较快。在经济外向度指标（外商直接投资使用额和货物进出口额）方面，合肥市也远超过城市群内其他城市。江淮城市群的科学技术支出占公共财政支出比重总体较高，均值达到了 3.47%，其中芜湖市更是达到了 8.24%。较高的科学技术支出能提升城市的创新力和发展力，为整个城市群的经济可持续发展注入活力。从表 5—17 中还可以看出，江淮城市群的第二产业较为发达，第二产业比重基本都在 50% 以上，铜陵市更是达到了 70％以上。江淮城市群已经拥有了马鞍山马钢、芜湖奇瑞汽车、合肥江淮汽车、马鞍山星马汽车、铜陵有色、安庆石化、芜湖海螺水泥等一系列国内知名工业企业。但是如何在第二产业蓬勃发展的基础上，积极实现产业的升级转型，发展现代服务业，是江淮城市群提升经济可持续发展竞争力的重要战略。

表 5—17 2013 年江淮城市群经济发展概况

	地区生产总值（亿元）	工业总产值（亿元）	外商直接投资实际使用额（万美元）	货物进出口总额（万美元）	科学技术支出占公共财政支出比重（％）	年末金融机构人民币各项贷款余额（亿元）	第二产业比重（％）	第三产业比重（％）
合肥市	4672.9	7526.58	189021	1819000	4.12	7054.99	55.3	39.4
芜湖市	2099.5	4808.86	160548	543322	8.24	1905.60	66.1	27.8
马鞍山市	1293.0	2377.39	147895	362511	3.01	998.50	64.5	29.3
铜陵市	680.6	1780.90	40310	582335	4.83	574.99	72.5	25.7
安庆市	1418.2	2574.44	45178	180426	2.00	1067.34	53.2	31.8
滁州市	1086.1	2002.94	72596	185545	1.39	892.68	53.0	27.8
六安市	1010.3	1525.01	30403	80064	0.93	824.27	47.3	31.9
池州市	462.2	552.91	26208	41018	1.37	400.39	48.8	36.6
宣城市	842.8	1500.68	57303	187883	3.32	714.81	52.6	33.2
合　计	13565.6	24649.71	769462.0	3982104.0	3.47	14433.57	57.3	33.2

资料来源：《中国城市统计年鉴（2014）》和《中国区域经济统计年鉴（2014）》。

5.4.3 城市群社会可持续发展分析

合肥市作为江淮城市群的核心城市，在医疗资源、文化娱乐、教育等各方面均具有突出的表现。其他城市中，安庆市的社会可持续发展状况较好，医院、卫生院床位数排名第三，教育支出占公共财政支出比重排名第一，在剧场、影院数和图书馆图书藏量也仅低于合肥市。江淮城市群的城镇人均住房建筑面积表现较为良好，均值为 31.8 平方米，除铜陵市和滁州市以外，其他城市的城镇人均住房建筑面积均在 30 平方米以上。从城乡收入差距上来看，马鞍山市的城乡收入差距较高，达到了 20000 元以上，合肥市第二，达到了 17731 元，芜湖市为 15302 元，其他城市都在 15000 元以下。

表 5－18　2013 年江淮城市群社会发展概况

	医院、卫生院床位数（张）	教育支出占公共财政支出比重（％）	剧场、影院数（个）	图书馆图书藏量（千册）	城镇人均住房建筑面积（平方米）	城乡收入差距（元）
合肥市	37739	16.56	41	4327	30.9	17731.0
芜湖市	13755	15.88	9	1506	31.8	15302.0
马鞍山市	6847	15.46	6	1061	30.4	21708.0
铜陵市	4448	14.00	3	671	28.0	15967.0
安庆市	17056	20.43	25	3837	33.9	14935.0
滁州市	13730	16.04	2	722	28.0	13408.0
六安市	17587	20.30	1	2214	30.6	13845.0
池州市	5255	14.61	3	394	38.3	14402.0
宣城市	9374	15.39	2	731	37.8	12484.0
合　计	125791	16.90	96	15463	31.8	15509.5

资料来源：《中国城市统计年鉴（2014）》和《中国区域经济统计年鉴（2014）》。

5.4.4　城市群生态可持续发展分析

从土地面积上来看，江淮城市群规模较小，而人口密度较大，这一方面限制了江淮城市群经济发展的规模经济效应，另一方面对城市群整体的土地承载力提出了挑战。此外，作为泛长三角制造业基地的一部分，江淮城市群担负着承接长三角制造业转移的重要任务。然而，这些制造业多是传统的资源能源消耗较大、对环境影响较大的制造业，包括金属冶炼、机械、化工等。如何在发展经济的同时，提升产业效率，减少资源浪费以及环境污染是江淮城市群提升城市群资源可持续发展水平时面临的关键问题。从表 5－19 还可以看出，在生活用电和生活用水方面，合肥市都排在第一位，此外铜陵市和马鞍山市的生活资源消耗水平也较高。

表 5－19　2013 年江淮城市群资源承载力概况

	土地承载力		资源及能源承载力		
	土地面积 （平方公里）	人口密度 （人/平方公里）	工业用电量 （万千瓦时）	人均生活用 电（千瓦时）	人均生活 用水（吨）
合肥市	11445.00	621.67	441803	1249	78
芜湖市	5988.00	642.12	650363	631	45
马鞍山市	4049.00	564.09	1001988	785	46
铜陵市	1201.00	617.82	512468	643	58
安庆市	15318.00	405.86	312348	608	31
滁州市	13516.00	332.57	83377	579	29
六安市	18011.00	397.92	109948	373	9
池州市	8272.00	195.72	240985	405	16
宣城市	12453.00	225.01	124351	444	15
合　计	90253.0	402.05	3477631.0	711	40

资料来源：《中国城市统计年鉴（2014）》和《中国区域经济统计年鉴（2014）》。

表 5－20　2013 年江淮城市群环境承载力概况

	环　境　污　染			环　境　治　理		
	工业废水 排放量 （万吨）	工业二氧 化硫排放 量（吨）	工业烟尘 排放量 （吨）	一般工业固 体废物综合 利用率（%）	污水处理厂 集中处理率 （%）	生活垃圾无 害化处理率 （%）
合肥市	6018	41483	42387	93.27	87.10	100.00
芜湖市	7365	38116	27065	98.10	92.60	96.20
马鞍山市	6745	64723	32178	70.21	87.00	100.00
铜陵市	5654	36889	16748	83.12	85.69	100.00
安庆市	4863	17168	8610	96.90	86.50	97.05
滁州市	6460	18522	36995	96.77	95.81	92.63
六安市	2689	13645	10622	77.00	90.61	84.04
池州市	2174	15883	12030	100.00	91.07	73.46
宣城市	5749	19790	41782	83.97	93.06	99.44
合　计	47717.0	266219.0	228417.0	90.50	89.38	94.31

资料来源：《中国城市统计年鉴（2014）》和《中国区域经济统计年鉴（2014）》。

从表5-20可以看出马鞍山市的综合环境污染水平较高,其2013年的工业废水排放量为6745万吨,仅次于芜湖市,排在江淮城市群第二位;工业二氧化硫排放量为64723,列第一;而工业烟尘排放量为32178吨,仅次于合肥市和滁州市,排第三。马鞍山市由于其产业特点,对城市的环境发展可持续发展提出了一定的挑战。虽然这些指标较前几年已经有了一定程度的进步和改观,但是优化产业结构,减低环境污染势在必行。在污染治理方面,江淮城市群的一般工业固体废物综合利用率和生活垃圾无害化处理率都达到了90%以上,具有较为良好的表现。

5.5　海峡西岸城市群

海峡西岸城市群包括厦门市、福州市、莆田市、三明市、泉州市、漳州市、南平市、龙岩市和宁德市。海峡西岸城市群临近长三角、台湾地区,发挥着承南启北、贯通东西的桥梁纽带作用,是加强两岸交流合作、推动两岸关系和平发展的重要前沿平台和纽带。《全国主体功能区规划》中对海峡西岸城市群的定位为:两岸人民交流合作先行先试区域,服务周边地区发展新的对外开放综合通道,东部沿海地区先进制造业的重要基地,我国重要的自然和文化旅游中心。随着国家"一带一路"中长期发展战略规划的实施,以及福建自贸区的建立,海峡西岸城市群获得了发展新活力。

5.5.1　城市群城市体系分析

海峡西岸城市群人口规模最大的城市为泉州市,2013年人口总量达到了703.5万人,占到了整个海峡西岸城市群总人口的19%,而排在第二位的福州市人口为655.50万人,占到了海峡西岸城市群总人口的18%,与泉州并没有显著差别,城市首位度较低,表明了海峡西岸城市群弱核驱动的模式。而核心城市之一厦门市2013年总人口仅为196.8万人，甚至不足 200 万人，不完善的城市群内部等级体系阻碍了海峡西岸城市群的进一步发展。

表 5－21　海峡两岸城市群内部等级规模结构（地级市）

级序	人口级别（人）	城市数量（个）	城　市　名　　称
1	＞1000 万	0	
2	500 万—1000 万	2	泉州、福州
3	200 万—500 万	6	莆田、三明、漳州、南平、龙岩、宁德
4	200 万以下	1	厦门

资料来源：《中国城市统计年鉴（2014）》和《中国区域经济统计年鉴（2014）》。

5.5.2　城市群经济可持续发展分析

海峡西岸城市群与台湾隔海相望，具有较好的招商引资发展基础，同时也是开展对台合作，促进两岸交流的基地和窗口。从表 5－22 可以看出，海峡西岸城市群属于多弱核驱动模式。从地区生产总值来看，福州市、厦门市和泉州市在海峡西岸城市群中均具有一定的地位和优势。在工业总产值方面，泉州以 9379.11 亿元排名第一，福州市和厦门市分列二、三位。但是三个和核心地区的发展优势并不明显，集聚效应较低。泉州市 2013 年地区生产总值占到整个城市群地区生产总值的 23%，福州市占 21%，而厦门市只占 14%。中心城市的带动力较弱，经济规模较小，没有强大的经济腹地的支持，成为制约海峡西岸城市群发展的因素之一。在外商直接投资实际使用额和货物进出口总额方面，厦门市均有不错的表现，尤其是货物进出口方面。2013 年厦门市的货物进出口总额占到了海峡西岸城市群货物进出口总额的 50%。2014 年 12 月 12 日，国务院决定设立中国（福建）自由贸易试验区。整个自贸区占地面积 118.04 平方公里，包括了福州片区、厦门和平潭片区。这一重大举措的推出预期会进一步激发厦门乃至整个海峡西岸自贸区的对外经贸合作以及整个城市群的发展。此外，从表 5－22 中还可以看出，海峡西岸城市群的产业也主要呈现出"二、三、一"的发展特点。除厦门以外，其他城市的第三产业比重均未达到50％。其中，泉州的第二产业比重最高，达到了61.8％。泉州的主导产业为纺织服装业、鞋革产业等劳动密集型产业，拥有包括七匹狼、九牧王、贵人鸟、361°、鸿星尔克等一系列知名服装品牌。作为国家"一带一路"战略规划中海上丝绸之路的起点以及国家四个自贸区之一，福建自贸区的所在地，海峡西岸城市群预期将会获得更好的发展。

表5-22　2013年海峡西岸城市群经济发展概况

	地区生产总值（亿元）	工业总产值（亿元）	外商直接投资实际使用额（万美元）	货物进出口总额（万美元）	科学技术支出占公共财政支出比重（％）	年末金融机构人民币各项贷款余额（亿元）	第二产业比重（％）	第三产业比重（％）
福州市	4678.5	6786.33	143063	3135498	1.62	8159.89	45.6	45.8
厦门市	3018.2	4716.21	187204	8408356	3.17	5843.54	47.5	51.6
莆田市	1342.9	2008.92	30164	477181	1.81	1067.19	58.3	33.1
三明市	1477.6	2574.75	12500	166815	1.81	1115.36	52.2	32.1
泉州市	5218.0	9379.11	139112	2912461	2.19	4015.80	61.8	34.9
漳州市	2236.0	3259.21	94552	973898	1.53	1362.10	48.8	35.7
南平市	1105.8	1317.29	10501	166980	0.96	910.98	43.5	33.3
龙岩市	1479.9	1488.43	21598	321558	1.76	1038.97	53.8	34.2
宁德市	1238.7	2323.12	14433	325624	0.94	1164.28	50.7	31.3
合　计	21795.6	33853.36	653127.0	16888371.0	1.95	24678.10	52.1	39.0

资料来源：《中国城市统计年鉴（2014）》和《中国区域经济统计年鉴（2014）》。

5.5.3　城市群社会可持续发展分析

福州市在医院、卫生院床位数以及剧场、影院数方面都在海峡西岸城市群中名列第一，具有较好的社会可持续发展能力。而厦门市在图书馆图书藏量方面排在首位。从表5-23可以发现，海峡西岸城市群的城镇人均住房面积较高，均值达到了40平方米，泉州市的城镇人均住房面积更是达到了46平方米。海峡西岸城市群的城乡收入差距较大，厦门市的城乡收入差距为 26352 元，泉州市也达到了 20000 元以上。

表 5—23   2013 年海峡西岸城市群社会发展概况

	医院、卫生院床位数（张）	教育支出占公共财政支出比重（%）	剧场、影院数（个）	图书馆图书藏量（千册）	城镇人均住房建筑面积（平方米）	城乡收入差距（元）
福州市	29146	20.25	31	3837	37.0	19355.0
厦门市	12170	15.38	5	4557	32.8	26352.0
莆田市	10088	29.79	4	868	41.5	15633.0
三明市	12249	21.03	14	2646	35.3	15192.0
泉州市	27893	21.77	23	5234	46.0	22114.0
漳州市	16819	18.20	10	4428	39.4	14832.0
南平市	15062	18.15	8	2020	37.7	14287.0
龙岩市	14425	19.97	12	1782	42.6	15703.0
宁德市	11149	19.02	6	1202	43.1	13912.0
合　计	149001	19.66	113	26574	40.0	18499.8

资料来源：《中国城市统计年鉴（2014）》和《中国区域经济统计年鉴（2014）》。

5.5.4   城市群生态可持续发展分析

海峡西岸城市群的土地面积较小。尤其是作为核心城市的厦门，全市土地面积仅有 1573 平方公里，人口密度更是达到了 1251.11 人/平方公里。较小的城市和城市群规模限制了城市发展的规模效应也同时增加了城市群的土地承载力负担。如何加强和城市群内其他城市的联系，形成优势互补，组团发展，是海峡西岸城市群核心城市发展未来需要克服的关键问题。此外，海峡西岸城市群能源较为匮乏，电煤基本都要从外省调入，一次性能源自给率低，只有 40% 左右，且呈现出逐年降低的趋势（黄晓科和曾静，2010）。在这样的资源基础上，资源承载力将成为未来海峡西岸城市群发展的瓶颈，如何优化产业结构、提高管理效率和技术能效，提高资源和能源的使用效率是海峡西岸城市群亟待解决的关键问题。从工业用电量方面来看，厦门市 2013 年的工业用电量 1135949 万千瓦时，排名第一，泉州市次之。在人均生活用电量和人均生活用水量方面，厦门市均表现出较高的水平。

表 5—24 2013 年海峡西岸城市群资源承载力概况

	土地承载力		资源及能源承载力		
	土地面积（平方公里）	人口密度（人/平方公里）	工业用电量（万千瓦时）	人均生活用电（千瓦时）	人均生活用水（吨）
福州市	13066.00	501.68	370394	1872	67
厦门市	1573.00	1251.11	1135949	2019	66
莆田市	4131.00	809.01	259645	681	13
三明市	22965.00	121.27	322678	971	57
泉州市	11015.00	638.67	484674	1672	52
漳州市	12554.00	389.92	312952	1910	42
南平市	26280.00	120.24	355085	788	27
龙岩市	19063.00	158.74	281318	1394	28
宁德市	13452.00	258.10	60300	898	23
合　计	124099.0	292.01	3582995.0	1447	44

资料来源：《中国城市统计年鉴（2014）》和《中国区域经济统计年鉴（2014）》。

　　旅游业是海峡西岸城市群重点发展的产业之一，因此良好的城市群环境是关系到整个城市群可持续发展的重要方面。从表 5—25 可以看出，海峡西岸城市群的工业废水排放量水平较高。其中，厦门市的排放量最高，2013 年的排放量为 27256 万吨，占到了海峡西岸城市群整体工业废水排放量的 26%，泉州市工业废水排放量为 20080 万吨，占到了海峡西岸城市群整体工业废水排放量的 24%。在工业二氧化硫排放方面，泉州市的工业二氧化硫排放量最高，达到了 90615 吨，此外泉州市的工业烟尘排放量也最高，为 52626 吨。泉州市是海峡西岸城市群第二产业最为发达的地区，且是地区生产总值最高的地区。然而，如果不能很好的处理环境污染的问题，将成为其可持续发展道路上最大的障碍。在污染治理方面，海峡西岸城市群的一般工业固体废物综合利用率和生活垃圾无害化处理率较高，均达到了 90% 以上；然而污水处理厂集中处理率较低，仅有 85.62%。

表 5—25　2013 年海峡西岸城市群环境承载力概况

	环　境　污　染			污　染　治　理		
	工业废水排放量（万吨）	工业二氧化硫排放量（吨）	工业烟尘排放量（吨）	一般工业固体废物综合利用率（%）	污水处理厂集中处理率（%）	生活垃圾无害化处理率（%）
福州市	4682	76043	43483	94.32	88.35	92.61
厦门市	27256	18772	2113	94.18	91.60	99.20
莆田市	1852	11227	4557	100.00	85.50	99.10
三明市	13337	46386	33878	85.02	82.00	98.10
泉州市	20080	90615	52626	96.22	85.50	99.10
漳州市	25413	36156	10816	94.76	77.98	97.61
南平市	6900	19123	14922	80.59	82.70	88.42
龙岩市	3599	28726	46201	86.34	85.50	99.12
宁德市	1447	14945	24862	95.19	82.50	90.55
合　计	104566.0	341993.0	233458.0	93.67	85.62	96.20

资料来源：《中国城市统计年鉴（2014）》和《中国区域经济统计年鉴（2014）》。

5.6　中原城市群

　　中原城市群以郑州为核心，包括开封、洛阳、平顶山、新乡、焦作、许昌、漯河和济源，共九市，总面积 56809 平方公里。中原城市群是中华文明的发源地，人口密度较大。《全国主体功能区规划》中对中原城市群的定位为：全国重要的高新技术产业、先进制造业和现代服务业基地，能源原材料基地、综合交通枢纽和物流中心，区域性的科技创新中心，中部地区人口和经济密集区。《中原城市群总体发展规划纲要》中提出了中原城市群发展的框架结构，明确提出中原城市群九市通过在空间、功能、产业、体制、机制等方面的有机结合，努力形成作为一个城市群体发挥作用的集合城市。将重点发展郑汴洛城市工业走廊、加快发展新—郑—漯（京广）产业发展带、发展壮大新—焦—济（南太行）产业发展带、积极培育洛—平—漯产业发展带（张学良，2013）。此外，作为国家中长期重要战略"一带一路"的丝绸之路上的重点发展区域，中原城市群将着力打造"中欧班列"品牌，建设沟通境内外、连接东中西的运输通道；建设航空港、国际陆港，开展跨境贸易电子商务服务试点；优化海关特殊监管区域布局，创新加工贸易模式，深化与沿线国家的产业合作。

5.6.1 城市群城市体系分析

表5—26 中原城市群内部等级规模结构（地级市）

级序	人口级别（人）	城市数量（个）	城 市 名 称
1	>1000万	0	
2	500万—1000万	4	郑州、洛阳、新乡、平顶山
3	200万—500万	4	开封、焦作、许昌、漯河
4	200万以下	0	

资料来源：《中国城市统计年鉴（2014）》和《中国区域经济统计年鉴（2014）》。

从表5—26中可以看出，中原城市群的城市规模等级分布趋向于"扁平化"。大部分城市都集中于200万—500万人口和500万—1000万人口的等级之间。缺乏人口超过1000万的超大型城市。中原城市群的核心郑州市2013年人口为919万，占到了城市群总人口的21%。这种扁平化的分布在一定程度上削弱了核心城市的领导能力，影响了中原城市群整体的发展。

5.6.2 城市群经济可持续发展分析

表 5－27 2013 年中原城市群经济发展概况

	地区生产总值（亿元）	工业总产值（亿元）	外商直接投资实际使用额（万美元）	货物进出口总额（万美元）	科学技术支出占公共财政支出比重（%）	年末金融机构人民币各项贷款余额（亿元）	第二产业比重（%）	第三产业比重（%）
郑州市	6201.8	10934.65	332178	4274948	2.12	9342.31	56.0	41.7
开封市	1363.5	2014.11	43898	49988	1.12	699.42	44.7	34.7
洛阳市	3140.8	2157.23	222272	179484	2.02	1965.98	57.7	34.3
平顶山市	1556.9	2437.59	45318	47610	1.17	1060.61	58.2	31.3
新乡市	1766.1	3461.40	74009	112668	1.36	1038.58	56.6	31.4
焦作市	1707.4	4220.64	66181	226165	2.09	773.40	67.4	24.8
许昌市	1903.3	4418.74	53113	214340	1.43	999.23	67.5	22.8
漯河市	861.5	2033.73	70401	44452	0.75	343.92	67.8	19.7
济源市	460.1	/	22508	145673	/	/	74.8	20.5
合　计	18961.4	31678.10	929878.0	5295328.0	1.71	16223.47	58.9	33.2

资料来源：《中国城市统计年鉴（2014）》和《中国区域经济统计年鉴（2012）》。

从表 5－27 中可以看出，中原城市群属于比较典型的单核心型城市群。作为城市群的中心城市，郑州市无论在地区生产总值还是工业总产值方面，都表现出较为明显的集聚效应。2013 年，郑州市的地区生产总值为 6201.8 亿元，占到了当年中原城市群生产总值的近 33%；工业总产值为 10934.65 亿元，占到了当年中原城市群工业总产值的 35%。在城市群的对外联系方面，郑州市也表现出绝对的核心地位。2013 年货物进出口总额达到了 4274948 万美元，占到了当年中原城市群货物进出口总额的 81%。随着《推动共建丝绸之路经济带和 21 世纪海上丝绸之路的愿景与行动》的提出，更是为郑州打造内陆开放型高地指明了方向。郑州市将充分发挥"东联西进、贯通全球"的优势，建设亚欧大宗商品商贸物流中心、丝绸之路文化交流中心以及能源储运交易中心，打造"一带一路"战略核心腹地。从产业结构来看，目前中原城市群的第二产业比重仍然较高，城市群第二产业比重均值达到了 58.9%，中原城市群自"一五"时期开始，就是国家重点建设的老工业基地，因此第二产业比重较高。在未来的发展中，中原城市群有望在自身工业发展基础上，进一步发展生产性服务业，并借"一带一路"的战略机遇，推动物流、投资、贸易等各项产业的发展，实现产业的升级转型，促进经济的可持续发展。

5.6.3　城市群社会可持续发展分析

表 5－28　2013 年中原城市群社会发展概况

	医院、卫生院床位数（张）	教育支出占公共财政支出比重（%）	剧场、影院数（个）	图书馆图书藏量（千册）	城镇人均住房建筑面积（平方米）	城乡收入差距（元）
郑州市	63944	16.30	14	6331	36.7	12606.0
开封市	20005	19.64	6	756	35.4	11137.0
洛阳市	31742	20.07	25	1725	36.0	16064.0
平顶山市	23707	20.09	8	1244	38.0	13941.0
新乡市	26904	22.56	10	1230	35.7	12377.0
焦作市	15564	20.77	5	581	41.5	10691.0
许昌市	15959	23.53	6	1086	49.0	10710.0
漯河市	10918	20.22	1	415	45.3	11298.0
济源市	3196	/	5	794	43.0	11227.0
合　计	211939	19.38	80	14162	38.7	12656.7

资料来源：《中国城市统计年鉴（2014）》和《中国区域经济统计年鉴（2014）》。

中原城市群由于人口密度较高，因此其医疗资源较为丰富，其中郑州市作为中原城市群的核心城市，在医院床位数、图书馆图书藏量方面均有较为突出的表现。在教育方面，许昌市的教育支出占公共财政支出比重最高，达到了 23.53%，新乡市次之，为 22.56%。虽然中原城市群的人口密度较大，但城镇人均住房建筑面积较大，许昌市达到了 49 平方米。此外，从表 5－22 还可以看出，中原城市群的城乡收入差距较低，均值只有12656.7 元，除洛阳市以外，其他城市的城乡收入差距均在 15000 元以下，表明了较好的社会和谐度水平。

5.6.4　城市群生态可持续发展分析

表 5－29　2013 年中原城市群资源承载力概况

	土地承载力		资源及能源承载力		
	土地面积 （平方公里）	人口密度 （人/平方公里）	工业用电量 （万千瓦时）	人均生活用 电（千瓦时）	人均生活 用水（吨）
郑州市	7446.00	1234.35	2420614	899	23
开封市	6444.00	858.32	311453	893	26
洛阳市	15236.00	454.38	2152996	650	34
平顶山市	7904.00	680.04	659362	681	36
新乡市	8552.00	730.82	548926	762	28
焦作市	4071.00	903.46	1346814	533	24
许昌市	4996.00	998.80	210827	1068	35
漯河市	2160.00	1269.44	225504	447	8
济源市	/	/	/	/	/
合　计	56809.0	786.50	7876496.0	761	25

资料来源：《中国城市统计年鉴（2014）》和《中国区域经济统计年鉴（2014）》。

中原地区自古以来就是中国的人口稠密地区，从表 5－29 中也可以看出中原城市群总体人口密度较大，城市群平均人口密度达到了 786.5 人/平方公里，远超全国 137 人/平方公里的平均水平。除洛阳市以外其他城市的人口密度均在 500 人/平方公里以上。郑州市的人口密度最大，达到了 1234.35 人/平方公里，漯河市为 1269.44 人/平方公里，许昌市也达到了近 1000 人/平方公里。较大的人口密度对城市的土地、能源、资源等承载力都提出了较高的要求，也制约了城市的进一步发展。在工业用电量方面，由于中原城市群曾是国家重点建设的老工业基地，其优势产业主要集中在能源、电力、金属加工、化工等传统重工业方面，因此工业用电量较高，城市群总用电量为 7876496 万千瓦时。其中，郑州市的用电量最高，达到了 2420614 万千瓦时，占整个城市群工业用电量的 31％。洛阳市排第二，为 2152996 万千瓦时，占到了整个城市群工业用电量的 27％。如何提升产业生产效率，降低产业能耗，成为促进中原城市群可持续发展的重要问题。

表 5—30 2013 年中原城市群环境承载力概况

	环 境 污 染			污 染 治 理		
	工业废水排放量（万吨）	工业二氧化硫排放量（吨）	工业烟尘排放量（吨）	一般工业固体废物综合利用率（%）	污水处理厂集中处理率（%）	生活垃圾无害化处理率（%）
郑州市	11837	106123	33823	73.55	95.80	89.80
开封市	8647	42892	21564	100.00	76.72	49.99
洛阳市	7741	117413	51633	59.61	97.91	83.72
平顶山市	8978	113426	86534	95.60	93.16	92.10
新乡市	13088	57033	14286	97.60	85.88	92.72
焦作市	10868	60357	33177	57.20	87.30	97.30
许昌市	5562	38099	17822	98.80	96.97	96.30
漯河市	2753	18359	4791	99.98	95.00	90.00
济源市	/	/	/	/	/	/
合 计	69474.0	553702.0	263630.0	81.65	92.42	86.37

资料来源：《中国城市统计年鉴（2014）》和《中国区域经济统计年鉴（2014）》。

在中原城市群的工业废水排放量中，新乡市以 13088 万吨排名第一；而平顶山市和洛阳市的工业二氧化硫以及工业烟尘排放量均较高。2013年，洛阳市的工业二氧化硫排放量为 117413 吨，排名第一；平顶山市113426 吨，排名第二。而平顶山市的工业烟尘排放量 86534 吨，排名第一，洛阳市 51633 排名第二。作为中国最重要的重工业基地之一，中原城市群产业结构对城市的环境承载力提出了挑战。虽然这些数据较 2011 年以来已经有了一些程度的改善，但仍没有实质性的变化。且在污染治理方面，中原城市群的城市生活污水处理率和建成区绿化覆盖率都低于 90%，表明城市群的环境治理力度仍有很大的提升空间。

5.7 武汉城市群

武汉城市群以武汉为核心，包括黄石、鄂州、孝感、黄冈、咸宁、仙

桃、潜江和天门，共九市。在《全国主体功能区规划》中，武汉城市群作
为长江中游地区的重要组成部分，其定位为：全国重要的综合交通枢纽、
科技教育以及汽车、钢铁基地、区域性的信息产业、新材料、科技创新基
地和物流中心。此外，武汉城市群是全国两个"资源节约型和环境友好型
社会建设综合改革配套实验区"之一，武汉城市群要围绕"两型"社会建
设，以转变经济发展方式为核心，以改革开放为动力，以推进基础设施、
产业布局、区域市场、城乡建设、环境保护与生态建设"五个一体化"为
抓手，率先在优化结构、节能减排、自主创新等重要领域和关键环节实现
新突破，率先在推动科学发展、和谐发展上取得新进展，为构建促进中部
地区崛起的重要战略支点提供有力支撑。

5.7.1 城市群城市体系分析

表 5－31 武汉城市群内部等级规模结构（地级市）

级序	人口级别（人）	城市数量（个）	城 市 名 称
1	＞1000 万	0	
2	500 万—1000 万	3	武汉、孝感、黄冈
3	200 万—500 万	2	黄石、咸宁
4	200 万以下	1	鄂州

资料来源：《中国城市统计年鉴（2014）》和《中国区域经济统计年鉴（2014）》。

武汉城市群中缺乏人口超过 1000 万的超大型城市。城市内部等级规模
结构呈"倒金字塔"形，没有形成梯级分布的城市群内部等级体系。虽然
武汉在城市群中的经济核心地位较强，但是在人口规模上，并未表现出明
显的优势，城市群的首位度较弱。此外，武汉城市群多以中小城市为主，
缺乏中型城市的依托和承接，将影响武汉城市群的整体发展。

5.7.2 城市群经济可持续发展分析

武汉城市群、环长株潭城市群和环鄱阳湖城市群共同构成了长江中游
城市群，其在中国的经济可持续发展方面具有重要的战略意义。长期以
来，地方经济发展不平衡已经成为制约中国经济结构升级的瓶颈，而发展

表5－32　2013年武汉城市群经济发展概况

	地区生产总值（亿元）	工业总产值（亿元）	外商直接投资实际使用额（万美元）	货物进出口总额（万美元）	科学技术支出占公共财政支出比重（%）	年末金融机构人民币各项贷款余额（亿元）	第二产业比重（%）	第三产业比重（%）
武汉市	9051.3	11188.31	404000	2175189	2.81	12803.87	48.6	47.7
黄石市	1142.0	2095.64	49000	285265	1.15	737.35	61.2	30.4
鄂州市	630.9	1234.67	16200	49218	1.45	270.99	59.5	28.1
孝感市	1238.9	2198.59	27500	102475	1.15	659.10	48.6	31.8
黄冈市	1332.6	1495.37	6749	53567	1.64	654.21	39.1	34.1
咸宁市	872.1	1514.53	24674	33582	1.33	442.58	48.5	32.8
仙桃市	504.3	/	7981	66426	/	/	53.3	30.8
潜江市	492.7	/	4802	41400	/	/	59.1	27.7
天门市	365.2	/	3331	6683	/	/	52.0	27.6
合　计	15630.0	19727.11	544237.0	2813805.0	2.17	15568.10	49.7	40.8

资料来源：《中国城市统计年鉴（2014）》和《中国区域经济统计年鉴（2014）》。

长江中游城市群，实际上带有补齐区域经济短板的内涵。长江经济带的"龙头"是中国第一大经济区长三角，这一城市群已跻身世界级，形成了竞争力非常强的产业集群。而"龙尾"是成渝城市群，经济也相对发达，而如果长江中游也像脊梁一样隆起，将能够贯穿东西，在极大程度上弥合东部和西部在经济发展方面的差距，带动整个长江经济带的发展，而武汉城市群就是关系到长江中游发展的重要节点。从表5－32中可以看出，武汉城市群是典型的单核城市群，作为武汉城市群的核心，武汉市2013年的地区生产总值为9051.3亿元，工业总产值为11188.31亿元，外商直接投资达404000万美元，货物进出口总额为2175189万美元，分别占到武汉城市群当年地区生产总值的58%，工业总产值的57%，外商直接投资总额的74%，以及货物进出口总额的77%，集聚效应非常显著。但同时也可以看出，武汉城市群其他城市的经济体量较小，对外开放程度也较低，未能与核心城市形成有效的联动，对核心城市进行支撑，进而促进整个城市群的发展。此外，在城市的科技创新活力和金融发展方面，武汉也在城市群中处于领先地位。武汉城市群的产业结构也属于典型的"二、三、一"结构，第二产业总体比较发达，没有城市的第三产业比重超过 50%。蔺雪芹和方创琳（2010）的研究显示，武汉城市群总体上仍属于工业化中期起始阶段，从工业内部结构看，武汉城市群的重工业所占比重较高，达到了 74.59%，而轻工业所占比重仅为 25.41%。

5.7.3　城市群社会可持续发展分析

表 5－33　2013 年武汉城市群社会发展概况

	医院、卫生院床位数（张）	教育支出占公共财政支出比重（%）	剧场、影院数（个）	图书馆图书藏量（千册）	城镇人均住房建筑面积（平方米）	城乡收入差距（元）
武汉市	58410	12.23	115	12237	34.8	17108.0
黄石市	13220	14.32	6	1269	31.1	12838.0
鄂州市	4410	14.92	2	389	36.8	10668.0
孝感市	14484	16.98	4	865	39.9	10796.0
黄冈市	26716	20.06	28	1670	37.1	11466.0
咸宁市	10288	16.35	2	848	45.9	10101.0
仙桃市	3289	/	7	155	36.9	8700.0
潜江市	3799	/	1	130	37.4	9170.0
天门市	4842	/	4	203	51.2	7504.0
合　计	139458	14.49	169	17766	37.6	12863.6

资料来源：《中国城市统计年鉴（2014）》和《中国区域经济统计年鉴（2014）》。

在社会可持续发展的各项指标方面，作为核心城市的武汉在医疗资源、影剧院数量、图书馆图书藏量方面都有较大的优势，表明城市的社会发展较为良好。武汉城市群的人均住房建筑面积适中，2013 年城市群均值为 37.6 平方米。在城乡收入差距方面，武汉城市群的城乡收入差距较小，仙桃市、潜江市和天门市的收入差距都在 10000 元以下，反应了较高的社会和谐度发展水平。

5.7.4 城市群生态可持续发展分析

表 5—34 2013 年武汉城市群资源承载力概况

	土地承载力		资源及能源承载力		
	土地面积 （平方公里）	人口密度 （人/平方公里）	工业用电量 （万千瓦时）	人均生活用 电（千瓦时）	人均生活 用水（吨）
武汉市	8494.00	967.86	2185527	1323	94
黄石市	4583.00	572.33	560275	875	83
鄂州市	1596.00	687.97	499106	476	34
孝感市	8910.00	591.92	267732	404	25
黄冈市	17457.00	429.74	39323	724	56
咸宁市	10027.00	299.69	84445	506	23
仙桃市	/	/	/	/	/
潜江市	/	/	/	/	/
天门市	/	/	/	/	/
合　计	51067.0	542.88	3636408.0	1003	72

资料来源：《中国城市统计年鉴（2014）》和《中国区域经济统计年鉴（2014）》。

武汉城市群中土地面积最大的是黄冈市，全市土地面积为 17457 平方公里，其次是咸宁市，为 10027 平方公里。核心城市武汉市的全市面积为 8494 平方公里，排名第四。武汉城市群的人口密度较高，武汉市、黄石市、鄂州市和孝感市的人口密度均达到了 500 人/平方公里以上，其中，武汉市的人口密度达到了 967.86 人/平方公里。较高的人口密度为城市的土地和资源承载力带来了一定的负担。在工业用电量方面，武汉市的工业用电量最高，为 2185527 万千瓦时，占到了整个城市群总工业用电量的 60%，这与武汉市的工业总产值相匹配。但同时也表明，武汉市应当作为武汉城市群提升资源及能源使用效率的重点对象。

表 5－35　2013 年武汉城市群环境承载力概况

城　市	环　境　污　染			污　染　治　理		
	工业废水排放量（万吨）	工业二氧化硫排放量（吨）	工业烟尘排放量（吨）	一般工业固体废物综合利用率（%）	污水处理厂集中处理率（%）	生活垃圾无害化处理率（%）
武汉市	14700	97600	18200	95.00	92.50	100.00
黄石市	5037	82400	24800	94.31	90.40	100.00
鄂州市	2278	35752	19400	90.22	88.70	100.00
孝感市	3825	42991	25228	69.31	91.00	100.00
黄冈市	3045	17441	24963	92.33	56.87	58.80
咸宁市	2018	24009	25965	56.20	91.00	100.00
仙桃市	/	/	/	/	/	/
潜江市	/	/	/	/	/	/
天门市	/	/	/	/	/	/
合　计	30903.0	300193.0	138556.0	88.58	89.06	90.57

资料来源：《中国城市统计年鉴（2014）》和《中国区域经济统计年鉴（2014）》。

从表 5－35 中可以看出，武汉市作为武汉城市群发展的核心城市虽然在经济和社会发展方面取得了一定的成绩，但同时也产生了较为严重的环境污染问题。武汉市在工业废水排放量和工业二氧化硫排放量两个指标方面都在武汉城市群排名第一，在工业烟尘排放量方面也仅次于黄石市和鄂州市，排名第三。毛洪章和陈军（2006）的研究发现武汉城市群的核心城市武汉市二氧化硫的污染浓度已经接近国家二级标准浓度限值，承载力即将达到极限。如何在发展经济的同时，降低对环境的污染，避免"先污染、再治理"的做法，是武汉城市群实现可持续发展竞争力提升的关键。从表 5－35 中可以看出，武汉市在这方面也进行了一系列的工作，其一般工业固体废物综合利用率和污水处理厂集中处理率都达到了 90% 以上，生活垃圾无害化处理率达到了 100%，表明了政府在污染治理方面的一些工作和投入。然而，对于日益严峻的环境压力和越来越脆弱的环境承载力，武汉城市群在污染治理方面的工作仍需继续加强。

5.8 环长株潭城市群

环长株潭城市群同武汉城市群一样，也是国家资源节约型和环境友好型的"两型"社会建设示范区。同时，其也是长江中游城市群的重要组成部分。其以长沙市为核心，包括了株洲、湘潭、衡阳、岳阳、益阳、常德和娄底，共九市。《全国主体功能区规划》中对长株潭城市群的定位是：全国资源节约型和环境友好型社会建设的示范区，全国重要的综合交通枢纽以及交通运输设备、工程机械、节能环保装备制造、文化旅游和商贸物流基地，区域性的有色金属和生物医药、新材料、新能源、电子信息等战略新兴产业基地。

5.8.1 城市群城市体系分析

表 5—36 环长株潭城市群内部等级规模结构（地级市）

级序	人口级别（人）	城市数量（个）	城 市 名 称
1	>1000 万	0	
2	500 万—1000 万	4	长沙、衡阳、岳阳、常德
3	200 万—500 万	4	株洲、湘潭、益阳、娄底
4	200 万以下	0	

资料来源：《中国城市统计年鉴（2014）》和《中国区域经济统计年鉴（2014）》。

环长株潭城市群在城市群结构上呈现出较为明显的"扁平化"趋势。没有人口超过 1000 万的大城市。此外，人口最多的衡阳市 2013 年人口为 785.9 万人，而排在第二位的长沙市 2013 年人口为 662.80 万人，人口规模相差较小，城市群首位度较弱，核心城市聚集效应较弱，城市等级规模体系不够完整。

5.8.2 城市群经济可持续发展分析

表 5－37 2013 年环长株潭城市群经济发展概况

	地区生产总值（亿元）	工业总产值（亿元）	外商直接投资实际使用额（万美元）	货物进出口总额（万美元）	科学技术支出占公共财政支出比重（%）	年末金融机构人民币各项贷款余额（亿元）	第二产业比重（%）	第三产业比重（%）
长沙市	7153.1	7777.64	340043	989253	2.88	12803.87	55.2	40.7
株洲市	1949.4	2718.60	69314	256633	1.48	737.35	60.0	32.0
湘潭市	1443.1	2562.68	69693	263497	1.71	270.99	59.0	32.6
衡阳市	2169.4	3042.90	76215	181364	0.53	659.10	47.9	36.5
岳阳市	2435.5	4656.52	27503	64423	1.16	654.21	55.0	33.9
益阳市	1123.1	1565.98	16979	48515	0.90	442.58	45.0	35.8
常德市	2264.9	2159.66	50785	56210	0.64	0.00	48.7	37.0
娄底市	1118.2	1650.92	23761	142947	0.76	0.00	54.1	31.4
合　计	19656.7	26134.89	674293.0	2002842.0	1.51	0.00	53.7	36.7

资料来源：《中国城市统计年鉴（2014）》和《中国区域经济统计年鉴（2014）》。

同武汉城市群一样，环长株潭城市群也是长江中游城市群的一部分。其中，环长株潭城市群处于京广经济带、泛珠三角经济区、长江经济带的结合部，是国家中部崛起战略的重要支点，同时也是国家"一带一路"中长期规划的重要节点，得天独厚的地理位置为环长株潭城市群的发展带来了很好的机遇。从表 5－37 中可以看出，长沙作为环长株潭城市群的核心城市，在整个城市群的经济发展中处于核心地位。2013 年，长沙市地区生产总值达到了 7153.1 亿元，工业总产值达到了 7777.64 亿元，分别占到整个城市群的 36% 和 30%。而其外商直接投资实际使用额为 340043 万美元，货物进出口总额为 989253 万美元，分别占到了当年整个城市群外商直接投资使用额的 50% 以及货物进出口额的 49%。这些都表明长沙在整个城市群中具有较强的集聚效应。但同时，在包括地区生产总值、工业总产值等经济指标方面，长沙市和同样属于长江中游城市群的武汉城市群的核心城市武汉市也存在一定的差距。此外，如前文所述，环长株潭城市群位于京广经济带、泛珠三角经济区、长江经济带的结合部的地理位置为其发展提供了很多的机会，但同时也对环长株潭城市群的发展提出了挑战。受到这些地区集聚效应的影响，要素将不断地向这些地方流动。如果不在中部崛起的发展中抢得先机，环长株潭城市群只能面临被边缘化的结果。从表5－37中可以看出，环长株潭城市群的科学技术支出占公共财政支出比重较小，其中衡阳市仅有0.53％，这将在一定程度上影响城市的可持续发展。而在年末金融机构人民币各项贷款余额方面，长沙市具有绝对的优势，表明金融行业发展对产业发展的支持作用。在产业结构方面，环长株潭城市群的第二产业较为发达。其中，株洲市有亚洲最大的有色金属冶炼基地、硬质合金研制基地、电动汽车研制基地。而湘潭市是全国重要的工业城市，具有良好的产业发展基础。

5.8.3　城市群社会可持续发展分析

表 5－38　2013 年环长株潭城市群社会发展概况

	医院、卫生院床位数（张）	教育支出占公共财政支出比重（％）	剧场、影院数（个）	图书馆图书藏量（千册）	城镇人均住房建筑面积（平方米）	城乡收入差距（元）
长沙市	52507	16.92	16	10174	41.4	13889.0
株洲市	20077	14.41	2	1340	49.6	15790.0
湘潭市	12933	14.78	10	1300	49.5	－17863.0
衡阳市	27420	15.99	5	1802	43.2	10421.0
岳阳市	17718	17.34	12	911	43.8	11263.0
益阳市	14626	17.63	6	1078	44.6	8799.0
常德市	22965	15.96	20	1447	47.8	11137.0
娄底市	12678	19.20	4	913	48.3	11621.0
合　计	180924	16.52	75	18965	45.3	9766.7

资料来源：《中国城市统计年鉴（2014）》和《中国区域经济统计年鉴（2014）》。

　　在社会发展方面，长沙市在医疗资源和图书馆藏书量方面均领先于城市群中其他城市。环长株潭城市群的人均住房面积较大，城市群均值为45.3平方米，所有城市的人均住房建筑面积均在40平方米以上，株洲市和湘潭市更是达到了49平方米以上，具有较好的城镇居住条件。而在城乡收入差距方面，环长株潭城市群也有较好的表现，具有较好的城乡和谐发展水平。

5.8.4　城市群生态可持续发展分析

表 5－39　2013 年环长株潭城市群资源承载力概况

	土地承载力		资源及能源承载力		
	土地面积 （平方公里）	人口密度 （人/平方公里）	工业用电量 （万千瓦时）	人均生活用 电（千瓦时）	人均生活 用水（吨）
长沙市	11816.00	560.93	383172	1636	104
株洲市	11262.00	354.82	512885	950	72
湘潭市	5008.00	578.87	623460	691	39
衡阳市	15303.00	513.56	447532	935	50
岳阳市	14858.00	376.90	497743	780	65
益阳市	12320.00	389.61	104354	450	29
常德市	18177.00	334.05	140275	349	17
娄底市	8117.00	540.35	561179	1040	56
合　计	96861.0	436.09	3270600.0	966	62

资料来源：《中国城市统计年鉴（2014）》和《中国区域经济统计年鉴（2014）》。

　　环长株潭城市群的土地面积较大，除湘潭市和娄底市以外，其他城市的面积均超过 10000 平方公里。城市群的人口密度适中，城市群平均人口密度为 436.09 人/平方公里。只有长沙市、湘潭市和衡阳市的人口密度超过 500 人/平方公里。在工业用电量方面，湘潭市以 623460 万千瓦时的用电量排名第一，这也与表 5－37 中湘潭市较高的第二产业比重相符。在人均生活用电量方面，环长株潭城市群的水平较高，其中长沙市和娄底市的人均生活用电量都达到了 1000 千瓦时以上，超过了大多数其他同类型城市。

表 5－40　2013 年环长株潭城市群环境承载力概况

	环　境　污　染			污　染　治　理		
	工业废水 排放量 （万吨）	工业二氧 化硫排放 量（吨）	工业烟尘 排放量 （吨）	一般工业固 体废物综合 利用率（%）	污水处理厂 集中处理率 （%）	生活垃圾无 害化处理率 （%）
长沙市	4049	21173	19000	85.67	96.32	100.00
株洲市	7227	41671	5758	88.86	71.08	100.00

	环　境　污　染			污　染　治　理		
	工业废水 排放量 （万吨）	工业二氧 化硫排放 量（吨）	工业烟尘 排放量 （吨）	一般工业固 体废物综合 利用率（%）	污水处理厂 集中处理率 （%）	生活垃圾无 害化处理率 （%）
湘潭市	5526	46242	23883	96.56	87.84	100.00
衡阳市	7469	83738	23812	82.02	72.00	100.00
岳阳市	12686	58231	28168	93.00	88.95	100.00
益阳市	11601	51294	34235	88.85	92.00	93.00
常德市	4970	37246	20730	97.96	95.81	100.00
娄底市	7159	100173	34446	98.48	80.33	100.00
合　计	60687.0	439768.0	190032.0	89.97	87.41	99.25

资料来源：《中国城市统计年鉴（2014）》和《中国区域经济统计年鉴（2014）》。

　　在环境污染方面，岳阳市以 12686 万吨的工业废水排放量名列第一。衡阳市的工业二氧化硫排放量水平较高，为 83738 吨；而娄底市的工业烟尘排放量在整个城市群中最高，为 34446 吨。作为经济核心城市的长沙市在"三废"排放方面表现较好，均优于整个城市群均值。在污染治理方面，环长株潭城市群在生活垃圾无害化处理率方面表现较好，达到了99.25%，但是一般工业固体废物综合利用率和污水处理厂集中处理率均在 90% 以下。

5.9　成渝城市群

　　成渝城市群以成都和重庆为核心，包括自贡、泸州、德阳、绵阳、遂宁、内江、乐山、南充、眉山、宜宾、广安、达州、雅安和资阳，共16市。成渝城市群位于全国"两横三纵"城镇化战略格局中沿长江通道横轴和包昆通道纵轴的交汇处。《全国主体功能区规划》中对该区域的功能定位为：全国统筹城乡发展的示范区，全国重要的高新技术产业、先进制造业和现代服务业基地，科技教育、商贸物流、金融中心和综合交通枢纽，西南地区科技创新基地，西部地区重要的人口和经济密集区。在 2011 年国务院正式批复的《成渝经济区区域规划》中，成渝城市群的定位为：西部地区重要的经济中心、全国重要的现代化产业基地、辐射西部的现代服务业高地、深化内陆开放的试验区、统筹城乡发展的示范区、长江上游生态安全的保障区。而在国家 2013 年提出的"一带一路"中长期发展规划中，成渝城市群位于丝绸之路经济带和长江经济带的交汇点，是西部地区发展基础最好、发展潜力最大的区域。《推动共建丝绸之路经济带和 21 世纪海上丝绸之路的愿景和行动》《依托黄金水道推动长江经济带发展的指导意见》等文件都提出，要"依托成渝城市群等重点区域，把重庆打造成西部开发开放重要支撑，建设成都等内陆开放型经济高地"、"把成渝城市群打造成为现代产业基地、西部地区重要经济中心和长江上游开放高地"。

5.9.1　城市群城市体系分析

表 5—41　成渝城市群内部等级规模结构（地级市）

级序	人口级别（人）	城市数量（个）	城　市　名　称
1	＞1000 万	2	重庆、成都
2	500 万—1000 万	6	泸州、绵阳、南充、宜宾、达州、资阳
3	200 万—500 万	7	自贡、德阳、遂宁、内江、乐山、眉山、广安
4	200 万以下	1	雅安

资料来源：《中国城市统计年鉴（2014）》和《中国区域经济统计年鉴（2014）》。

成渝城市群的城市群内部等级规模基本呈金字塔形分布。直辖市重庆市 2013 年人口达到了 3358.40 万人，远超过排在第二位的成都市（人口为 1188 万人），城市群首位度较高。此外，又有泸州、绵阳、南充、宜宾、达州和资阳等一系列人口规模在 500 万—1000 万之间的城市，以及自贡、德阳、遂宁、内江、乐山、眉山和广安人口规模在 200 万—500 万间的城市对核心城市形成支撑，城市群的城市等级体系分布较为合理。

5.9.2 城市群经济可持续发展分析

表 5—42 2013 年成渝城市群经济发展概况

	地区生产总值（亿元）	工业总产值（亿元）	外商直接投资实际使用额（万美元）	货物进出口总额（万美元）	科学技术支出占公共财政支出比重（%）	年末金融机构人民币各项贷款余额（亿元）	第二产业比重（%）	第三产业比重（%）
重庆市	12656.7	15785.41	1059715	6869216	1.26	17381.55	50.5	41.4
成都市	9108.9	9171.16	875820	5060901	1.77	17617.51	45.9	50.2
自贡市	1001.6	1590.47	2278	101359	1.52	449.33	59.8	28.3
泸州市	1140.5	1402.16	5273	22654	0.96	766.70	60.0	26.3
德阳市	1395.9	2623.19	20294	339151	1.34	956.40	60.1	26.0
绵阳市	1455.1	1823.97	23938	280984	1.92	1252.78	51.4	32.2
遂宁市	736.6	1136.07	5506	55565	0.62	499.02	55.2	26.8
内江市	1069.3	1642.07	9500	36299	0.55	514.11	61.8	21.7
乐山市	1134.8	1632.98	10593	111974	0.82	931.75	61.6	26.9
南充市	1328.6	1815.08	5698	67250	0.44	824.66	51.8	25.8
眉山市	860.0	1023.73	20304	28802	0.43	532.38	57.1	26.1
宜宾市	1342.9	1703.83	4549	81251	1.19	760.64	60.7	24.6
广安市	835.1	1133.81	4104	99254	0.44	424.53	52.4	29.7
达州市	1245.4	1024.85	4797	31431	0.54	655.58	53.1	25.5
雅安市	418.0	394.22	1143	6887	0.48	412.44	57.5	27.4
资阳市	1092.4	1923.87	10052	54330	1.17	525.02	55.6	22.8
合　计	36821.8	45826.87	2063564.0	13247308.0	1.20	44504.41	52.0	37.5

资料来源：《中国城市统计年鉴（2014）》和《中国区域经济统计年鉴（2014）》。

成渝城市群是西部发展基础最好的地区，具有较高的城市群发展水平。在张学良（2013）对中国城市群的综合竞争力评估中，位列第5，仅落后于长三角城市群、珠三角城市群、京津冀城市群和山东半岛城市群。重庆和成都作为成渝城市群的核心城市，具有较高的集聚能力。2013 年，重庆市地区生产总值 12656.7 亿元，成都市地区生产总值 9108.9 亿元，分别占到了成渝城市群地区生产总值的 34％和 25％。在工业发展方面，重庆市的工业总产值为 15785.41 亿元，成都市为

9171.16 亿元，分别占成渝城市群工业总产值的 34％和 20％。重庆市作为西部唯一的一个直辖市，其已经在电子信息、汽车、装备制造、综合化工、材料、能源和消费品制造等方面形成制造业产业集群；而成都在新中国成立初期就是全国重点建设的三个电子工业基地之一，目前成都的高新技术产业增长较快，已逐步成为中国信息技术产业中心之一。2011 年底，入驻重庆的世界 500 强已突破 200 家。包括摩托罗拉、阿尔卡特、西门子、甲骨文等在内的大型跨国公司都在成都有研发中心。这些外资企业带来了资金、先进的技术以及通向世界的桥梁，极大地带动了成渝城市群的经济发展。在两个核心城市强有力的带动下，成渝城市群成为中国经济"第四极"的有力竞争者。虽然地处中国内陆腹地，但是成渝城市群在对外开放、招商引资方面的表现并不逊于沿海地区。2013 年，成渝城市群的外商直接投资际使用额为 2063564 万美元，其中重庆市贡献了 51％，成都市贡献了 42％。而货物进出口总额为 13247308 万美元，其中重庆占 52％，成都占比 38％。在年末金融机构人民币各项贷款余额方面，重庆市和成都市也远高于其他城市，表明金融产业对产业发展有力的支持。同样，成渝城市群的第二产业较为发达，除旅游城市成都以外，其他城市的第三产业比重均低于 50％。

5.9.3　城市群社会可持续发展分析

四川地区素有"天府之国"的美誉，在《Business Travel》评比的宜商宜居世界城市排名中，成都力克美国的波特兰、加拿大的蒙特利尔、荷兰的阿姆斯特丹等世界名城，摘走世界第一的桂冠，成都的宜居指数高于华南、东部沿海城市及经济发达地区。成都的宜居指数也高于那些拥有优越自然条件的城市，比如杭州、昆明和厦门，再次表明成渝城市群较高的社会可持续发展水平和环境可持续发展水平。从表 5－43 中可以看出，核心城市重庆和成都在医院、卫生院床位数、剧场、影院数、图书馆图书藏量等各项社会发展指标方面均有较好的表现，具有良好的社会发展氛围。此外，成渝城市群的城乡收入差距较小，城市群均值为 14807.7 元，除成都市和重庆市以外，其他城市城乡收入差距都在 15000 元以内。

表 5－43　2013 年成渝城市群社会发展概况

	医院、卫生院床位数（张）	教育支出占公共财政支出比重（%）	剧场、影院数（个）	图书馆图书藏量（千册）	城镇人均住房建筑面积（平方米）	城乡收入差距（元）
重庆市	136700	14.28	12	11289	28.4	16884.2
成都市	100970	15.41	21	1908	32.8	16983.0
自贡市	14486	16.28	5	471	31.3	12528.0
泸州市	20230	21.58	7	1203	33.8	14366.0
德阳市	17022	15.03	9	765	35.6	14607.0
绵阳市	27880	15.04	17	1802	36.5	13843.0
遂宁市	13512	18.24	7	490	36.4	12241.0
内江市	17970	25.92	9	524	35.9	12530.0
乐山市	15915	17.35	1	576	35.2	13924.0
南充市	25388	20.65	3	1041	33.6	11556.0
眉山市	13480	17.70	5	306	39.3	12568.0
宜宾市	22779	19.84	15	1208	33.9	13912.0
广安市	11421	21.85	6	1685	41.3	13718.0
达州市	21363	21.84	12	1072	33.9	10914.0
雅安市	9470	5.93	2	743	35.3	14161.0
资阳市	18615	20.43	7	1234	36.8	14111.0
合　计	487201	16.01	138	26317	32.9	14807.7

资料来源：《中国城市统计年鉴（2014）》和《中国区域经济统计年鉴（2014）》。

5.9.4　城市群生态可持续发展分析

成渝城市群土地资源丰富，其中重庆市的土地面积为 82374 平方公里，根据其土地面积，重庆市是全国最"大"的城市，因此成渝城市群的人口密度较低。城市群的平均人口密度为 457.95 人/平方公里。两个核心城市的人口密度均在 1000 人/平方公里以下。巨大的土地储备为城市可持续发展提供了强有力的支撑。在工业用电量方面，成渝城市群的水平也较高，其中重庆和成都分别以 4121536 万千瓦时和 1327738 万千瓦时占到了整个城市群总工业用电量的 49% 和 16%。在人均生活用电和人均生活用水方面，成都的水平较高，但这也有可能是受其旅游城市特点的影响。

表 5－44　2013 年成渝城市群资源承载力概况

	土地承载力		资源及能源承载力		
	土地面积（平方公里）	人口密度（人/平方公里）	工业用电量（万千瓦时）	人均生活用电（千瓦时）	人均生活用水（吨）
重庆市	82374.00	407.70	4121536	583	28
成都市	12133.00	979.15	1327738	913	72
自贡市	4381	752.57	177663	305	15
泸州市	12236.00	415.50	216849	492	27
德阳市	5910.00	663.28	192873	607	32
绵阳市	20248.00	270.35	286007	656	38
遂宁市	5325.00	712.49	67455	268	12
内江市	5385.00	792.57	77427	344	14
乐山市	12723.00	279.81	526109	589	23
南充市	12477.00	608.32	125831	371	21
眉山市	7146.00	492.86	453755	459	19
宜宾市	13271.00	414.74	244231	656	23
广安市	6341.00	741.84	141549	151	8
达州市	16588.00	414.52	208151	303	34
雅安市	15046.00	104.35	159085	540	18
资阳市	7960.00	637.31	55477	300	10
合　计	239544.0	457.95	8381736.0	561	31

资料来源：《中国城市统计年鉴（2014）》和《中国区域经济统计年鉴（2014）》。

从表 5－45 中可以看出，虽然重庆市为成渝城市群的经济发展作出了巨大的贡献，但是其对环境也造成了较大的影响。2013 年，重庆市工业废水排放量为 33450 万吨，工业二氧化硫排放量为 494415 吨，工业烟尘排放量为 179841，分别占到当年成渝城市群对应各项指标的 37％、47％和51％。表明其经济发展是以牺牲环境为代价的。而与其经济总量较为接近的成都市对环境的影响则较小。与重庆相比，成都的第三产业较为发达，而且成都已经形成了高新技术产业的发展集群。而重庆作为老工业基地，仍以汽车制造装备、能源、冶金等传统产业作为支柱产业，极大的制约了其环境可持续能力的提升。高宁（2013）通过对川渝地区生态环境污染指数

表 5—45 2013 年成渝城市群环境承载力概况

	环 境 污 染			污 染 治 理		
	工业废水排放量（万吨）	工业二氧化硫排放量（吨）	工业烟尘排放量（吨）	一般工业固体废物综合利用率（％）	污水处理厂集中处理率（％）	生活垃圾无害化处理率（％）
重庆市	33450	494415	179841	84.00	93.20	99.37
成都市	10524	52040	21452	99.00	87.75	100.00
自贡市	1828	26995	3114	90.60	90.00	92.00
泸州市	3541	41528	6196	90.00	49.60	82.47
德阳市	6638	16039	10717	99.99	85.52	99.60
绵阳市	5788	35002	7950	98.18	83.25	89.26
遂宁市	1111	6694	2764	99.00	93.20	96.25
内江市	3146	103305	13866	90.60	77.21	63.13
乐山市	4297	46698	29249	95.42	80.75	67.96
南充市	3229	7881	4003	81.00	78.63	78.87
眉山市	3974	20775	12798	100.00	60.20	100.00
宜宾市	5825	106171	15577	91.09	90.36	98.70
广安市	3368	66405	21460	74.33	77.35	100.00
达州市	2062	20602	12792	99.81	81.50	100.00
雅安市	1168	4899	8418	48.78	88.00	98.00
资阳市	645	6091	4690	99.32	77.43	75.00
合 计	90594.0	1055540.0	354887.0	90.87	86.03	93.28

资料来源：《中国城市统计年鉴（2014）》和《中国区域经济统计年鉴（2014）》。

与自身经济发展关系的研究发现，经济发展与生态环境污染呈现出正比变化，经济每增长 1％，将造成环境污染指数增加 0.127％。而丁任重和郭岚（2005）指出，随着成渝城市群经济的不断发展，环境问题也日益严峻，大气污染十分突出，大气环境承载力不足，从宜宾到重庆之间的所有沿江城市，都属于国家级两控区。此外，区域内水体也受到了不同程度的污染，由于大量污水直接排入江河，沱江、岷江、嘉陵江等许多河段达不到规定的水质标准。如何在大力发展经济的同时，保持环境的可持续发展，实现经济和环境的协同演进是成渝城市群提升城市群可持续发展水平的重要环节。

5.10 关中—天水城市群

关中—天水城市群以西安为中心，包括铜川、宝鸡、咸阳、渭南、天水和商洛，共七市。关中—天水城市群位于亚欧大陆桥中心，处于承东启西、连接南北的战略要地。《全国主体功能区规划》中对该区域的功能定位是：西部地区重要的经济中心，全国重要的先进制造业和高新技术产业基地，科技教育、商贸中心和综合交通枢纽，西北地区重要的科技创新基地，全国重要的历史文化基地。在国家发改委出台的《关中—天水经济区发展规划中》对关中—天水城市群的定位为：全国内陆型经济开放战略高地、统筹科技资源改革示范基地、全国先进制造业重要基地、全国现代农业高新技术产业基地、彰显华夏文明的历史文化基地。

5.10.1 城市群城市体系分析

从表5—46中可以看出，关中—天水城市群总体呈扁平化分布。西安人口超过806.9万人，咸阳市人口为533.2万人，渭南人口接近569.8万人。而其他城市的人口都在500万人以下，铜川人口甚至不到100万。整个关中—天水城市群的发展缺乏人口超过1000万的超大型城市。西安作为该城市群的核心，其辐射能力有限。关中—天水城市群属于比较典型的"弱核牵引"发展模式。张思锋等（2002）认为关中—天水城市群中城市等级不连续，大城市缺位，这影响了关中—天水城市群的发展。此外，缺乏属于第二梯队的中型城市，与西安较为邻近的渭南市和咸阳市在城市规模和发展方面和西安市也还存在较大差距，发展水平较低，影响了关中—天水城市群的整体发展潜力。

表 5－46　关中—天水城市群内部等级规模结构（地级市）

级序	人口级别（人）	城市数量（个）	城　市　名　称
1	＞1000 万	0	
2	500 万—1000 万	3	西安、咸阳、渭南
3	200 万—500 万	3	宝鸡、天水、商洛
4	200 万以下	1	铜川

资料来源：《中国城市统计年鉴（2014）》和《中国区域经济统计年鉴（2014）》。

5.10.2　城市群经济可持续发展分析

表 5－47　2013 年关中—天水城市群经济发展概况

	地区生产总值（亿元）	工业总产值（亿元）	外商直接投资实际使用额（万美元）	货物进出口总额（万美元）	科学技术支出占公共财政支出比重（％）	年末金融机构人民币各项贷款余额（亿元）	第二产业比重（％）	第三产业比重（％）
西安市	4884.4	4497.62	312994	1798534	1.08	10023.63	43.4	52.2
铜川市	322.0	549.66	3003	1623	0.53	114.54	66.8	26.5
宝鸡市	1545.9	2258.52	7006	88740	0.89	758.51	65.8	24.0
咸阳市	1860.4	2506.76	7561	60516	0.54	762.35	57.8	25.2
渭南市	1349.0	1728.47	5008	24335	0.61	726.02	55.1	29.9
天水市	454.3	300.53	129	36824	0.70	387.68	37.1	44.3
商洛市	510.9	458.56	7010	6245	0.41	244.98	50.3	32.4
合　计	10926.9	12300.12	342711.0	2016817.0	0.80	13017.71	51.2	38.8

资料来源：《中国城市统计年鉴（2014）》和《中国区域经济统计年鉴（2014）》。

从表 5－47 中可以看出，作为关中—天水城市群的核心城市，西安市在地区生产总值和工业总产值方面均表现出比较明显的集聚效应，分别占到当年整个城市群地区生产总值和工业总产值的 45％和 37％。西安市 2013 年的外商直接投资实际使用额为 312994 万美元，占到了整个城市群的 91％，货物进出口额为 1798534 万美元，占整个城市群的 89％，表现出极强的集聚效应。但同时也可以发现，西安市在经济总量和对外开放程度上与同为发展型城市群核心城市的重庆、成都、青岛等仍存在较大的差距。但在《推动共建丝绸之路经济带和 21 世纪海上丝绸之路的愿景与行动》中提出"支持郑州、西安等内陆城市建设航空港、国际陆港，加强内陆口岸与沿海、沿边口岸通关合作，开展跨境贸易电子商务服务试点。优化海关特殊监管区域布局，创新加工贸易模式，深化与沿线国家的产业合作"，这将极大提升西安作为城市群核心城市的辐射范围以及对外开放程度，对带动整个城市群发展具有重要的意义。此外，从表 5－47 中还可以看出，关中—天水城市群的第二产业比重也较高，其中铜川市达到了 66.8％，宝鸡市为 65.8％。铜川主要以煤炭、建材、陶瓷工业为主，而宝鸡主要以机电、有色金属加工、轻工业为主，这样的产业结构对资源和环境的可持续发展发展提出了较大的考验。

5.10.3　城市群社会可持续发展分析

表 5－48　2013 年关中—天水城市群社会发展概况

	医院、卫生院床位数（张）	教育支出占公共财政支出比重（％）	剧场、影院数（个）	图书馆图书藏量（千册）	城镇人均住房建筑面积（平方米）	城乡收入差距（元）
西安市	44190	15.56	49	6647	33.4	20170.0
铜川市	4490	20.36	8	677	34.4	16355.0
宝鸡市	17202	24.48	16	1309	31.0	20133.0
咸阳市	22798	23.07	11	1275	36.0	19950.0
渭南市	18066	24.13	11	975	37.8	16599.0
天水市	11132	20.24	7	775	26.0	12506.0
商洛市	9331	21.87	8	510	39.0	16034.0
合　计	127209	20.05	110	12168	34.0	18161.6

资料来源：《中国城市统计年鉴（2014）》和《中国区域经济统计年鉴（2014）》。

表 5-48 表明核心城市西安市医院、卫生院床位数、影剧院个数和图书馆藏书量方面均具有比较突出的表现。但在教育支出占公共财政支出比重方面，宝鸡市、渭南市以及咸阳市的表现均优于核心城市西安市。关中—天水城市群的城镇人均住房建筑面积始终，除天水市以外，其它城市的城镇人均住房建筑面积均集中在 30—40 平方米的区间内。关中—天水城市群的城乡收入差距较大，西安市和宝鸡市都达到了 20000 元以上，咸阳市也接近 20000 元。

5.10.4 城市群生态可持续发展分析

表 5-49 2013 年关中—天水城市群资源承载力概况

	土地承载力		资源及能源承载力		
	土地面积（平方公里）	人口密度（人/平方公里）	工业用电量（万千瓦时）	人均生活用电（千瓦时）	人均生活用水（吨）
西安市	10097.00	799.15	717618	1121	42
铜川市	3937.00	217.42	474543	344	10
宝鸡市	18117.00	212.84	256033	422	21
咸阳市	10189.00	523.31	83118	251	33
渭南市	13134.00	433.84	20133	322	13
天水市	14277.00	264.76	73418	423	14
商洛市	19292.00	129.90	3236	287	9
合 计	89043.0	338.01	1628099.0	733	30

资料来源：《中国城市统计年鉴（2014）》和《中国区域经济统计年鉴（2014）》。

关中—天水城市群的城市群人口密度较低，城市群平均人口密度为 338 人/平方公里。西安市的人口密度为 799.15 人/平方公里，咸阳市人口密度为 523.31 人/平方公里，其他城市的人口密度均在 500 人/平方公里以下，表明具有较为充沛的城市发展空间和较高的土地承载力，但同时也暗示较低的城市集聚水平。在工业用电量方面，关中—天水城市群的资源消耗量较低，这也与其经济发展水平相匹配。关中—天水城市群具有丰富的矿产资源，富有煤炭、金、铁、铜、镁等矿产。陕北蕴藏优质盐、煤、石油、天然气等矿产（周亮等，2010）。但有可能正是因为丰富的矿产资源对关中—天水城市群的发展造成了"资源诅咒"现象，也给其资源和环境承载力施加了巨大的压力。在人均生活用电和人均生活用水方面，西安市均具有较高的水平。

表 5—50　2013 年关中—天水城市群环境承载力概况

	环 境 污 染			污 染 治 理		
	工业废水排放量（万吨）	工业二氧化硫排放量（吨）	工业烟尘排放量（吨）	一般工业固体废物综合利用率（%）	污水处理厂集中处理率（%）	生活垃圾无害化处理率（%）
西安市	8973	64664	13658	95.43	91.50	99.86
铜川市	424	17196	35508	100.00	89.17	88.75
宝鸡市	4779	28785	15900	50.32	91.88	98.83
咸阳市	5234	57755	29636	95.70	83.90	93.35
渭南市	3861	143012	11177	100.00	83.20	91.20
天水市	500	9419	3142	95.11	70.96	18.76
商洛市	2361	18797	4360	19.60	90.00	97.00
合　计	26132.0	339628.0	113381.0	85.21	88.19	87.30

资料来源：《中国城市统计年鉴（2014）》和《中国区域经济统计年鉴（2014）》。

在环境污染方面，从表 5—50 可以看出西安市的工业废水排放量最高，达到了 8973 万吨，这一值与其他核心城市比较相对较低，且比 2011 年的西安市工业废水排放量 13840 万吨有了较为明显的下降。此外，西安市在工业二氧化硫排放量方面也居于关中—天水城市群首位，为 64664 吨，但这一数值与 2011 年的 81504 吨相比也有较大程度的改观。在工业烟尘排放量方面，西安市的下降更是较为明显，已由 2011 年的 81506 吨下降为 2013 年的 13658 吨，下降幅度高达 83%，表明关中—天水城市群在环境治理方面的成效。

5.11 中国发展型城市群发展情况比较分析

根据中国城市群经济发展水平、城市群规模、联系强度、中心城市的辐射水平等指标，界定了中国的发展型城市群，包括辽中南城市群、山东半岛城市群、哈长城市群、江淮城市群、海峡西岸城市群、中原城市群、武汉城市群、环长株潭城市群、成渝城市群以及关中—天水城市群（张学良，2013）。这些城市群具有一定的城市群竞争力，然而与长三角城市群、珠三角城市群和京津冀城市群相比，仍有一定的差距，是仍处于发展阶段的城市群。这些城市群未来的发展对中国经济发展、社会和谐、环境和资源可持续都具有重要的意义；此外，这些城市群的发展对中国经济新增长极的培育，减小东中西部地区发展差距等也将起到重要的作用。从前文的分析可以看出，这些城市群在经济可持续发展、社会可持续发展、生态可持续发展方面各具发展特色。

5.11.1 发展型城市群经济规模

从图 5—11 中可以看出在地区生产总值方面，成渝城市群以 36821.79 亿元的地区生产总值名列中国发展型城市群的经济规模首位；山东半岛城市群 2013 年的地区生产总值为 34372.7 亿元，名列第二；排在第三位的是辽中南城市群，为 26049.6 亿元。在地区生产总值增长率方面，发展型城市群表现出较强的发展潜力，2013 年地区生产总值增长率均超过 8％，超过 7.7％的全国平均水平。其中，关中—天水城市群的增长速度最快，达到了 14.1％；武汉城市群次之，增长率为 12.5％；环长株潭城市群的增长率为 11.2％，排名第三；而成渝城市群的地区生产总值增长率为 10.7％，排名第四。成渝城市群以较大的经济体量仍保持了较快的经济增长速度，表明了成渝城市群巨大的发展潜力。

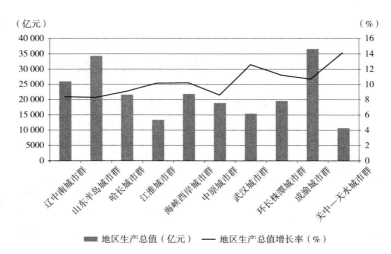

图 5-1　2013 年发展型城市群经济规模

资料来源：《中国城市统计年鉴（2014）》和《中国区域经济统计年鉴（2014）》。

　　成渝城市群的发展潜力主要集中体现在抓住西部大开发的机遇方面。作为西南地区重要的金融中心、交通枢纽和拥有西部唯一直辖市的城市群，成渝城市群在迎接西部大开发的发展机遇和承接东部产业转移方面具有得天独厚的优势。此外，"一带一路"战略的提出旨在将中国的经济发展进一步向内陆腹地延伸，弥合东西部发展差距。在《推动共建丝绸之路经济带和 21 世纪海上丝绸之路的愿景与行动》中将重庆市和成都市作为了内陆地区丝绸之路建设的重点城市，这都为成渝城市群的经济发展注入了新的活力。

　　与成渝城市群相比，山东半岛城市群的优势主要体现在其东部沿海的有利地理位置方面。全球范围内，山东半岛城市群是以东北亚区域国际性城市青岛为龙头，带动山东半岛城市群外向型城市功能整体发展的城市密集区域，是全球城市体系和全球产品生产服务供应链中的重要一环，与韩国隔海相望的地理位置以及中韩自贸区的建立都为山东半岛城市群的国际化发展带来了新的机遇；在全国范围内，山东半岛城市群是黄河流域的经济中心和龙头带动区域，与京津冀、辽中南地区共同构筑引领中国经济发展的重要增长极；在环黄海范围内，山东半岛城市群是环黄海地区区域经济合作的先进制造业生产服务中心之一。

从图 5—1 可以看出，海峡西岸城市群也表现出了较强的地区经济增长态势。海峡西岸城市群作为著名的"侨乡"，具有良好的对外开放和招商引资的基础。但长期以来，其发展始终受限，与其北部的长三角城市群和南部的珠三角城市群存在巨大的差距。这一方面是由于历史原因造成的，但另一方面也受到海峡西岸城市群基础设施薄弱、城市规模小、城镇化水平低、投资软环境较差和科技教育发展落后等一系列不利因素的影响（杨强和王知桂，2011）。但在 2014 年 12 月，中央批复了福建自贸区的成立。福建自由贸易试验区拟以"对台湾开放"和"全面合作"为方向，在投资准入政策、货物贸易便利化措施、扩大服务业开放等方面先行先试，率先实现区内货物和服务贸易自由化。在自贸区的带动下，同时作为"一带一路"战略中海上丝绸之路的起点，预期海峡西岸城市群将迎来更好的发展机遇，如何把握这种机遇，关系到海峡西岸城市群能否成功跻身中国经济增长"第四极"。

从图 5—1 中还可以看出，东部城市群（辽中南城市群、山东半岛城市群、哈长城市群、海峡西岸城市群）和西部城市群（成渝城市群）的发展明显优于中部城市群（江淮城市群、中原城市群、武汉城市群、环长株潭城市群、关中—天水城市群）的发展，发展型城市群再一次呈现了"中部塌陷"的趋势（张学良等，2014）。然而从增长率来看，关中—天水城市群的地区生产总值增长率在发展型城市群中排名第一，此外，武汉城市群、环长株潭城市群等也表现出较高的地区经济增长水平，表明出一定的"中部崛起"的趋势。

5.11.2　发展型城市群外向度发展水平

货物进出口反映一个国家或地区的经济与国际经济联系的紧密程度，是衡量一个国家或地区开放型经济发展规模和发展水平的宏观指标之一。一个国家或地区的经济外向度高，说明这个国家或地区的经济与国际经济联系紧密，开放程度高，也说明这个国家或地区的进出口对国际市场依赖程度高（龚曙明，2004）。城市群的经济外向度的高低反应城市吸收和输出能力的强弱。同时，出口作为拉动地区经济增长的"三驾马车"之一，

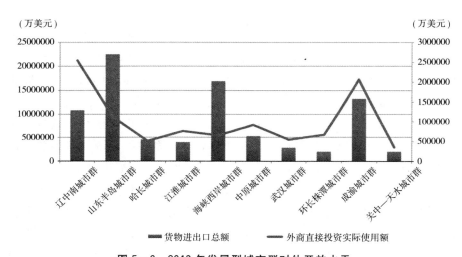

图 5-2 2013 年发展型城市群对外开放水平

资料来源：《中国城市统计年鉴（2014）》和《中国区域经济统计年鉴（2014）》。

其对于反映城市群的经济可持续竞争力具有重要的意义。而外商直接投资也是反映一个城市群经济外向度的重要指标之一。一个城市群吸引外商直接投资的能力越高，外商直接投资不仅会带来资金方面的支持，还会带来先进的技术和管理经验（黄玖立和冼国明，2010）。此外，外商直接投资还会将本地企业带入到国际化的生产关系网络中，对拓展企业的国际视野、加速企业融入国际市场具有重要的作用（De Backer 和 Sleuwaegen，2003）。因此，一个地区的外商直接投资水平越高，表明这个地区的经济基础越好，企业的竞争力越强且经济的外向度越高。

从图 5-2 可以看出，在城市群的对外开放方面，东部沿海城市群普遍表现出较好的发展情况。在货物进出口方面，山东半岛城市群以 22529669 万美元排名第一，同样的东部沿海城市群海峡西岸城市群以 16888371 万美元的货物进出口总额排名第二，西部城市群成渝城市群以 13247308 万美元的货物进出口总额排名第三，表明这些城市群较高的经济外向度和较强的集聚能力。而在外商直接投资方面，城市群之间的差异就更加显著，辽中南城市群以 2554647 万美元的外商直接投资实际使用额在发展型城市群中遥遥领先；排在第二名的成渝城市群 2013 年外商直接投资实际使用额为

2063564 万美元；其他城市群与前两位差距较大，均在 12000 万美元以下。

从图 5-2 中可以再次看到"中部塌陷"的迹象。在货物进出口总额和外商直接投资实际使用额方面，中部城市群（江淮城市群、中原城市群、武汉城市群、环长株潭城市群、关中—天水城市群）与东部和西部城市群均存在较为显著的差异。2013 年，环长株潭城市群的货物进出口总额仅为 2002842 万美元，不到排在第一位的山东半岛城市群的十分之一。造成这些结果的很大一部分原因与中部所处的地理位置有关，位于内陆腹地的中部城市群既没有沿海的货运优势，也没有边境口岸的货物进出口便利条件，因此中部地区在经济外向度的发展方面始终与其他地区存在一定的差距。然而，随着国家"一带一路"战略的实施，陆上丝绸之路的重启将极大的带动中部省份的发展。丝绸之路将犹如一条通道，将散落其间的中部各个城市群联接起来，为中部企业"走出去"和先进的技术资金"引进来"创造更加便利的条件。

5.11.3 发展型城市群的社会可持续发展水平

表 5-51　2013 年发展型城市群社会可持续发展水平比较

	剧场、影院数（个）	图书馆图书藏量（千册）	医院、卫生院床位数（张）
辽中南城市群	98	35798	183422
山东半岛城市群	180	33682	224956
哈长城市群	154	23899	184492
江淮城市群	96	15463	125791
海峡西岸城市群	113	26574	149001
中原城市群	80	14162	211939
武汉城市群	169	17766	139458
环长株潭城市群	75	18965	180924
成渝城市群	138	26317	487201
关中—天水城市群	110	12168	127209

资料来源：《中国城市统计年鉴（2014）》和《中国区域经济统计年鉴（2014）》。

2012 年 10 月 31 日，《2012 中国新型城市化报告》中称 2011 年中国城市化率首次突破 50%。快速的城市化虽然拉动了经济的额增长，改善了人民的生活水平，然而却也带来了一系列的问题（牛文元和刘怡君，2012）。
报告显示，中国城市化的质量仍然较低，有很大一部分居民并未享受或者
完全享受城市居民应有的国民教育、医疗卫生、社会保障、低保、社会救
助、住房保障的福利政策，仍然处于半城市化或"伪城市化"状态。作为
城市集聚发展到更高一个级别的产物，城市群能否公平的对待每一个利益
相关者、能否满足每一个利益相关者的基本需求，甚至是更高层次精神健
康需求成为城市社会可持续发展的重要组成部分。能否成功的解决流动人
口和快速城市化带来的"伪城市化"现状，将成为未来决定中国城市群能
否实现可持续发展的重要方面。根据麦肯锡公布的《2011 城市可持续发展
指数》（肖耿等，2011），城市的社会可持续性被定义为为人民提供基础的
社会福利。而世界经济论坛发布的全球竞争力指数中，将社会可持续定义
为以下四个层次：保护利益相关者的生理健康需求；保护利益相关者的精
神健康需求；形成社会的凝聚力；公平对待所有的利益相关者。

其中生理健康需求和公平对待是城市利益相关者的最基本需求，精神
健康需求则是更高层次的需求，而稳定和协调则是实现社会可持续发展的
终极目标。

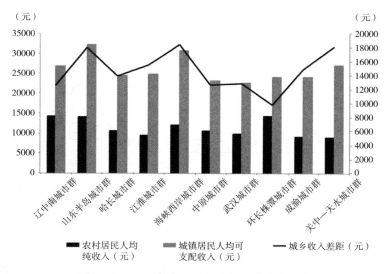

图 5－3　2013 年发展型城市群城乡收入对比

资料来源：《中国城市统计年鉴（2014）》和《中国区域经济统计年鉴（2014）》。

从表5-51可以看出，在满足城市群居民的生理健康需求方面，成渝城市群以487201张医院、卫生院床位数排在首位；山东半岛城市群224956张医院、卫生院床位数排名第二；中原城市群211939张医院、卫生院床位数排在第三。表明这些城市群有较高的生理健康发展水平。

在稳定协调目标，即公平对待所有的利益相关者方面，从图5-3中可以看出环长株潭城市群的城乡收入差距最小，仅为9766.69元；辽中南城市群和中原城市群在这方面也有不错的表现，分别为12555.41元和12656.66元，具有较高的社会和谐度水平。在所有的发展型城市群中，虽然海峡西岸城市群的城镇居民人均收入水平也较高，仅低于山东半岛城市群，然而从图5-3中可以看出其城乡收入差距最大，为18499.80元，降低了其社会可持续发展水平。同样，城镇居民人均收入最高的山东半岛城市群城乡收入差距也较大，为18022.72元。

而在满足利益相关者的精神健康需求方面，本研究通过剧场、影院数和图书馆图书藏量两个指标来反映。从表5-51中可以看出，山东半岛城市群的剧场、影院数以180个排在首位，武汉城市群和哈长城市群以169个和154个分列二、三位。在图书馆图书藏量方面，辽中南城市群以35798千册，排名第一，分列第二和第三名的分别为山东半岛城市群和海峡西岸城市群，分别为33682千册和26574千册，表明这些城市群为居民提供了较好的生活娱乐设施，较好的满足了其居民更高层次的有关精神健康方面的需求。

5.11.4　发展型城市群土地承载力水平

城市群的资源和环境承载力与城市群的土地面积和人口密度情况密不可分。《环境科学大辞典》把环境承载力定义为：某一环境状态和结构在不发生对人类生存发展有害变化的前提下对所能承受的人类社会作用在规模、强度和速度上的限制。而王学军则提出了的"地理环境人口承载潜力"概念。其认为资源和环境承载力是"在一定时间、一定的空间内，在保持一定生活水准、并不使环境发生不可逆化前提下，生产的物质和全体环境要素状况所能容纳的最大人口限度"，它是"由地理环境各要素和人类本身的数量、素质、分布、活动，以及区际间的人员、物质、能量、信

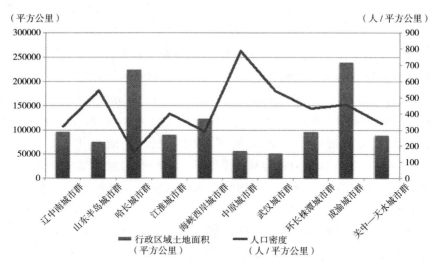

图 5—4   2013 年发展型城市群土地面积及人口密度

资料来源：《中国城市统计年鉴（2014）》和《中国区域经济统计年鉴（2014）》。

息交流所决定的"（王学军，1992）。从这个概念出发，可以看出较大的土地面积和较低的人口密度意味着较强的资源和环境承载力。而在马里奥·波利斯（2011）的研究中，其认为城市规模通常与社会财富成正比，城市群的集聚和规模能在很大程度上提高生产的效率，由于其便利的交通基础设施，会有更为密集的经济活动。从以上的分析来看，城市群的土地面积和人口密度与城市群的资源与经济可持续发展都具有密不可分的关系。

　　从图 5—4 可以看出，成渝城市群是土地面积最大的发展型城市群，整个城市群土地面积为 239544 平方公里，哈长城市群的土地面积为 224363 平方公里，排名第二。这两个城市群的面积远超过其他发展型城市群的土地面积，表明了其较高的城市群土地承载力，同时也暗示着较大的经济集聚的可能性。而在人口密度方面，中原城市群的人口密度最高，2013 年中原城市群的人口密度高达 786 人/平方公里，山东半岛城市群的人口密度排名第二，为 545 人/平方公里。这两个城市群的平均人口密度均远超过全国平均水平。城市群较高的人口密度将带来一系列的资源和环境问题，包括资源过度消耗、大量耕地被占用、土壤污染、固体废弃物污染等环境污染问题（刘晓丽和方创琳，2008）。如何处理好城市群快速扩张和人口集聚所带来的资源和环境问题，将成为这些城市群未来发展所要面对的关键问题。但同时也应看到，人口与资源和环境的发展又具有一定的辩证关系。人作为第一生产力，也同时是城市群发展的最重要的资源，人口密度较高的山东半岛城市群和中原城市群从另一方面来看，也可以认为具有很强的人才竞争优势。人口的增长速度、结构和空间分布、生产和消费方式等都对资源环境的利用和保护发挥着重要的影响。一个规模较小、但消费水平很高、生产技术落后和粗放的人口规模对资源环境的影响可能大于一个规模较大、消费水平适中、生产技术先进、资源消耗少、排放率低的人口规模。在之前的资源和环境承载力研究中，过度强调人口规模对资源和环境承载力的影响。然而进入 21 世纪以后，更多的学者开始关注综合承载力的研究，注重人类的各种经济、社会活动等对资源和环境承载力的综合作用。

作为发展型城市群，较高的人口密度一方面代表着城市的经济发展和产业集聚，是城市群发展的重要资源；另一方面，也同时意味着较高的资源和环境承载力挑战。因此，如何辩证的处理好人口密度和土地资源之间的关系，在积极发展经济的同时，提升产业结构，提高人口素质，实现人与自然的和谐发展是发展中城市群所面临的重要议题。

5.11.5　发展型城市群生产资源使用效率

从图 5－5 可以看出地区生产总值和工业用电量之间存在较为显著的线性关系。随着规模以上工业总产值的增长，工业用电量也呈现出显著的线性增长趋势。但不同的城市群在上涨趋势方面也呈现出不同的特点。从图 5－5 可以看出，哈长城市群、中原城市群、辽中南城市群和成渝城市群均位于规模以上工业总产值与工业用电量之间的趋势线上方，表明这些城市群在产出同等的规模以上工业总产值的情况下，相较其他城市群用电量水平更高。其中，中原城市群离趋势线的纵向距离最远，表明中原城市群的工业用电量效率最低。从图 5－5 不难看出，中原城市群与环长株潭城市群、江淮城市群、海峡西岸城市群和哈长城市群的工业总产值接近，都在24000 亿—34000 亿元之间，但是中原城市群工业用电量为 7876496 万千瓦时，远高于其他城市群。通过前文的分析可以知道，中原城市群是中国的

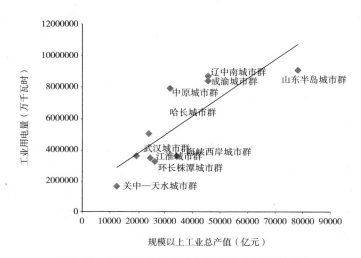

图 5－5　2013 年发展型城市群生产资源使用效率

资料来源：《中国城市统计年鉴（2014）》和《中国区域经济统计年鉴（2014）》。

老工业基地，第二产业所占比重较高，而且其优势产业主要集中在能源、电力、金属加工、化工等传统重工业方面，因此带来了较高的能源消耗。

关中—天水城市群、环长株潭城市群、海峡西岸城市群、江淮城市群和山东半岛城市群位于规模以上工业总产值与工业用电量之间的趋势线下方，表明这些城市群在产出同等的规模以上工业总产值的情况下，相较其他城市群用电量水平更低，生产效率较高。其中，山东半岛城市群虽然工业用电量在所有的城市群中排在首位，但同时工业总产值也最高，其生产效率较高。这与山东半岛城市群近年来积极发展蓝色海洋经济，优化产业结构，积极引入高新技术产业，淘汰落后产能等举措相关。

城市的生产资源使用效率与城市的资源承载力具有密切的关系，但是资源利用效率低下是中国经济和社会发展所面临的突出问题。对于发展型城市群，提高城市的生产资源使用效率一方面应当积极改善产业结构，通过发展第三产业和第二产业中的高新技术产业来达到产业的升级转型和减少能源使用的目的；另一方面，在高能耗领域应采取节能技术与先进的管理方式相结合的方法，淘汰落后产能，并积极发掘可再生能源在高能耗领域的应用，提高产业的能源使用效率，并提升城市群的资源承载能力，促进城市群的可持续发展。

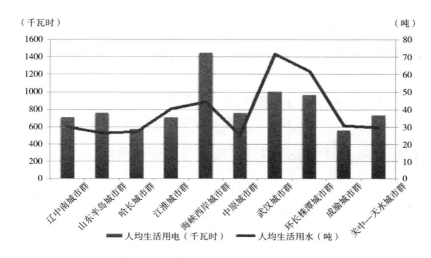

图5-6　2013年发展型城市群生活资源使用效率

资料来源：《中国城市统计年鉴（2014）》和《中国区域经济统计年鉴（2014）》。

5.11.6　发展型城市群生活资源使用效率

除了生产资源以外，生活资源的消费也对城市环境的可持续发展产生巨大的影响。从图5-6中可以看出，人均生活用电量最高的仍是海峡西岸城市群，超过了1400千瓦时/人。其他城市的人均生活用电量表现较为一致，基本集中在600—1000千瓦时/人，与海峡西岸城市群存在巨大的差距。如何通过实施阶梯电价等调控方式，提高居民的人均生活用电效率是海峡西岸城市群提升城市环境可持续发展水平所面临的重要环节。在人均生活用水方面，武汉城市群的人均生活用水量最大，超过了70吨/人；其次是环长株潭城市群，超过了60吨/人，高于其他城市群的平均水平，表明这些城市群具有较低的城市生活用水使用效率。

根据联合国的相关统计，城市占用了全球3％的土地，产生了50％的全球废物，产生了60％—80％的全球温室气体，消耗了75％的自然资源，并产出了80％的全球GDP。可以看出，城市和城市群的发展带来巨大的经济效益的同时，消耗了大量的资源。根据前文对各发展型城市群的资源使用情况的分析可以看出，很多城市群在水资源方面都存在着短缺的问题，资源的束缚已经成为城市群未来发展所面临的关键问题。在这样的环境下，提高人均资源的使用效率对于促进城市群的可持续发展具有重要的意义。在用水方面，应逐步改善城市居民的用水习惯，大力发展循环用水；在电力资源的使用方面，应重点开发节能照明等高新技术、通过国家补贴等方式淘汰落后能效家电、提高建筑节能的潜力，并积极挖掘可再生能源和能源替代技术的使用，提高城市群的能源使用效率。

5.11.7　发展型城市群经济发展与环境可持续发展

改革开放三十多年以来，中国的经济持续高速增长，被外界称为"中国奇迹"。根据中国国家统计局公布的数据，2014 年，国内生产总值达到了 63.65 万亿元，比 1978 年的 365.2 亿元增长了 100 多倍。但中国基本走的是一条粗放型经济增长的道路，是以牺牲资源环境为代价的，环境持续恶化，表现出高资本投资、高资源消耗、高污染排放和低效率产出的特征。有研究显示，中国近九成天然草原出现不同程度的退化，退化、沙化草原已成为中国主要的沙尘源；天然湿地大面积萎缩、消亡、退化严重；沿海滩涂、湿地生态破坏加剧，海域总体污染状况仍未好转；城市水资源短缺等问题成为困扰城市可持续发展的重要问题（王拓涵和王纪平，2014）。城市群作为中国经济发展最为活跃的大型地域单元，也同时面临着平衡城市群经济发展和城市环境的问题。从图5－7、图5－8和图5－9可以看出，城市的工业发展与环境污染物之间呈现出较为明显的线性关系，当然由于各个城市产业结构、生产方式的不同，这种关系也呈现出一定程度的差异。

从图5－7可以看出，海峡西岸城市群、成渝城市群、中原城市群和环长株潭城市群均在规模以上工业总产值和工业废水排放量之间的趋势线上方，表明这些城市群在相同的工业生产总值情况下，排放工业废水水平更高，对环境造成的污染水平更高。尤其是海峡西岸城市群，其工业废水排放量远高于与其工业总产值处在同一级别的成渝城市群、中原城市群、环长株潭城市群等。而关中—天水城市群、武汉城市群、哈长城市群、江淮城市群、辽中南城市群和山东半岛城市群均在趋势线之下，表明这些城市

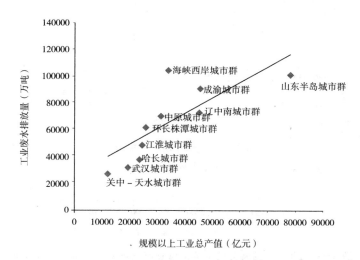

图 5-7　2013 年发展型城市群工业总产值与工业废水排放量

资料来源:《中国城市统计年鉴（2014）》和《中国区域经济统计年鉴（2014）》。

群在相同的工业生产总值情况下，工业废水的排放量更低，对环境的污染水平较低。值得关注的是山东半岛城市群，其 2013 年的工业废水排放量为 100738 万吨，仅低于海峡西岸城市群。然而，也可以看出山东城市群的工业废水排放量与其工业产值相符，甚至是低于平均水平。但是较大的工业废水排放量仍然对山东半岛城市群的环境可持续发展带来了挑战。

从图 5-8 中可以看出，成渝城市群、辽中南城市群和中原城市群均在趋势线上方，表明这些城市群在相同的工业生产总值情况下，排放工业二氧化硫的水平更高，对环境的污染更大。其中，成渝城市群的工业二氧化硫排放水平远高于其他城市群。燃煤是成渝城市群二氧化硫生成的重要原因，因此当地环保部门已制定了一系列降低二氧化硫的方案。方案要求成渝城市群控制煤炭使用量，改进用煤方式。随着这些措施进入实施，成渝城市群有望降低与其经济发展规模不相匹配的工业二氧化硫排放量。

从图 5-9 可以看出工业烟（粉）尘排放量也与各城市群的规模以上工业总产值呈现出一定的线性关系。其中，辽中南城市群、成渝城市群和哈长城市群均在趋势线上方，表明这些城市群在相同的工业生产总值情况

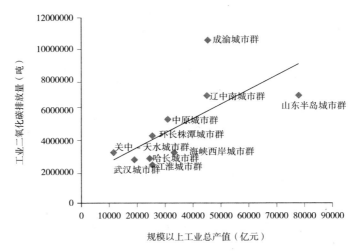

图 5－8　2013 年发展型城市群工业总产值与工业二氧化硫排放量

资料来源：《中国城市统计年鉴（2014）》和《中国区域经济统计年鉴（2014）》。

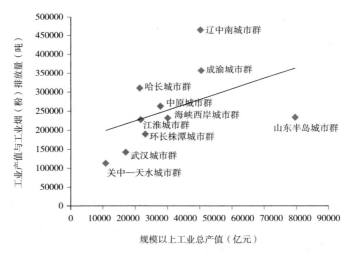

图 5－9　2013 年发展型城市群工业总产值与工业烟（粉）尘排放量

资料来源：《中国城市统计年鉴（2014）》和《中国区域经济统计年鉴（2014）》。

下，排放工业烟（粉）尘排放量的水平更高。尤其是辽中南城市群，其工业烟（粉）尘排放量远高于其他城市，与其经济发展规模严重不匹配。如前所述，辽中南城市群是中国的老工业基地，包括石化产业、钢铁产业在内的重工业产业较为集中，这些产业都对环境造成了不同程度的影响，影响了城市群的环境可持续发展水平，进而影响了整个城市群的集聚水平和可持续发展水平。辽中南城市群近年来也越来越意识到环境问题已经成为城市群可持续发展道路上的重要障碍，因此也采取了一系列措施，包括大力发展生态经济，建设生态城市，发展风电等新能源产业；进行产业升级转型，着重发展商贸、金融、物流、信息服务等服务业，发展生态旅游、休闲旅游业，建设循环经济工业园区等。

5.12　总　结

中国发展型城市群仍处于快速工业化阶段和快速城市化阶段，其发展将决定这中国未来经济的发展格局。从前文的分析可以看出，发展型城市群在经济可持续发展、社会可持续发展、生态可持续发展方面各具发展特色。但总体而言，呈现出东西强，中部弱的发展格局。山东半岛城市群和成渝城市群作为中国经济增长第四极的有力竞争者，在经济总量、对外开放程度方面都明显优于其他发展型城市群。但同时也应当看到，经济的快速发展、城市的快速扩张带来了一系列资源和环境的问题。资源的消耗和环境的污染等都与城市的经济活动和集聚程度有较强的正向相关关系，这是城市群发展，特别是发展型城市群发展所难以回避的问题。随着未来这些城市群城市化阶段的提升、集聚程度的提高，预期将面临更大的资源和环境方面的压力。如何处理好经济发展与资源和环境之间的关系，在发展经济的同时，保持城市的资源和环境可持续的可持续发展，实现真正的"绿色经济"是发展型城市群都需要思考的重要议题。

参考文献

[1] De Backer，K.，Sleuwaegen，L.，"Does Foreign Direct Invest-

ment Crowd out Domestic Enterpre nership?" *Review of Industrial Organization*，2003（22）：67-102.

［2］丁任重、郭岚：《成渝经济区生态环境保护与建设的思考》，《四川省情》2005 年第 12 期。

［3］刘晓丽、方创琳：《城市群资源环境承载力研究进展及展望》，《地理科学进展》2008 年第 27 卷。

［4］周亮、白永平、刘扬：《新型经济版图成型背景下关中—天水城市群定位及发展对策》，《经济地理》2010 年第 30 卷。

［5］张学良主编：《2013 中国区域经济发展报告——中国城市群的崛起与协调发展》，人民出版社 2013 年版。

［6］张学良主编：《中国区域经济发展报告——中国城市群资源环境承载力》，人民出版社 2014 年版。

［7］张思锋、牛玲、徐青梅、雍兰：《关中城市群城市等级结构及其发展思路》，《西安交通大学学报（社会科学版）》2002 年第 22 卷。

［8］李秀伟、修春亮：《东北三省区域经济计划的新格局》，《地理科学》2008 年第 28 卷。

［9］杨强、王知桂：《海峡西岸城市群发展的制约因素及其消解》，《福建财会管理干部学院学报》2011 年第 1 期。

［10］毛洪章、陈军：《武汉市环境承载力研究》，《理论月刊》2006 年第 1 期。

［11］王学军：《地理环境人口承载力及其区域差异》，《地理科学》1992 年第 12 卷。

［12］王拓涵、王纪平：《中国经济增长与环境可持续性协调发展的双赢之路》，《河北学刊》2014 年第 34 卷。

［13］肖耿、薛澜、华强森：《2011 城市可持续发展指数》，《麦肯锡》，2011 年。

［14］艾华、张广海、李雪：《山东半岛城市群发展模式仿真研究》，《地理科学》2006 年第 26 卷。

［15］苏飞、张平宇：《辽中南城市群城市规模分布演化特征》，《地理科学》2010 年第 30 卷。

［16］蔺雪芹、方创琳：《城市群工业发展的生态环境效应——以武汉城市群为例》，《地理研究》2010 年第 29 卷。

［17］马里奥·波利斯：《富城市、穷城市——城市繁荣与衰落的秘密》，方菁译，新华出版社 2011 年版。

［18］高宁：《经济增长对我国生态环境影响的评价——以川渝地区为例》，《四川师范大学学报（社会科学版）》2013 年第 40 卷。

［19］黄晓科、曾静：《海西低碳经济发展路径研究》，《科技和产业》2010 第 10 卷。

［20］黄玖立、冼国明：《金融发展、FDI 与中国地区的制造业出口》，《管理世界》2010 年第 7 期。

［21］龚曙明：《湖南经济外向度的测量与思考》，《湖南社会科学》2004 第 5 期。

［22］牛文元、刘怡君：《2012 中国新型城市化报告》，科学出版社2012 年版。

6

中国形成型城市群

根据本书第三章对城市群的划分,本章所指的形成型城市群主要包括:北部湾城市群、兰州—西宁城市群、滇中城市群、黔中城市群、太原城市群、宁夏沿黄城市群、天山北坡城市群、环鄱阳湖城市群和呼包鄂榆城市群。

表 6—1 形成型城市群的城市结构体系

形成型城市群名称	城市名称	核心城市
滇中城市群	昆明、曲靖、玉溪、楚雄	昆明
北部湾城市群	南宁、北海、防城港、钦州	南宁
环鄱阳湖城市群	南昌、九江、新余、吉安、宜春、景德镇、鹰潭、上饶、抚州	南昌
太原城市群	太原、忻州、吕梁、阳泉、晋中	太原
宁夏沿黄城市群	银川、吴忠、石嘴山、中卫	银川
兰州—西宁城市群	兰州、白银、西宁、定西、临夏	兰州,西宁
黔中城市群	贵阳、遵义、安顺、毕节地区、黔东南、黔南	贵阳
天山北坡城市群	乌鲁木齐、昌吉、克拉玛依、伊犁、石河子、塔城、吐鲁番、哈密、博尔塔拉	乌鲁木齐
呼包鄂榆城市群	呼和浩特、包头、鄂尔多斯、榆林	呼和浩特

以下分别从各形成型城市群的经济可持续发展、社会可持续发展、生态可持续发展等方面进行研究,对各形成型城市群城市的可持续发展状况进行综合评价。需要说明的是,由于相关政策及规划、城市空间结构体系等内容在以往的报告中做了详细论述,因此在今年的报告中不作为本章的论述重点。

6.1 滇中城市群

6.1.1 城市群基本情况

滇中城市群位于云南省东北角，包括昆明市、曲靖市、玉溪市以及楚雄州行政辖区范围，共包括 7 个城市（地级市和县级市）和 210 个建制镇，总面积 9.6 万平方公里，根据已有的《滇中城市群规划》，将形成"一核三极两环两轴"的空间结构。

图 6－1　滇中城市群城市空间分布

滇中城市群是云南省发展基础最坚实、经济最发达、设施最先进、继续开发前景最好的地区，同时也是我国面向东南亚、南亚的对外开放前沿。2013年，滇中城市群的年底总人口为1761.7万人，占全国的1.29%。地区生产总值达到6734.2亿元，占全国GDP的1.06%。

昆明市是滇中城市群的核心城市，在经济可持续发展、社会可持续发展以及生态可持续发展等方面都居于滇中城市群首位，说明昆明市在促进经济发展的同时，较好的实现了社会与生态环境的协调发展；就经济发展而言，曲靖市位于城市群第二位，但其工业二氧化硫排放量和工业烟（粉）尘排放量高于昆明市，而外商直接投资使用额、城镇化率、邮政业务量落后于玉溪市，万人卫生机构床位数和医生数落后于楚雄市，表明曲靖市与实现城市可持续发展相去甚远；玉溪市的经济可持续发展、社会可持续发展和生态可持续发展均处于较低水平的状况。

6.1.2 城市群经济可持续发展分析

近几年滇中城市群经济发展较快，是云南省发展基础最牢、发展水平最高、继续开发前景最好的地区。如表6－2和表6－3所示，昆明市在城市群的经济发展中居于核心地位，无论是GDP，还是地方财政一般收入、货物进出口总额、金融机构人民币贷款、外商直接投资实际使用额、全社会固定资产投资，昆明市都遥遥领先，2013年昆明市的GDP占整个城市群的50.72%，曲靖市、玉溪市和楚雄州虽然与昆明市的差距较大，但各项指标都保持了逐年上升的趋势。

表6－2　2008—2013年滇中城市群GDP发展状况

单位：亿元

	2008年	2009年	2010年	2011年	2012年	2013年
昆明市	1512	1837	2120	2510	3011	3415
曲靖市	788	871	1006	1210	1400	1584
玉溪市	596	644	736	877	1000	1103
楚雄彝族自治州	306	344	405	483	570	633

资料来源：历年《中国城市统计年鉴》和《中国区域经济统计年鉴》。

表6－3 2013年滇中城市群主要经济指标

	地方财政一般预算收入（亿元）	货物进出口总额（万美元）	金融机构人民币贷款（亿元）	经济密度（万元/平方公里）	规模以上工业总产值（亿元）	外商直接投资实际使用额（万美元）
昆明市	450.75	1689710	9148.63	1625.4	3224.76	179800
曲靖市	121.53	37108	1017.50	547.97	1682.01	5766
玉溪市	105.97	71404	708.46	721.3	1329.04	6742
楚雄彝族自治州	56.37	28044	429.03	216.18	483.81	2584

资料来源：《中国城市统计年鉴（2014）》和《中国区域经济统计年鉴（2014）》。

滇中城市群四个城市的产业发展有三个显著的特点：

一是经济发展水平差距大。2013年，仅昆明一市GDP就占到了云南省经济总量的41.27％，而曲靖、玉溪、楚雄相加也只占到了云南省经济总量的40.1％。

二是产业结构差距大。昆明作为云南省的经济龙头，第一产业所占比重较小，第三产业比重在2011年已经超过第二产业，并呈现出持续增长的态势，成为经济发展的主要动力来源。具体而言，昆明近年来三次产业的比例由2011年的5.33：46.27：48.4转变为2013年的4.97：45.01：50.02，产业结构的现代化趋势更加显著。玉溪的第一产业占据10.2％的比重，而曲靖和楚雄的第一产业占据了20％左右的份额，其中楚雄的第一产业在GDP中所占的份额最大，且这三个州市经济发展的主要动力仍然以第二产业为主导。

三是主导产业基本相同。四个城市地理位置相似，资源禀赋相似，造成了滇中四地主导产业基本相同。工业行业中的烟草制品业、金属冶炼及压延加工业、化学原料及化学制品制造业是滇中四地共同的支柱产业，这三个产业都在当地的GDP中占到了较高的比重。

这三个显著的特征使得滇中城市群之间的产业协调发展具有一定的难度。

6.1.3 城市群社会可持续发展分析

在医疗资源方面，滇中城市群各地区差别适中，在万人卫生机构床位

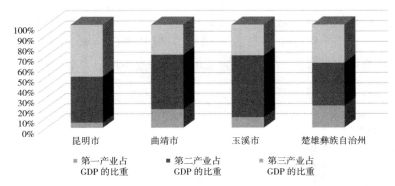

图6-2 2013年滇中城市群产业结构

资料来源：作者根据《中国城市统计年鉴（2014）》和《中国区域经济统计年鉴（2014）》制作。

数和人员数上，昆明市呈现出数量上的领先，其他城市较为均衡。值得注意的是，楚雄州虽然在 GDP、人均 GDP、地方财政一般预算收入、货物进出口总额、金融机构人民币贷款和外商直接投资实际使用额等经济指标中均落后于其他三市，但其医疗水平却与玉溪基本持平；相反曲靖市虽然经济发展水平较高，但医疗水平却有待提高。参见图6-3。

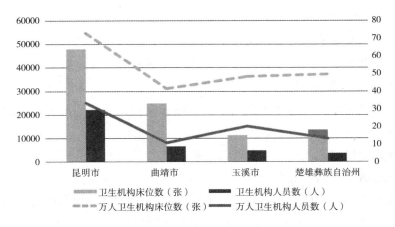

图6-3 2013年滇中城市群医疗卫生状况

资料来源：作者根据《中国城市统计年鉴（2014）》和《中国区域经济统计年鉴（2014）》制作。

在教育程度的衡量中，昆明市又显现出领先优势，无论是普通高等学校在校生数还是教育财政支出都远远高于其他三地。玉溪市和楚雄州的普通高等学校在校生数和教育财政支出水平都很低。而曲靖市虽然教育财政支出不低，相当于昆明市水平的 79.11％，但其普通高等学校在校生数却较低，仅为昆明市的 6.16％，教育支出作用程度不明显。参见图 6－4。

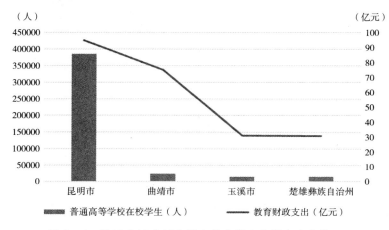

图 6－4　2013 年滇中城市群在校大学生和教育支出状况

资料来源：作者根据《中国城市统计年鉴（2014）》和《中国区域经济统计年鉴（2014）》制作。

　　文化是一个城市的品牌和灵魂，而图书馆是一个城市文化的重要组成部分，具有彰显和提升城市文化的重要职能。滇中城市群各城市在公共图书馆的个数方面差别并不大，昆明市的公共图书馆个数为 15，居首位，曲靖、玉溪和楚雄水平较均衡，分别为 11 个、10 个、11 个。可见各城市在文化上都比较重视，如何充分利用图书馆资源向公众传达更多的信息应成为重点。

　　城镇居民家庭人均可支配收入是指反映居民家庭全部现金收入能用于安排家庭日常生活的那部分收入。从滇中城市群的数据看，昆明市的城镇居民家庭人均可支配收入最高，而曲靖、玉溪和楚雄则较为平均，虽然曲靖和楚雄在人均 GDP 水平上远远落后于昆明和玉溪，但四地的居民人均可支配收入差别并不大。城镇登记失业率方面，昆明市为滇中城市群内最低，其他三个城市失业率水平都在 3.3％左右，总体看各个城市失业率水平相当。参见图 6－5。

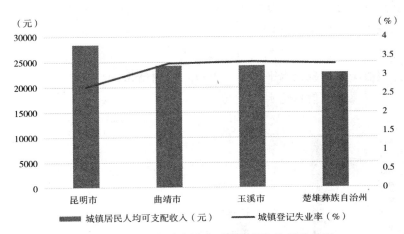

图 6－5　2013 年滇中城市群居民收入和就业状况

资料来源：作者根据《中国城市统计年鉴（2014）》和《中国区域经济统计年鉴（2014）》制作。

　　从人口分布上进行分析，滇中城市群的人口密度较低，城市规模较小，核心城市昆明市的常住人口和人口密度居首位；曲靖市的人口分布情况仅次于昆明市；而楚雄州虽然常住人口多于玉溪市，但由于其土地面积较大导致人口密度却低于玉溪市。参见图 6－6。

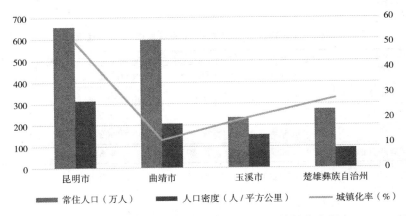

图 6－6　2013 年滇中城市群人口状况和城镇化水平

资料来源：作者根据《中国城市统计年鉴（2014）》和《中国区域经济统计年鉴（2014）》制作。

　　信息化水平是体现城市内外联系紧密程度的指标，信息化水平高的地区，其发展程度也越高。从图 6－7 可以看出，2013 年各地区的移动电话数量均远远高于固定电话用户数，数量上的差异较为显著。同时，电信业务总量和人均量也都高于邮政量（见表 6－4）。各城市间比较得出，昆明市作为核心城市信息化水平也居于首位，但曲靖市的信息化水平和昆明相差不大，玉溪市的信息化水平最低。

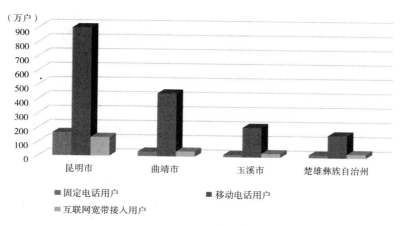

图 6－7　2013 年滇中城市群电话和互联网用户数

资料来源：作者根据《中国城市统计年鉴（2014）》和《中国区域经济统计年鉴（2014）》制作。

表 6－4　2013 年滇中城市群邮政和电信业务状况

	邮政业务总量（亿元）	人均邮政业务量（元/人）	电信业务总量（亿元）	人均电信业务量（元/人）
昆明市	4.26	77.91	95.3	1742.87
曲靖市	1.52	23.68	76.03	1184.45
玉溪市	0.6	27.95	3.27	152.31
楚雄彝族自治州	0.62	23.59	14.81	563.55

资料来源：《中国城市统计年鉴（2014）》和《中国区域经济统计年鉴（2014）》。

6.1.4　城市群生态可持续发展分析

在城市用地面积方面，昆明市在市辖区绿地总面积、年末实有城市道路面积、城市建设用地面积、城市居住建设用地面积、人均城市道路面积方面均处于城市群内首位。参见表6－5。

表6－5　2013年滇中城市群土地资源状况

	城市建设用地面积（平方公里）	城市居住建设用地面积（平方公里）	人均城市道路面积（平方米）	市辖区绿地总面积（公顷）	市辖区年末实有城市道路面积（万平方米）
昆明市	407	210	14.26	14367	3916
曲靖市	63	21	10.85	1986	780
玉溪市	22	6	15.28	1133	662
楚雄彝族自治州	—	—	—	—	—

资料来源：《中国城市统计年鉴（2014）》和《中国区域经济统计年鉴（2014）》。

较其他城市，昆明市较大的人口规模和产业规模也反映在其城市资源使用量上。昆明市居民生活用电、居民生活用水以及工业用电量都远远高于其他三个城市。参见表6－6。

表6－6　2013年滇中城市群水电资源状况

	城乡居民生活用电量（万千瓦时）	居民生活用水量（万吨）	工业用电量（万千瓦时）
昆明市	245283	12059	640159
曲靖市	35194	1965	312976
玉溪市	22794	1483	332867
楚雄彝族自治州	—	—	—

资料来源：作者根据《中国城市统计年鉴（2014）》和《中国区域经济统计年鉴（2014）》制作。

由表6－7可知，昆明市由于在城市规模、人口规模和产业规模方面领先于其他城市，其工业废水排放量在滇中城市群居首位。其他三市虽然经济规模远不如昆明，但工业污染排放量也很突出。其中曲靖市的工业二氧化硫的排放量以及工业烟（粉）尘排放量，均高于其他城市。

表6－7　2013年滇中城市群工业环境状况

	工业废水排放量（万吨）	工业二氧化硫排放量（吨）	工业烟（粉）尘排放量（吨）
昆明市	4808	101669	32132

续表

	工业废水排放量（万吨）	工业二氧化硫排放量（吨）	工业烟（粉）尘排放量（吨）
曲靖市	3224	175178	42170
玉溪市	5045	43911	19976
楚雄彝族自治州	—	—	—

资料来源：作者根据《中国城市统计年鉴（2014）》和《中国区域经济统计年鉴（2014）》制作。

6.2　北部湾城市群

6.2.1　城市群基本情况

北部湾城市群，即广西南北钦防地区，地处我国沿海西南端，与海南岛相对，包括北海、钦州、防城港和南宁四市，还包括玉林、崇左两个市物流中心（"4＋2"）。总体功能定位为：立足北部湾、服务"三南"（西南、华南和中南）、沟通东中西、面向东南亚，充分发挥连接多区域的重要通道、交流桥梁和合作平台作用，以开放合作促开发建设，努力建成中国—东盟开放合作的物流基地、商贸基地、加工制造基地和信息交流中心，成为带动、支撑西部大开发的战略高地和开放度高、辐射力强、经济繁荣、社会和谐、生态良好的重要国际区域经济合作区。

2013 年，北部湾城市群年末总人口 1250.2 万人（不含玉林、崇左），区域土地面积 4.4 万平方公里，海岸线长 1500 多公里，沿海港口开发潜力达年吞吐能力 2 亿吨以上；地区生产总值合计 4816.7 多亿元，占广西的 33.5％；财政收入 384 亿元，占广西财政收入的 29.2％；人均财政收入 2776 元，人均生产总值 34820 元。

南宁市是北部湾城市群的核心城市，在经济可持续发展、社会可持续发展以及生态可持续发展方面都居于首位，说明在经济增长的同时，南宁市的社会发展与生态环境也较好地实现了协调发展；北海市和钦州市的经济发展水平相当，但社会发展状况和生态环境相差较大，在万人卫生机构

图 6-8 北部湾城市群城市空间分布

床位数和人员数、教育财政支出等方面，钦州市远远优于北海市，而在工业废水排放量、工业二氧化硫排放量、工业烟（粉）尘排放量等方面，北海市要优于钦州市，说明二者的经济发展与社会发展和生态发展不协调；防城港市的经济发展、社会发展和生态发展均处于北部湾城市群的最低水平。

6.2.2 城市群经济可持续发展分析

2013 年，北部湾城市群 4 个城市的地区生产总值达 4816.7 亿元，比上年增长 10.76%，占广西地区生产总值的 33.5%。城市群面积不到广西全区 1/5，人口不到 1/3，GDP 却占到 1/3 强。南宁市 GDP、财政收入、货物进出口总额、金融机构人民币贷款、外商直接投资实际使用额、经济密度、全社会固定资产投资等主要经济指标均高于北海市、防城港市和钦州市；而其他三市水平与南宁市差距较大，水平较为均衡，年度水平变化不大，但仍有上升趋势。

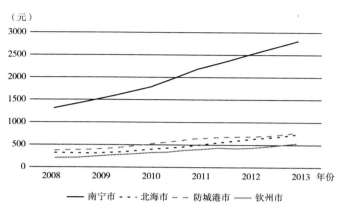

图 6-9　2008-2013 年北部湾城市群人均 GDP 发展情况

资料来源：作者根据《中国城市统计年鉴（2014）》和《中国区域经济统计年鉴（2014）》制作。

从图 6-9 可以看出，2008—2013 年四市人均 GDP 呈现出上升的态势，防城港市的人均 GDP 处于第一位，钦州市处于最低水平，而北海市和南宁市水平相当，处于居中位置。其中，2011 年后北海市的人均 GDP 增速最快，并在 2012 年超过了南宁市，钦州市则处于增速最慢的位置。

表 6-8　2013 年北部湾城市群主要经济指标

	地方财政一般预算收入（亿元）	货物进出口总额（万美元）	金融机构人民币贷款（亿元）	经济密度（万元/平方公里）	规模以上工业总产值（亿元）	外商直接投资实际使用额（万美元）	全社会固定资产投资（万元）
南宁市	256.25	442117	6115.88	1260.34	2557.13	58021	24326855
北海市	42.11	269833	388.26	2202.58	1304.3	8515	6500327
防城港市	40.71	430030	335.4	841.78	964.41	2220	4558099
钦州市	44.95	353042	493.17	619.63	1130.58	53934	5590268

资料来源：《中国城市统计年鉴（2014）》和《中国区域经济统计年鉴（2014）》。

在四市中，除南宁外，其余三市产业结构较为相似，都是以第二产业为主，第一产业仍占有较大份额，而南宁市第三产业占 GDP 的比重达47.89%。由于南宁市的经济总量在北部湾城市群占有绝对的优势，从经济规模的角度，南宁的首位度高达 3.8，所以整个北部湾城市群的产业结构第二产业和第三产业趋近于 1∶1。参见图 6-10。

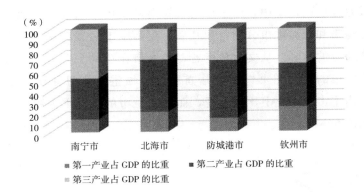

图 6-10 2013 年北部湾城市群产业结构

资料来源：作者根据《中国城市统计年鉴（2014）》和《中国区域经济统计年鉴（2014）》制作。

6.2.3 城市群社会可持续发展分析

从卫生机构床位数和人员数的总量水平来看，南宁市水平较高，其他三市总量水平仍有差距；但从万人卫生机构床位数和人员数上，四市差别有所减少。四市的万人卫生机构人员数接近，虽然防城港市的卫生机构人员数处于最低水平，但从均值来看却与北海市和钦州市相当；从万人卫生机构床位数来看，南宁市仍居首位，虽然钦州市卫生机构床位数仅次于南宁市，但从均值来看却是最低的。参见图 6-11。

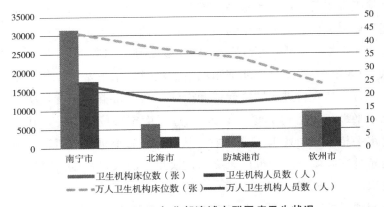

图 6-11 2013 年北部湾城市群医疗卫生状况

资料来源：作者根据《中国城市统计年鉴（2014）》和《中国区域经济统计年鉴（2014）》制作。

在教育程度的衡量中，南宁市的教育财政支出远远高于其他三市，钦州市、北海市和防城港市分别位列其后，仅南宁市的教育支出就高于其他三市教育投资的总和。从文化角度看，各城市在公共图书馆的个数方面有差别，南宁市的公共图书馆个数居首位，防城港、北海和钦州水平较均衡。可见南宁市在文化上比较重视，而其他三市的文化重视程度还有待提高。参见图 6－12。

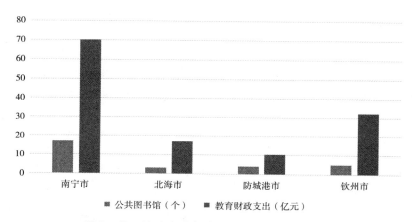

图 6－12　2013 年北部湾城市群教育文化状况

资料来源：作者根据《中国城市统计年鉴（2014）》和《中国区域经济统计年鉴（2014）》制作。

从城镇居民家庭人均可支配收入的数据看，四市的水平几乎持平；从职工平均工资来看，南宁市最高，而其他三市职工工资水平较均衡；在城镇登记失业率方面，防城港市为城市群内最低，南宁市和北海市的失业率水平在 3％左右，钦州市达到了 3.7％。参见图 6－13。

从 2008 年至 2013 年，北部湾城市群城镇化水平基本保持稳定，共约有 41.29 万人从农村进入城镇就业和生活。从城市群内部看，防城港市的城市化水平最高，达到了 59.46％，超过了南宁市位于第一，其余三市的城市化水平相当，均处于 37％左右。从人口分布上进行分析，北海市的人口密度超过核心城市南宁市位居第一，钦州市的人口密度居第二，南宁和防城港次之。参见图 6－14。

从交通设施水平来看，城市群内各市差别较大，南宁市作为核心城市，其公路里程、客运和货运总量、万人拥有公共汽车数都为城市群内

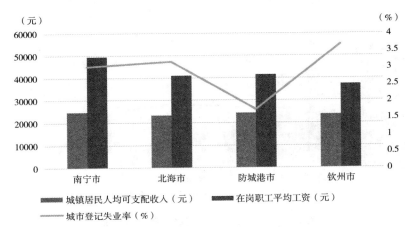

图 6－13 2013 年北部湾城市群居民收入和就业状况

资料来源：作者根据《中国城市统计年鉴（2014）》和《中国区域经济统计年鉴（2014）》制作。

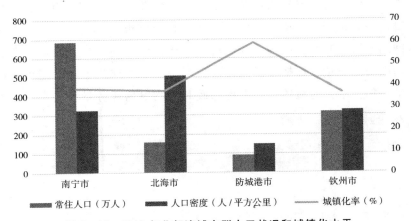

图 6－14 2013 年北部湾城市群人口状况和城镇化水平

资料来源：作者根据《中国城市统计年鉴（2014）》和《中国区域经济统计年鉴（2014）》制作。

最高；钦州市的公路里程、客运总量和货运总量均为群内第二，而北海市和防城港市在这几项指标中落后于南宁市和钦州市；而防城港市在万人公共汽车拥有量上居城市群内第二，高于北海市和钦州市。参见图 6－15。

信息化水平是体现城市内外联系紧密程度的指标，信息化水平高的地区，其发展程度也越高。2013 年四市的移动电话数量均远远高于固定电话

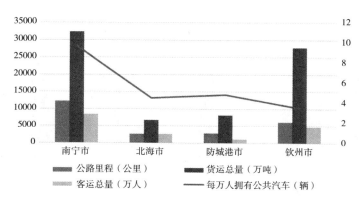

图 6－15　2013 年北部湾城市群交通状况

资料来源：作者根据《中国城市统计年鉴（2014）》和《中国区域经济统计年鉴（2014）》制作。

用户数，数量上的差异较为显著。同时，电信业务总量和人均量也都高于邮政量。各城市间比较得出，南宁市作为核心城市，其固话、移动电话和互联网用户数、邮政和电信业务总量都居于城市群内首位，人均邮政业务和人均电信业务量也保持在群内首位。其余三市中钦州市和北海市的信息化水平不相上下，防城港市在人均邮政和人均电信业务量上略高。参见图6－16、图 6－17。

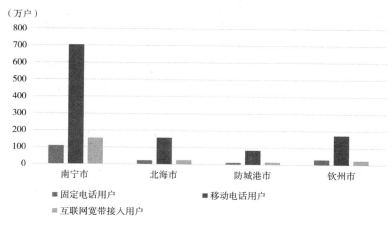

图 6－16　2013 年北部湾城市群电话和互联网用户数

资料来源：作者根据《中国城市统计年鉴（2014）》和《中国区域经济统计年鉴（2014）》制作。

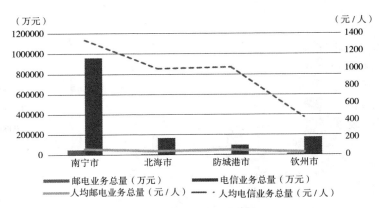

图 6-17 2013 年北部湾城市群邮政和电信业务状况

资料来源：作者根据《中国城市统计年鉴（2014）》和《中国区域经济统计年鉴（2014）》制作。

6.2.4 城市群生态可持续发展分析

在城市用地面积方面，除了人均城市道路面积，南宁市在市辖区绿地总面积、年末实有城市道路面积、城市建设用地面积和城市居住建设用地面积等方面均处于城市群内首位；城市道路面积方面南宁市最高，但这一数据细化为人均城市道路面积之后防城港市水平最高。参见表 6-9。

表 6-9 2013 年北部湾城市群土地资源状况

	城市建设用地面积（平方公里）	城市居住建设用地面积（平方公里）	人均城市道路面积（平方米）	市辖区绿地总面积（公顷）	市辖区年末实有城市道路面积（万平方米）
南宁市	277.8	84.7	14.3	40352.0	3527
北海市	70.2	25.6	20.9	2385.0	858
防城港市	21.4	4.9	38.3	1004.0	628
钦州市	86.7	21.8	33.6	2920.0	1069

资料来源：《中国城市统计年鉴（2014）》和《中国区域经济统计年鉴（2014）》。

较其他城市，南宁市较大的人口规模和产业规模也反映在其城市资源使用量上。南宁市居民生活用电、居民生活用水以及工业用电量都远远高于其他三个城市。参见图 6-18。

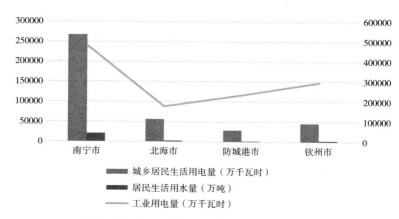

图 6-18 2013 年北部湾城市群水电资源状况

资料来源：作者根据《中国城市统计年鉴（2014）》和《中国区域经济统计年鉴（2014）》制作。

由图 6-19 可知，南宁市由于在城市规模、人口规模和产业规模方面领先于其他城市，但是在工业排放方面，其工业废水排放量、工业二氧化硫的排放量、工业烟（粉）尘排放量在北部湾地区居首位。其他三市虽然经济规模远不如南宁，但是工业二氧化硫的排放量也很高。尤其是防城港市，虽然城市规模最小，但是其工业二氧化硫、工业烟（粉）尘排放量却非常突出。

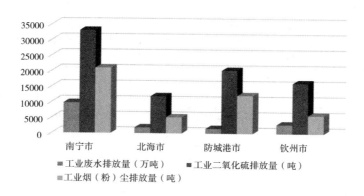

图 6-19 2013 年北部湾城市群工业环境状况

资料来源：作者根据《中国城市统计年鉴（2014）》和《中国区域经济统计年鉴（2014）》制作。

在资源环境利用状况方面北部湾城市群的指标非常接近,用水、用气普及率四个城市的数据显示都在90%以上,防城港甚至已经全面普及用水;只有南宁在用水普及方面略低、防城港用气普及率略低。四个城市在生活垃圾无害化处理方面表现差异比较大,南宁市和北海市水平最高,钦州市却很低。而建成区绿化覆盖率城市之间差距不大。参见表6—10。

表6—10 2013年北部湾城市群居民生活环境状况

单位:%

	建成区绿化覆盖率	用水普及率	用气普及率	生活垃圾无害化处理率
南宁市	42.1	96.8	99.9	100
北海市	38.8	99.7	99.9	100
防城港市	33.1	100.0	92.9	95.1
钦州市	34.5	98	96.7	91.2

资料来源:《中国城市统计年鉴(2014)》和《中国区域经济统计年鉴(2014)》。

6.3 环鄱阳湖城市群

6.3.1 城市群基本情况

环鄱阳湖城市群是长江中游城市群的三个城市群之一,位于全国"两横三纵"城镇化战略格局中沿长江通道横轴和京哈京广通道纵轴的交汇处,包括江西省9个地市,总面积12.4万平方公里。

环鄱阳湖城市群的核心城市南昌市,在地区生产总值、货物进出口总额、外商直接投资使用额、固定资产投资等经济可持续发展指标方面以及工业污染处理方面在整个城市群中处于领先位置,但在公路里程、公共图书馆数量、财政科学技术支出、客运总量、货运总量、用水普及率、用气

图 6-20　环鄱阳湖城市群城市空间分布

普及率等方面落后于其他城市，说明南昌市在经济发展、社会发展和生态发展方面存在发展不协调的问题；九江市和上饶市的地区生产总值分别位于环鄱阳湖城市群二、三位，但万人卫生机构床位数、万人卫生机构人员数、在岗职工平均工资、城市化率、人均邮政业务收入、电信业务收入、城镇生活污水处理率、建成区绿化覆盖率等在整个城市群中均处于较低水平，说明九江市和上饶市的可持续发展水平较差；鹰潭市的地区生产总值位于环鄱阳湖城市群末位，但万人卫生机构床位数和人员数、人均邮政业务收入处于中游水平，说明鹰潭市的经济发展水平与社会发展水平之间存在较大的差距。

6.3.2 城市群经济可持续发展分析

表6-11 2008-2013年环鄱阳湖城市群GDP发展状况

单位：亿元

	2008年	2009年	2010年	2011年	2012年	2013年
南昌市	1660.6	1837.5	2200.1	2688.9	3000.5	3336
景德镇市	322.4	364.0	461.5	564.7	628.3	680.3
九江市	724.9	831.4	1032.1	1256.4	1420.1	1601.7
新余市	410.0	484.2	631.2	779.2	830.3	845.1
鹰潭市	256.8	256.8	344.9	427.6	482.2	553.5
吉安市	515.6	584.1	720.5	879.1	1006.3	1123.9
宜春市	620.8	700.2	870.0	1078.0	1247.6	1387.1
抚州市	439.6	502.9	630.0	742.5	825.0	940.6
上饶市	628.7	728.5	901.0	1110.6	1265.4	1401.3

资料来源：历年《中国城市统计年鉴》和《中国区域经济统计年鉴》。

环鄱阳湖城市群自2008年至2013年GDP年平均增长率高达16.3%。而核心城市南昌市的GDP在环鄱阳湖城市群中所占的比重高排首位。2008年南昌市的GDP占到环鄱阳湖城市群GDP的29.8%，到2013年仍占到环鄱阳湖城市群GDP的28.1%。从表6-11中可以看出相对于南昌市而言，2008年其他八个城市GDP相差不大，但是随着经济的发展，八个城市的GDP差距有所变大。

表6-12 2013年环鄱阳湖城市群主要经济指标

	地方财政一般预算收入（亿元）	货物进出口总额（万美元）	金融机构人民币贷款（亿元）	经济密度（万元/平方公里）	规模以上工业总产值（亿元）	外商直接投资实际使用额（万美元）	全社会固定资产投资（万元）
南昌市	291.9	971139	5464.2	4506.9	4437.5	211657	28968649
景德镇市	73.8	112151	360.6	1293.1	1086.3	14042	5387200
九江市	176.2	474049	1056.1	839.6	3515.7	123107	15077751
新余市	84.5	207816	541.8	2659.2	1434.5	31414	7041529
鹰潭市	66.1	443381	314	1554.8	1888.5	19219	3939686

续表

	地方财政一般预算收入（亿元）	货物进出口总额（万美元）	金融机构人民币贷款（亿元）	经济密度（万元/平方公里）	规模以上工业总产值（亿元）	外商直接投资实际使用额（万美元）	全社会固定资产投资（万元）
吉安市	121.4	356142	714.7	444.5	2220.2	68427	10646288
宜春市	159.4	198321	916.4	742.9	2560.3	53208	11245778
抚州市	100.5	126052	599.1	500.3	1250.9	22089	7940981
上饶市	164.4	318303	1004.9	614.8	2205.4	75733	11646829

资料来源：《中国城市统计年鉴（2014）》和《中国区域经济统计年鉴（2014）》。

从图 6-21 可知，从三次产业占 GDP 的比重来看，环鄱阳湖城市群以第二、三产业为主，尤其是第二产业为主，均有超过 50％。第二产业是三大产业中的支柱产业。

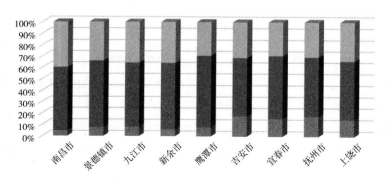

图 6-21　2013 年环鄱阳湖城市群产业结构

资料来源：作者根据《中国城市统计年鉴（2014）》和《中国区域经济统计年鉴（2014）》制作。

6.3.3　城市群社会可持续发展分析

卫生机构床位数、卫生机构人员数、万人卫生机构床位数及万人卫生机构人员数是地区社会发展在医疗方面的具体体现。从卫生机构床位数及卫生机构人员数分布可知，相对于环鄱阳湖城市群的其他城市，南昌市、九江市、吉安市、宜春市和上饶市的医疗卫生条件较好。参见图 6-22。

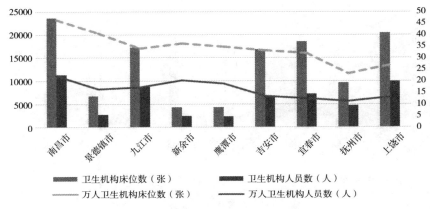

图 6－22　2013 年环鄱阳湖城市群医疗卫生状况

资料来源：作者根据《中国城市统计年鉴（2014）》和《中国区域经济统计年鉴（2014）》制作。

公共图书馆的个数及教育财政支出在一定程度上可以反映某个地区对教育的投入力度和重视程度。从图 6－23 可知，从环鄱阳湖城市群各市的教育财政支出看，南昌市、九江市、吉安市、宜春市、抚州市和上饶市的教育财政支出较高，而且这些城市的公共图书馆的数量也超过 10 个。除了南昌市外，其他市的每万人在校大学生数都是比较低的，因而环鄱阳湖城市群除了应加大对教育文化投入外，还要采取相应措施提高每万人在校大学生数。21世纪是"知识就是力量"的时代，环鄱阳湖城市群各城市需要促进教育文化发展，从而更好的为地区经济的发展奠定基础。参见图 6－23。

环鄱阳湖城市群 9 个城市中，城镇居民人均可支配收入和在岗职工平均工资水平略有差别，其中南昌市在岗职工平均工资最高，与其他城市的差距较大。各地要针对实际情况合理调整工资水平，以缩小贫富差距。参见图 6－24。

从图 6－25 可知，新余市的城镇化率最高，达到了 73％，而南昌市的人口密度最大，城镇化率却只有 44.38％。其他城市人口密度较小，城镇化水平相当。

公路里程、互联网宽带接入用户数、固定电话和移动电话用户数及人均电信业务量作为城基础设施建设的不同方面，可在一定程度上反应区域信息化发展进程和城镇化发展水平。从图 6－26 可知，从公路里程

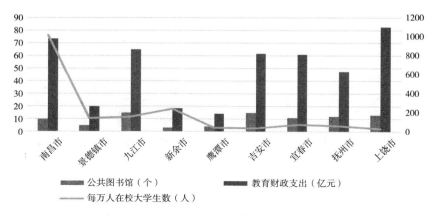

图 6－23　2013 年环鄱阳湖城市群教育文化状况

资料来源：作者根据《中国城市统计年鉴（2014）》和《中国区域经济统计年鉴（2014）》制作。

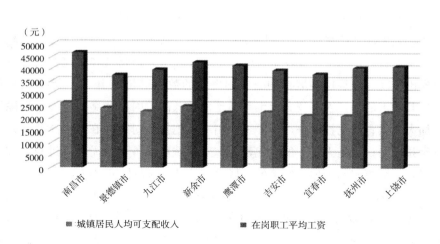

图 6－24　2013 年环鄱阳湖城市群居民收入状况

资料来源：作者根据《中国城市统计年鉴（2014）》和《中国区域经济统计年鉴（2014）》制作。

来看，九江市、吉安市、宜春市、上饶市和抚州市的公路里程比较长，而从客运总量看，南昌市、九江市、上饶市比较多；而货运总量除了最高的宜春市和最低的景德镇市，其他城市都相差不大。而从每万人拥有公共汽车辆数看，9 市的水平就差别较大。就互联网宽带接入用户、固话用户和移动电话用户数而言，南昌市较为发达，其次是上饶市、九江

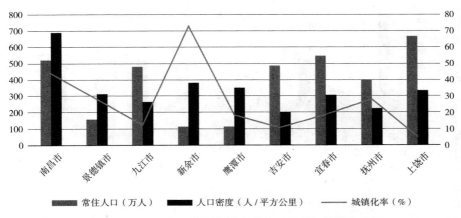

图 6－25 2013 年环鄱阳湖城市群人口状况和城镇化水平

资料来源：作者根据《中国城市统计年鉴（2014）》和《中国区域经济统计年鉴（2014）》制作。

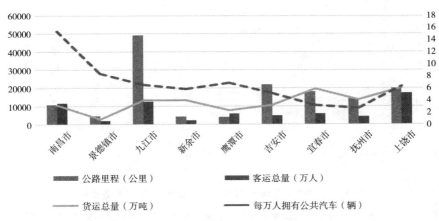

图 6－26 2013 年环鄱阳湖城市群交通状况

资料来源：作者根据《中国城市统计年鉴（2014）》和《中国区域经济统计年鉴（2014）》制作。

市、宜春市和吉安市。其他城市量比较小。对于邮政业务和电信业务，各市差别较大。无论是邮政业务总量和电信业务总量，还是人均邮政业务量和人均电信业务量，南昌市与其他城市的差别较大。参见图 6－27、图 6－28。

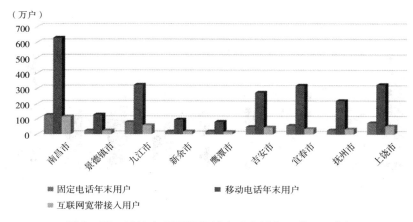

图 6－27　2013 年环鄱阳湖城市群电话和互联网用户数

资料来源：作者根据《中国城市统计年鉴（2014）》和《中国区域经济统计年鉴（2014）》制作。

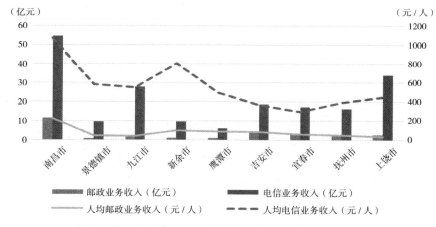

图 6－28　2013 年环鄱阳湖城市群邮政和电信业务状况

资料来源：作者根据《中国城市统计年鉴（2014）》和《中国区域经济统计年鉴（2014）》制作。

6.3.4　城市群生态可持续发展分析

从表 6－13 可知，环鄱阳湖城市群，在资源环境状况角度看，无论是城市建设用地面积、城市居住建设用地面积还是市辖区绿地总面积和市辖区年末实有城市道路面积，南昌市的各方面表现较好。鹰潭市排列最后，鹰潭的资源环境承载力令人堪忧。

表 6－13　2013 年环鄱阳湖城市群土地资源状况

	城市建设用地面积（平方公里）	城市居住建设用地面积（平方公里）	人均城市道路面积（平方米）	市辖区绿地总面积（公顷）	市辖区年末实有城市道路面积（万平方米）
南昌市	217.8	71.0	10.4	10010	3458
景德镇市	73.5	19.9	16.3	3886	805
九江市	100.2	32.8	22.9	4964	1499
新余市	66.4	24.2	23.6	3678	1083
鹰潭市	27.2	6.4	13.8	1198	300
吉安市	46.2	9.8	17.8	2234	716
宜春市	65.0	14.7	13.9	2652	774
抚州市	56.5	18.0	19.9	2508	1060
上饶市	47.2	26.7	21.8	2029	939

资料来源：《中国城市统计年鉴（2014）》和《中国区域经济统计年鉴（2014）》。

从图 6－29 可知，除了南昌市和新余市的工业用电量超高之外，其他城市居民生活用水、生活用电和工业用电量较为正常。新余市之所以会出现这种情况，是因为其工业比较发达，而且这也可以从后面的污染废弃物排放量上可以看出。从图 6－30 可知，九江市、新余市和宜春市的工业废弃物排放量比较大。同时也可以从侧面反映出九江市和宜春市的工业后期废物处理不到位，需要进一步的处理。

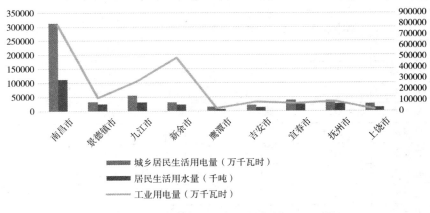

图 6－29　2013 年环鄱阳湖城市群水电资源状况

资料来源：作者根据《中国城市统计年鉴（2014）》和《中国区域经济统计年鉴（2014）》制作。

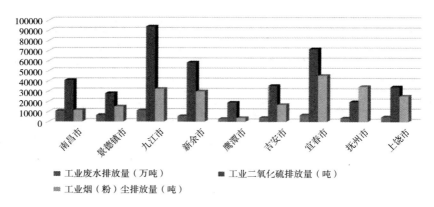

图6－30　2013年环鄱阳湖城市群工业环境状况

资料来源：作者根据《中国城市统计年鉴（2014）》和《中国区域经济统计年鉴（2014）》制作。

　　环鄱阳湖城市群的用水普及率、用气普及率差别不大；在生活垃圾无害化处理率方面，除了南昌市外，其他城市也无大差别。但是在城镇生活污水处理率和城区绿化覆盖率方面各城市就表现不一。参见表6－14。

表6－14　2013年环鄱阳湖城市群居民生活环境状况

单位：%

	城镇生活污水处理率	建成区绿化覆盖率	用水普及率	用气普及率	生活垃圾无害化处理率
南昌市	94.2	42.3	98.9	94.8	89.4
景德镇市	71.3	51.3	99.8	98.3	100.0
九江市	87.8	52.0	100.0	99.4	100.0
新余市	96.8	50.7	100.0	99.4	100.0
鹰潭市	86.1	40.5	96.7	94.2	100.0
吉安市	72.0	56.9	93.2	97.2	63.5
宜春市	93.2	43.1	95.2	95.1	100.0
抚州市	91.3	48.8	99.1	99.6	100.0
上饶市	90.3	47.6	99.7	95.4	100.0

资料来源：《中国城市统计年鉴（2014）》和《中国区域经济统计年鉴（2014）》。

6.4 太原城市群

6.4.1 城市群基本情况

太原城市群，以太原为中心，包括晋中市、阳泉市、吕梁市和忻州市，共五市。2013 年，太原城市群年末总人口 1563 万人，占全国总人口的 1.2%，土地面积 7.43 万平方公里，占全国国土面积的 0.77%，地区生产总值达到 5930.2 亿元，占当年国内生产总值的 0.9%。

太原市作为太原城市群的核心城市，在经济可持续发展、社会可持续发展以及生态可持续发展方面，在整个城市群中都居于首位，说明在经济增长的同时，太原市的社会发展与生态环境也较好的实现了协调发展。吕梁市和晋中市的地区生产总值位于整个城市群中游，卫生机构人员数以及万人卫生机构人员数落后于忻州市，城市化率落后于阳泉市，表明这两个城市的经济发展与社会发展不协调。其中，晋中市的工业烟尘粉排放量远远高于其他城市，工业二氧化硫排放量和工业废水排放量也高居第二位，说明晋中市经济发展严重依赖于生态环境的破坏，与城市可持续发展目标的实现相距甚远。阳泉市的经济发展、社会发展和资源环境均处于城市群的最低水平。

6.4.2 城市群经济可持续发展分析

表 6－15　2008－2013 年太原城市群 GDP 发展状况

单位：亿元

	2008 年	2009 年	2010 年	2011 年	2012 年	2013 年
太原市	1468.10	1545.24	1778.10	2080.12	2311.4	2412.9
阳泉市	310.65	348.71	429.38	528.11	601.9	611.8
晋中市	567.81	636.81	763.84	890.24	986.6	1022.2

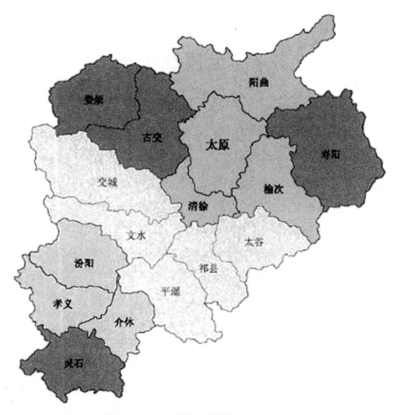

图 6-31　太原城市群城市空间分布

续表

	2008 年	2009 年	2010 年	2011 年	2012 年	2013 年
忻州市	315.77	349.31	437.46	554.55	620.9	654.7
吕梁市	629.64	611.56	845.54	1130.71	1230.4	1228.6

资料来源：历年《中国城市统计年鉴》和《中国区域经济统计年鉴》。

　　从表 6-15 可知，2008—2013 年太原城市群五个城市的 GDP 均有不同程度的增长，2011—2013 年增长速度逐渐减慢，但仍处于增长的态势。其中太原市的 GDP 增长处于整个城市群的领先地位，忻州市的 GDP 增长速度是最快的。

表6-16 2013年太原城市群主要经济指标

	地方财政一般预算收入（亿元）	货物进出口总额（万美元）	金融机构人民币贷款（亿元）	经济密度（万元/平方公里）	规模以上工业总产值（亿元）	外商直接投资实际使用额（万美元）	全社会固定资产投资（万元）
太原市	247.3	916349.0	7111.9	3458.4	2503.9	94426.0	16707390.0
阳泉市	47.9	21338.0	617.4	1338.7	715.9	26500.0	4855450.0
晋中市	115.1	44405.0	909.3	623.6	1332.8	18406.0	9459249.0
忻州市	73.7	19751.0	583.1	260.7	801.6	2306.0	8151664.0
吕梁市	163.9	74846.0	803.1	578.5	2004.5	32260.0	8729071.0

资料来源：《中国城市统计年鉴（2014）》和《中国区域经济统计年鉴（2014）》。

在太原城市群五个城市中，太原市以第三产业为主，第二产业其次；吕梁市恰与其相反，第二产业占相当大的比例，第三产业则是其次；剩余其他三个城市产业结构比较相似，第二产业所占比例略大于第三产业。参见图6-32。

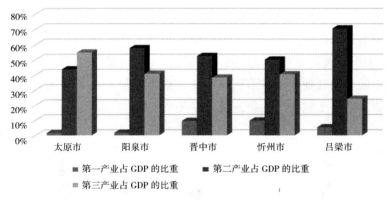

图6-32 2013年太原城市群产业结构

资料来源：作者根据《中国城市统计年鉴（2014）》和《中国区域经济统计年鉴（2014）》制作。

6.4.3 城市群社会可持续发展分析

从卫生机构床位数和人员数的总量水平上看，太原市水平较高，其他四个城市总量水平不高且有差距。而从万人卫生机构床位数来看，差别所有减少，但居于第一位的与最后一位的城市差距仍然明显。而从万人卫生机构人员数方面看，太原市高居首位，其次是忻州市，阳泉和吕梁水平相当，晋中则最低。参见图 6－33。

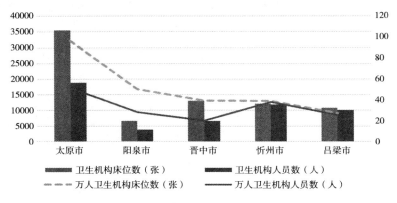

图 6－33　2013 年太原城市群医疗卫生状况

资料来源：作者根据《中国城市统计年鉴（2014）》和《中国区域经济统计年鉴（2014）》制作。

　　从教育程度的角度，吕梁市的教育财政支出最高，略高于太原市，晋中市和忻州市教育财政支出相当，阳泉市最低，不到吕梁市的三分之一。从公共图书馆的数量上看，阳泉市最低，仅有 6 个，忻州和吕梁市并列第一，为 14 个；太原和晋中市排列第二，为 11 个。总体来看，阳泉市在教育文化方面相比其他四个城市而言，支出最低，但是阳泉市的每万人在校大学生数居于五个城市中的第三位。参见图 6－34。

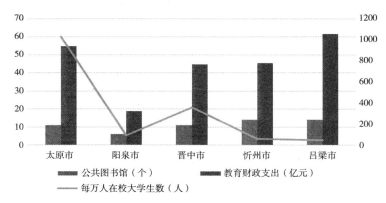

图 6－34　2013 年太原城市群教育文化状况

资料来源：作者根据《中国城市统计年鉴（2014）》和《中国区域经济统计年鉴（2014）》制作。

从图6－35可知，从城镇居民家庭人均可支配收入的数据看，五市的水平几乎持平，忻州市和吕梁市略低于其他三个城市。从在岗职工平均工资水平看，五个城市层次分明，太原市居第一位，阳泉市的职工平均工资仅次于太原市，忻州市最低。在城镇登记失业率方面，晋中市和吕梁市失业率水平最低，忻州市和阳泉市水平相当，但太原市失业率最高。

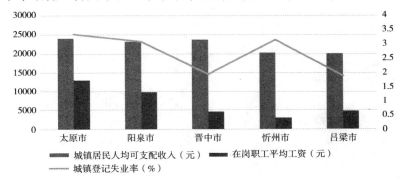

图6－35 2013年太原城市群居民收入和就业状况

资料来源：作者根据《中国城市统计年鉴（2014）》和《中国区域经济统计年鉴（2014）》制作。

从图6－36可知，从人口分布上进行分析，核心城市太原市的人口密度远远领先于其他四个城市，阳泉市的人口密度次居第二，忻州市人口密度最低。城镇化率相差较大，太原市和阳泉市处于领先位置，均超过了50％，其中太原市更是达到了77.5％，吕梁市的城镇化率最低，仅有7.2％，晋中和忻州水平相当。

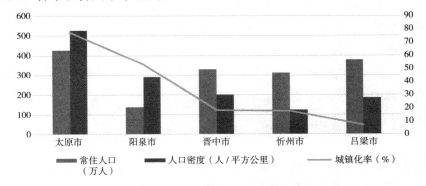

图6－36 2013年太原城市群人口状况和城镇化水平

资料来源：作者根据《中国城市统计年鉴（2014）》和《中国区域经济统计年鉴（2014）》制作。

从交通的角度来看，太原市的公路里程仅仅略高于阳泉市，每万人拥有公共汽车的数量低于阳泉市，但是在客运总量上远高于其他四个城市，而且太原市的货运总量也是遥遥领先的。五个城市中，忻州市的公路里程最长，居于第一位，其次是吕梁市、晋中市、太原市，最后是阳泉市。总体来看，太原市的交通还是较为发达的。参见图6－37。

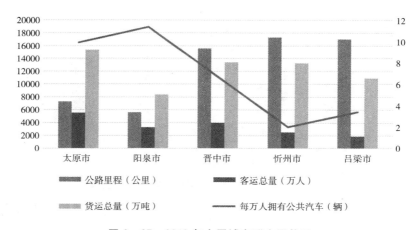

图6－37 2013年太原城市群交通状况

资料来源：作者根据《中国城市统计年鉴（2014）》和《中国区域经济统计年鉴（2014）》制作。

信息化水平的高低代表着该城市发展程度水平的高低。从图6－38和图6－39可以看出，在太原城市群中，移动电话用户数要远远多于固定电话用户数和互联网宽带接入用户数。而且，电信业务总量和人均电信业务总量也都远高于邮政业务量。从五个城市间的对比可以清晰的看出，作为核心城市的太原市，它的固定电话、移动电话和互联网宽带接入用户数、邮政和电信业务量均居于五个城市之首。相比而言，吕梁市和晋中市水平相当，其次是忻州市，最后是阳泉市。

6.4.4 城市群生态可持续发展分析

从资源环境承载力的方面来看，太原市城市建设用地面积最高，比其他四个城市的城市建设用地面积之和还要多，城市居住建设用地面积亦是如此，比其他四个城市的城市居住建设用地面积之和还要多。总体来看，

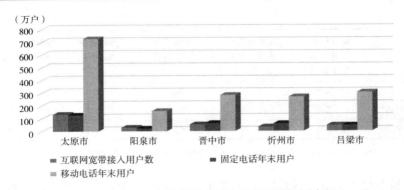

图 6－38　2013 年太原城市群电话和互联网用户数

资料来源：作者根据《中国城市统计年鉴（2014）》和《中国区域经济统计年鉴（2014）》制作。

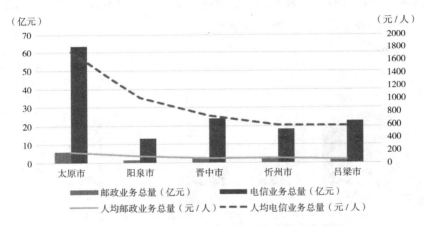

图 6－39　2013 年太原城市群邮政和电信业务状况

资料来源：作者根据《中国城市统计年鉴（2014）》和《中国区域经济统计年鉴（2014）》制作。

太原市的土地资源承载力排名列第一，后面依次是晋中市、阳泉市、忻州市，最后是吕梁市。参见表 6－17。

表 6－17　2013 年太原城市群土地资源状况

	城市建设 用地面积 （平方公里）	城市居住建 设用地面积 （平方公里）	人均城市 道路面积 （平方米）	市辖区绿 地总面积 （公顷）	市辖区年末实有 城市道路面积 （万平方米）
太原市	284.0	65.0	12.5	11190	3570
阳泉市	53.0	15.0	8.7	1950	611

续表

	城市建设 用地面积 （平方公里）	城市居住建 设用地面积 （平方公里）	人均城市 道路面积 （平方米）	市辖区绿 地总面积 （公顷）	市辖区年末实有 城市道路面积 （万平方米）
晋中市	53.0	17.0	16.6	1709	1010
忻州市	32.0	12.0	9.2	867	507
吕梁市	22.0	7.0	10.4	818	294

资料来源：《中国城市统计年鉴（2014）》和《中国区域经济统计年鉴（2014）》。

　　核心城市太原市的居民生活用电、生活用水以及工业用电量在城市群里居首位，这三个方面的数量比其他四个城市的各方面数量之和还要多。从图 6－40 可以明显的看出，太原市遥遥领先于其他四个城市，之后依次是阳泉市、晋中市、忻州市和吕梁市。

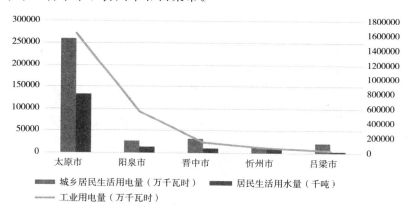

图 6－40　2013 年太原城市群水电资源状况

资料来源：作者根据《中国城市统计年鉴（2014）》和《中国区域经济统计年鉴（2014）》制作。

　　工业污染排放量方面，五个城市综合来看，阳泉市污染相对来讲是最低的，晋中市最高，尤其是晋中市的工业烟（粉）尘排放最为严重，其他三个城市水平相当。由此可见，这五个城市中的工业发展侧重点有所差别。参见图 6－41。

　　相对污染排放而言，太原市、阳泉市和晋中市对污染的处理效果较好，吕梁市较差，忻州市最差。整体而言，太原城市群还需要加大对污染废弃物处理的投入，在大力发展工业经济的同时，也要很好地对空气质量

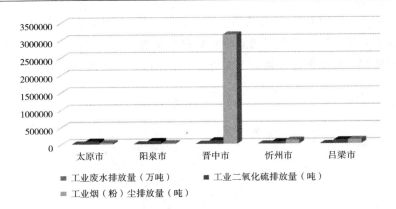

图 6-41　2013 年太原城市群工业环境状况

资料来源：作者根据《中国城市统计年鉴（2014）》和《中国区域经济统计年鉴（2014）》制作。

把关，以及扩大城区绿化。参见表 6-18。

表 6-18　2013 年太原城市群居民生活环境状况

单位：%

	城镇生活污水处理率	建成区绿化覆盖率	生活垃圾无害化处理率
太原市	85.0	39.9	100.0
阳泉市	87.2	41.0	72.0
晋中市	92.8	36.4	69.0
忻州市	68.1	31.1	42.9
吕梁市	75.3	39.0	51.3

资料来源：《中国城市统计年鉴（2014）》和《中国区域经济统计年鉴（2014）》。

6.5　宁夏沿黄城市群

6.5.1　城市群基本情况

宁夏沿黄城市群，包括银川市、石嘴山市、吴忠市以及中卫市。2013年，城市群面积 4.8 万平方公里，以 79% 的土地面积集中了宁夏全区 77% 的人口、80％的城镇和83％的城镇人口，创造了宁夏全区90％以上的GDP和财政收入，是宁夏经济发展的战略高地和主要增长极，也是我国西部地区经济基础较好、自然条件优越、人文历史底蕴深厚、发展潜力较大的地区。

图6－42　宁夏沿黄城市群城市空间分布

银川市作为宁夏沿黄城市群的核心城市，在经济可持续发展、社会可持续发展方面以及生态可持续发展等方面都位居整个城市群首位，说明在经济增长的同时，银川市的社会发展与生态环境也较好的实现了协调发展；城市群中其他城市的经济发展和社会发展水平相当；在生态环境方面，石嘴山市和中卫市的工业烟（粉）尘排放量较高，说明这两个城市的可持续发展水平较差。

6.5.2　城市群经济可持续发展分析

宁夏沿黄城市群的 2008 年的 GDP 为 1098.5 亿元，到 2013 年增长到 2374.8 亿元，年平均增长率高达 16.7%。核心城市银川市的 GDP 占宁夏沿黄城市群的 GDP 比重较大，2008 年银川市占宁夏沿黄城市群 GDP 的

表 6－19　2013 年宁夏沿黄城市群主要经济指标

	地方财政一般预算收入（亿元）	货物进出口总额（万美元）	金融机构人民币贷款（亿元）	规模以上工业总产值（亿元）
银川市	118.82	241829.0	2660.6	1928.0
石嘴山市	30.99	47119.0	402.2	660.3
吴忠市	32.47	17240.0	369.1	519.3
中卫市	17.07	15599.0	316.1	407.2

资料来源：《中国城市统计年鉴（2014）》和《中国区域经济统计年鉴（2014）》。

46.8%，到 2013 年增至 54.3%。而且，银川市的 GDP 增长速度仍在加快，其他三个城市的 GDP 与其差距越来越大。其他三个城市的 GDP 差别不大。而对于人均 GDP 而言，石嘴山市和银川市相当，吴忠市和中卫市相当，落后于石嘴山市和银川市。参见图 6－43。

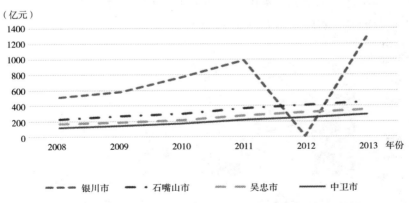

图 6－43　2008－2013 年宁夏沿黄城市群 GDP 发展状况

资料来源：作者根据《中国城市统计年鉴（2014）》和《中国区域经济统计年鉴（2014）》制作。

从图 6－44 可知，宁夏沿黄城市群产业结构比较相似，主要以第二产

业为主。其中银川市和中卫市的第三产业占比较高，分别达到了 42.3％和 39.1％，石嘴山市的第二产业比重则高达 64.4％。

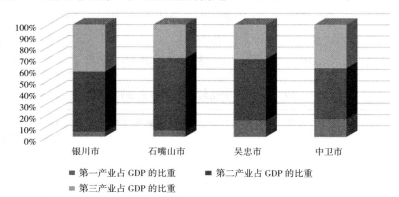

图 6－44 2013 年宁夏沿黄城市群产业结构

资料来源：作者根据《中国城市统计年鉴（2014）》和《中国区域经济统计年鉴（2014）》制作。

6.5.3 城市群社会可持续发展分析

医疗卫生发展水平可以反映一个地区的发展水平，这是衡量城市发展的一个指标。对于卫生机构床位数和人员数而言，四个城市中银川市高居首位，其次是吴忠市、石嘴山市和中卫市。但是对于万人卫生机构床位数和人员数而言，石嘴山市要领先于吴忠市。参见图 6－45。

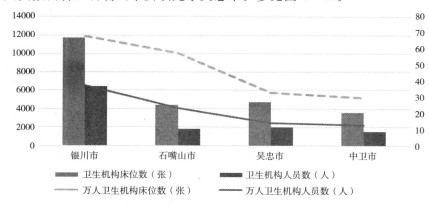

图 6－45 2013 年宁夏沿黄城市群医疗卫生状况

资料来源：作者根据《中国城市统计年鉴（2014）》和《中国区域经济统计年鉴（2014）》制作。

公共图书馆的个数及教育财政支出在一定程度上可以反映一个地区对教育的投入力度和重视程度。银川市的教育财政支出最高，其后依次为吴忠市、中卫市和石嘴山市。宁夏沿黄城市群各城市公共图书馆数普遍较少，最多的是银川市。参见图6－46。

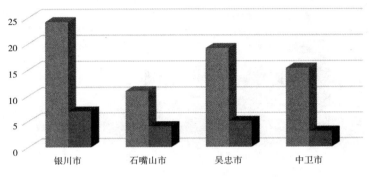

图6－46　2013年宁夏沿黄城市群教育文化状况

资料来源：作者根据《中国城市统计年鉴（2014）》和《中国区域经济统计年鉴（2014）》制作。

从城镇居民人均可支配收入和在岗职工平均工资方面看，银川市居宁夏沿黄城市群的第一位，其次是石嘴山市，最后是中卫市和吴忠市；而从城镇失业率来讲，银川市和石嘴山市失业率为最低，其次是中卫市，最后是吴忠市。参见图6－47。

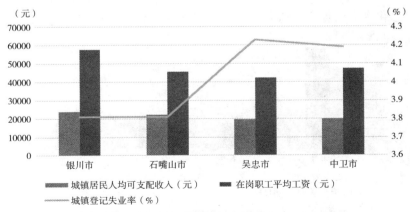

图6－47　2013年宁夏沿黄城市群居民收入和就业状况

资料来源：作者根据《中国城市统计年鉴（2014）》和《中国区域经济统计年鉴（2014）》制作。

　　无论是常住人口数、人口密度，还是城镇化率，核心城市银川市都是排名第一位。而对于人口密度，石嘴山市仅次于银川市，最后是吴忠市和中卫市，这两市水平相当。城镇化率方面，石嘴山市也是仅次于银川市，吴忠市和中卫市水平较低。参见图 6－48。

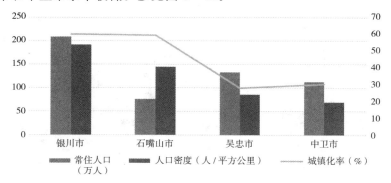

图 6－48　2013 年宁夏沿黄城市群人口状况和城镇化水平

资料来源：作者根据《中国城市统计年鉴（2014）》和《中国区域经济统计年鉴（2014）》制作。

　　信息化水平是反映一个城市经济发展和社会发展水平高低的一个指标。从图 6－49 和表 6－20 来看，互联网宽带接入用户数、固定电话、移动电话用户数以及邮政业务和电信业务方面，核心城市银川市都起到一个很好地带头作用，反映出银川市的城市发展水平相对于其他三个城市来讲，是比较发达的。而其他三个城市都要增强对信息化方面的关注度，促进信息化水平的提高，从而促进经济的发展，增加城市的综合竞争力。

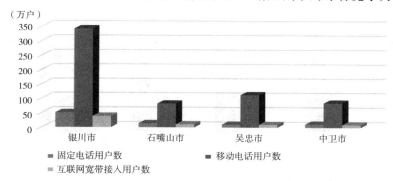

图 6－49　2013 年宁夏沿黄城市群电话和互联网用户数

资料来源：作者根据《中国城市统计年鉴（2014）》和《中国区域经济统计年鉴（2014）》制作。

表6-20　2013年宁夏沿黄城市群邮政和电信业务状况

表6-20　2013年宁夏沿黄城市群邮政和电信业务状况

	邮政业务总量 （亿元）	电信业务总量 （亿元）	人均邮政业务总量 （元/人）	人均电信业务总量 （元/人）
银川市	1.33	35.3	76.8	2044.3
石嘴山市	0.4	7.4	53.8	961.5
吴忠市	0.4	9.9	26.9	687.9
中卫市	0.2	7.2	20.3	589.7

资料来源：《中国城市统计年鉴（2014）》和《中国区域经济统计年鉴（2014）》。

6.5.4　城市群生态可持续发展分析

对于资源环境承载力，银川市的市辖区绿地总面积最高，石嘴山市次之；在市辖区年末实有城市道路面积、城市建设用地面积和城市居住建设面积等方面，银川市也是领先于其他三个城市的，中卫市居最末位，需要加大力度，改善环境，提升本市的资源环境承载力。参见表6-21。

表6-21　2013年宁夏沿黄城市群土地资源状况

	城市建设 用地面积 （平方公里）	城市居住建 设用地面积 （平方公里）	人均城市 道路面积 （平方米）	市辖区绿 地总面积 （公顷）	市辖区年末实有 城市道路面积 （万平方米）
银川市	149.0	46.0	17.8	7413.0	1837
石嘴山市	103.0	22.0	16.2	6778.0	737
吴忠市	48.0	14.0	12.5	2433.0	499
中卫市	38.0	11.0	13.4	1476.0	542

资料来源：《中国城市统计年鉴（2014）》和《中国区域经济统计年鉴（2014）》。

居民生活用电和生活用水量方面，银川市均居于首位，石嘴山、吴忠市和中卫市分别排在其后；而工业用电量方面，中卫市居于首位，其次为石嘴山市、银川市和吴忠市。参见图6-50。

污染废弃物的排放方面，四个城市都比较严重，银川市工业废水和工业二氧化硫排放量最高；石嘴山市工业烟（尘）排放量最高。这些城市在发展自己经济的同时，也要关注环境的保护和环境的承载力，因而要加大对绿化的投入和污染废弃物的处理。参见图6-51。

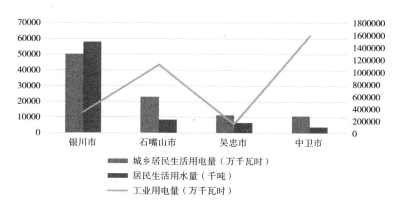

图 6－50　2013 年宁夏沿黄城市群水电资源状况

资料来源：作者根据《中国城市统计年鉴（2014）》和《中国区域经济统计年鉴（2014）》制作。

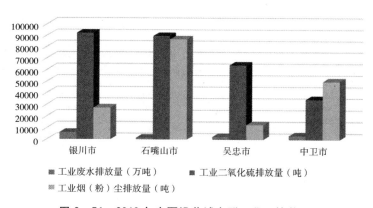

图 6－51　2013 年宁夏沿黄城市群工业环境状况

资料来源：作者根据《中国城市统计年鉴（2014）》和《中国区域经济统计年鉴（2014）》制作。

　　从城市群内生活环境看，银川市的建成区绿化覆盖率最高，其次为吴忠市和石嘴山市，中卫市的绿化覆盖率最低；生活垃圾无害化处理方面，银川市、石嘴山市和中卫市做得相当好，而吴忠市的垃圾处理水平亟待提高；生活污水处理方面，银川市、石嘴山市和中卫市较好，而吴忠市水平有待提高。参见表 6－22。

表 6—22 宁夏沿黄城市群居民生活环境状况

单位:%

	城镇生活污水处理率	建成区绿化覆盖率	生活垃圾无害化处理率
银川市	100.0	40.9	100.0
石嘴山市	100.0	39	100.0
吴忠市	56	39.1	98.8
中卫市	99.6	36.3	100.0

资料来源:《中国城市统计年鉴(2014)》和《中国区域经济统计年鉴(2014)》。

6.6 兰州—西宁城市群

6.6.1 城市基本情况

兰州—西宁城市群,包括兰州市、西宁市、白银市、临夏回族自治州、定西市,是甘肃、青海两省城镇经济社会发展发育较好的区域,也是西北地区重要的城镇密集地区之一。

兰州和西宁是兰州—西宁城市群的两个核心城市,该城市群位于西北地区的中心地带,起着承东启西的作用,对于甘肃、青海、乃至整个西北地区社会经济发展均有重要的作用。其中,兰州市在地区生产总值、货物进出口总额、规模以上工业总产值、卫生机构床位数和医生数、财政教育支出等方面,都位居整个城市群首位,用水普及率和建成区绿化覆盖率位于第二位;西宁市的地区生产总值位于第二位,万人卫生机构床位数和人员数、财政教育支出、用水普及率和建成区绿化覆盖率位居整个城市群首位。说明兰州市和西宁市的经济发展、社会发展与生态环境较好地实现了协调发展。

但是兰州—西宁城市群的其他城市面临着严重的可持续发展问题,如城镇职能结构单一、产业布局不合理、生态环境脆弱、资源浪费严重、交通基础设施不完善、地方保护主义严重、行政区划分割等,导致经济无序竞争,城镇发展缓慢,网络化、信息化程度不高,难以形成整体的竞争优

图 6-52　兰州—西宁城市群城市空间分布

势相联系,阻碍了兰州—西宁城市群整体的经济发展、社会发展以及生态环境的协调发展,难以在西部大开发中充分发挥应有的作用。

6.6.2　城市群经济可持续发展分析

兰州—西宁城市群 2008 年 GDP 为 1697 亿元,到 2013 年 GDP 增长到 3637.6 亿元,年均增长率高达 16.5%。兰州市的 GDP 在兰州—西宁城市群中所占比重首屈一指,2008 年兰州市的 GDP 在整个城市群中占比高达 49.9%,到 2013 年仍然高达 48.8%。临夏回族自治州和定西市的 GDP 水平相当,也是五个城市中排在最末的。2008—2013 年五个城市的 GDP 一直有所增长,以定西市增速最快。从人均 GDP 角度看,五个城市人均 GDP 水平相差较大,兰州市居五市之首,其次是西宁市、白银市、定西市和临夏回族自治州。从表6—23可知，核心城市兰州市和西宁市的地方财政收入、货物进出口总额、金融机构人民币贷款和规模以上工业总产值均名列前茅，兰州市尤为突出。

表6—23　2008—2013年兰州—西宁城市群GDP发展状况

单位：亿元

	2008年	2009年	2010年	2011年	2012年	2013年
兰州市	846.3	926.0	1100.4	1360.0	1563.8	1776.3
西宁市	422.2	501.1	628.3	770.7	851.1	978.5
白银市	244.3	265.3	311.2	375.8	433.8	463.3
定西市	105.6	131.9	156.0	186.9	223.3	252.2
临夏回族自治州	78.6	93.2	106.4	128.8	151.9	167.3

资料来源：《中国城市统计年鉴（2014）》和《中国区域经济统计年鉴（2014）》。

表6—24　2013年兰州—西宁城市群主要经济指标

	地方财政一般预算收入（亿元）	货物进出口总额（万美元）	金融机构人民币贷款（亿元）	规模以上工业总产值（亿元）
兰州市	124.5	406429	4407.7	2414.9
西宁市	67.1	124115	2727.7	1204.5
白银市	24.1	78103	329.7	695.5
定西市	17.0	3457	315.1	132.5
临夏回族自治州	9.07	1663	164.96	74.3

资料来源：《中国城市统计年鉴（2014）》和《中国区域经济统计年鉴（2014）》。

从三次产业增加值和三次产业占GDP比重角度看，除定西市外，其他四州市均以第二产业和第三产业为主，第一产业所占比重较小，而定西市第一产业略大于第二产业所占比重。其中，兰州市和临夏回族自治州的第三产业比重相当，均超过了50%，领先于其他三市。白银市、定西市和临夏回族自治州的第一产业所占比重较大，产业升级的潜力很大。参见图6—53。

6.6.3　城市群社会可持续发展分析

从图6—54可知，从卫生机构床位数和人员数以及万人卫生机构床位

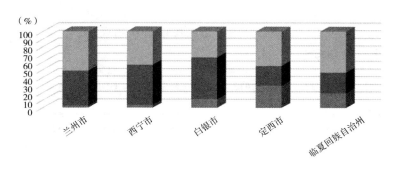

图 6-53 2013 年兰州—西宁城市群产业结构

资料来源：作者根据《中国城市统计年鉴（2014）》和《中国区域经济统计年鉴（2014）》制作。

数和人员数来看，兰州—西宁城市群各州市水平差距很大。从这四个方面可以看出兰州医疗水平最高，其次是西宁市。其他三个州市，从卫生机构床位数和人员数来看定西市较好，而从万人卫生机构床位数和人员数来看，白银市较好。

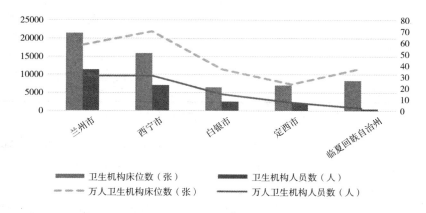

图 6-54 2013 年兰州—西宁城市群医疗卫生状况

资料来源：作者根据《中国城市统计年鉴（2014）》和《中国区域经济统计年鉴（2014）》制作。

从图 6-55 可以看出，兰州—西宁城市群中，兰州市、西宁市和定西市的教育财政支出较多，而其他两个州市支出水平较低。而在公共图书馆数量方面，兰州市、定西市和临夏回族自治州在一水平线上，白银市和西宁市数量相当。白银市应加大对教育文化的关注和投入力度，促进教育文化的发展。

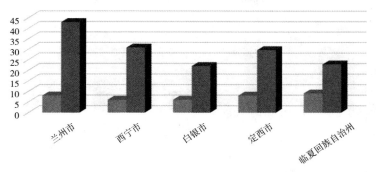

■ 公共图书馆（个） ■ 教育财政支出（亿元）

图6－55　2013年兰州—西宁城市群教育文化状况

资料来源：作者根据《中国城市统计年鉴（2014）》和《中国区域经济统计年鉴（2014）》制作。

从城镇居民人均可支配收入角度来讲，兰州市、西宁市和白银市收入较高，水平相近，定西市次之，最后是临夏回族自治州。定西市和临夏回族自治州应采取措施促进城镇居民的就业，减少居民失业率，促进地区的经济发展。参见图6－56。

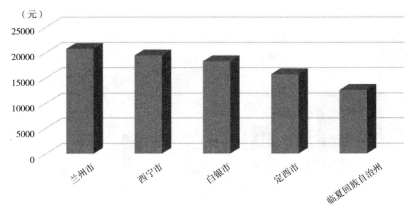

图6－56　2013年兰州—西宁城市群城镇居民人均可支配收入

资料来源：作者根据《中国城市统计年鉴（2014）》和《中国区域经济统计年鉴（2014）》制作。

从城镇化水平与人口发展角度来说，兰州市的常住人口和西宁市的人口密度位居前列。而且城市化率也是较高。从一定程度上说，城镇化率与城镇居民人均可支配收入关系密切。参见图6—57。

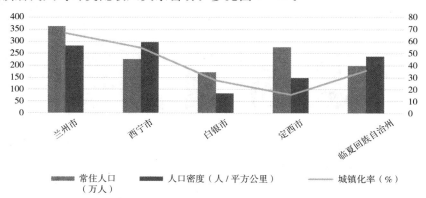

图6—57　2013年兰州—西宁城市群人口状况和城镇化水平

资料来源：作者根据《中国城市统计年鉴（2014）》和《中国区域经济统计年鉴（2014）》制作。

信息化水平的高低能清晰地反映出一个地区的经济发展水平。互联网宽带接入用户数、固定电话和移动电话用户数以及邮政业务和电信业务量这些都是信息化水平的具体表现。兰州—西宁城市群中，兰州市的信息化水平最高，信息化水平的具体表现方面在五个城市中都居于榜首，其次是同为核心城市的西宁市。但是这五个州市的信息化水平差别较大。因此，除兰州市外，其他四个城市应加大对信息化的关注和重视程度，以更好地推动城市的经济发展。参见图6—58、图6—59。

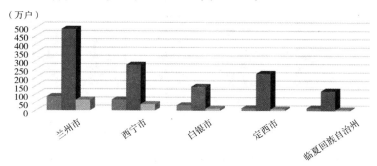

图6—58　2013年兰州—西宁城市群电话和互联网用户数

资料来源：作者根据《中国城市统计年鉴（2014）》和《中国区域经济统计年鉴（2014）》制作。

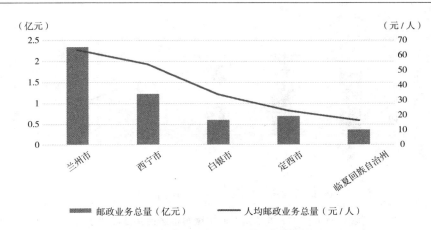

图 6-59　2013 年兰州—西宁城市群邮政业务状况

资料来源：作者根据《中国城市统计年鉴（2014）》和《中国区域经济统计年鉴（2014）》制作。

6.6.4　城市群生态可持续发展分析

由图 6-60 可知，在兰州—西宁城市群中，工业废水排放量最多的是兰州市，后面依次是西宁市、临夏回族自治州、白银市，最少的是定西市。工业二氧化硫排放最多的是兰州市和西宁市，最少的是临夏回族自治州。综合而言定西市的工业污染废弃物排放最少。对于建成区绿化覆盖率来说，西宁绿化水平最高，较差的是临夏回族自治州，其他三个州市水平相当。参见图 6-61。

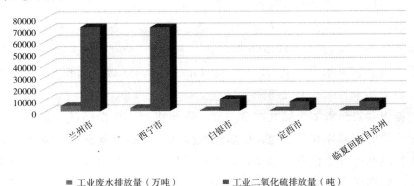

图 6-60　2013 年兰州—西宁城市群工业环境状况

资料来源：作者根据《中国城市统计年鉴（2014）》和《中国区域经济统计年鉴（2014）》制作。

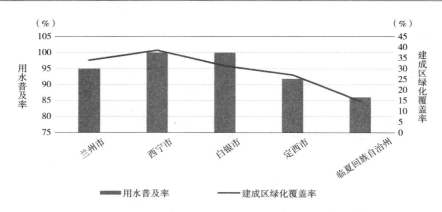

图 6－61　2013 年兰州—西宁城市群居民生活环境状况

资料来源：作者根据《中国城市统计年鉴（2014）》和《中国区域经济统计年鉴（2014）》制作。

6.7　黔中城市群

6.7.1　城市群基本情况

黔中城市群，又称黔中经济区，范围包括贵州省贵阳市及遵义市红花岗区、汇川区、遵义县、绥阳县、仁怀市，安顺市西秀区、平坝县、普定县、镇宁县，毕节市七星关区、大方县、黔西县、金沙县、织金县，黔东南州凯里市、麻江县，黔南州都匀市、福泉市、贵定县、瓮安县、长顺县、龙里县、惠水县，共计 24 个县（市、区），区域总面积 13 万平方公里，占贵州全省 75％的面积。

据中共贵州省委十届九次全委会，贵州将力争把黔中城市群建设成为全国重要的能源原材料基地、以航天航空为重点的装备制造业基地、烟草工业基地和南方绿色食品基地，西南连接华南、华东地区的陆路交通枢纽和全国的商贸物流中心。

贵阳市作为黔中城市群的核心城市，在经济可持续发展、社会可持续发展以及生态环境可持续发展方面都居于前列，说明在经济增长的同

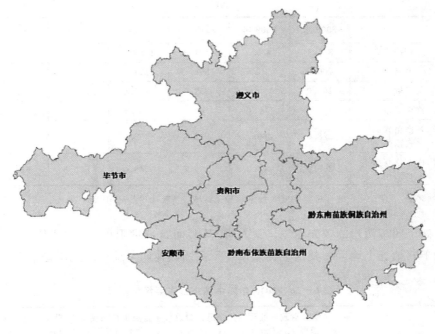

图 6-62 黔中城市群城市空间分布

时，贵阳市的社会发展与资源环境也较好地实现了协调发展；遵义市和毕节市的经济发展水平位于整个城市群中游，除公共图书馆和财政教育支出较高外，两个城市的社会可持续发展水平远低于贵阳市，并且毕节市的环境污染处理水平较差，工业污染物排放量远高于其他城市，说明遵义市和毕节市离实现可持续发展目标还有相当长的一段距离；安顺市的经济可持续发展、社会可持续发展和生态可持续发展在整个城市群中均处于较低水平。

6.7.2　城市群经济可持续发展分析

黔中城市群 2008 年 GDP 为 2577.2 亿元，到 2013 年增长到 6372.3 亿元，年均增长率高达 19.8%，其中贵阳市的 GDP 在黔中城市群中所占的比重首屈一指。从表 6-25 中可以看出，2008—2013 年贵阳市的 GDP 一

表 6－25 2008－2013 年黔中城市群 GDP 发展状况

单位：亿元

	2008 年	2009 年	2010 年	2011 年	2012 年	2013 年
贵阳市	811.1	971.9	1121.8	1383.1	1700.3	2085.4
遵义市	700.5	777.6	908.8	1121.5	1343.9	1584.7
安顺市	169.0	195.7	232.9	285.6	352.6	429.2
毕节市	403.0	500.0	600.9	737.9	877.9	1041.9
黔东南苗族侗族自治州	228.0	269.7	312.6	383.6	495.8	585.6
黔南布依族苗族自治州	265.6	298.0	356.7	443.6	550.3	645.5

资料来源：《中国城市统计年鉴（2014）》和《中国区域经济统计年鉴（2014）》。

直处于四市两州的领先地位。就人均 GDP 而言，贵阳市人均 GDP 遥遥领先于其他五个地区，其次是遵义市，剩余的其他四个地区差别不是很大。

表 6－26 2013 年黔中城市群主要经济指标

	地方财政一般预算收入（亿元）	货物进出口总额（万美元）	金融机构人民币贷款（亿元）	规模以上工业总产值（亿元）
贵阳市	277.2	666233.0	4177.9	2014.3
遵义市	136.8	18037.0	1203.6	1478.4
安顺市	46.9	3060.0	431.2	420.4
毕节市	125.6	10902.0	547.8	588.8
黔东南苗族侗族自治州	85.9	63838.0	519.6	—
黔南布依族苗族自治州	73.2	13572.0	485.3	—

资料来源：《中国城市统计年鉴（2014）》和《中国区域经济统计年鉴（2014）》。

由三次产业占 GDP 比重可知，黔中城市群以二、三产业为主，个别地区的第一产业所占比重也不可忽视。其中核心城市贵阳市的第三产业在 GDP 中所占比重最大。安顺市和黔东南苗族侗族自治州的第三产业占 GDP 比重也很大，这两个地区的第一产业所占比重在 15％ 左右。遵义市和黔南布依族苗族自治州的第二、三产业占 GDP 比重旗鼓相当，毕节市则是以第二产业为主。

由三次产业增加值可知，黔中城市群六个地区的 GDP 增长与其产业占 GDP 比重是相对应的。核心城市贵阳市的二、三产业增加值占据 GDP 的绝大比例。而其他五个地区由于第一产业占 GDP 比重较大，所以在二、三产业增加值不高的情况下，GDP 增长相对乏力。参见图 6－63。

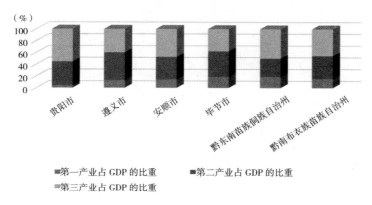

■第一产业占 GDP 的比重　　　　■第二产业占 GDP 的比重
■第三产业占 GDP 的比重

图 6－63　2013 年黔中城市群产业结构

资料来源：作者根据《中国城市统计年鉴（2014）》和《中国区域经济统计年鉴（2014）》制作。

6.7.3　城市群社会可持续发展分析

卫生机构床位数和人员数以及万人卫生机构床位数和人员数是一个地区社会发展在医疗卫生方面的具体体现。从卫生机构床位数和人员数的分布可知，贵阳市和遵义市的医疗卫生条件较好，这与当地的经济发展水平和人口密度相对应；安顺市排在最后，卫生机构床位数和人员数仅贵阳市的三分之一。但是从万人卫生机构人员数和床位数方面看，除了贵阳市的水平较高外，其他五个地区相差不是很大。参见图 6－64。

由图 6－65 可知，黔中城市群各州市的教育财政支出参差不齐。毕节市、遵义市和贵阳市教育财政支出较高，其次是黔东南苗族侗族自治州和黔南布依族苗族自治州，安顺市的教育财政支出较少。此外，从公共图书馆数量看，少数民族自治州地区较多。

由图 6－66 可知，就城镇居民人均可支配收入而言，贵阳市遥遥领先于其他五个州市，其次是遵义市、黔南布依族苗族自治州和毕节市，排在最后的是黔东南苗族侗族自治州和安顺市。而对于城镇登记失业率来说，

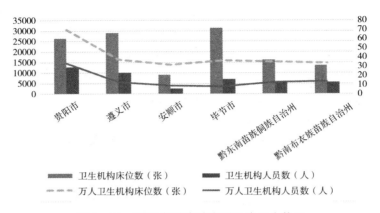

图 6-64 2013 年黔中城市群医疗卫生状况

资料来源：作者根据《中国城市统计年鉴（2014）》和《中国区域经济统计年鉴（2014）》制作。

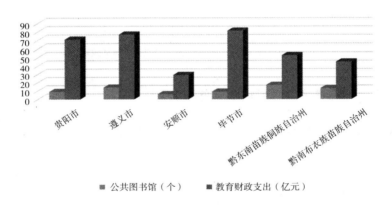

图 6-65 2013 年黔中城市群教育文化状况

资料来源：作者根据《中国城市统计年鉴（2014）》和《中国区域经济统计年鉴（2014）》制作。

遵义市、贵阳市和安顺市最低，毕节市和黔东南苗族侗族自治州较高，黔南布依族苗族自治州居中。

由图 6-67 可知，作为核心城市的贵阳市常住人口数低于毕节市和遵义市。而城市人口密度，贵阳市排在第一位，两个少数民族州人口稀少，地广人稀。核心城市贵阳市的城镇化率较高。

互联网宽带接入用户数、固定电话、移动电话用户数以及电信和邮政业务量等作为城镇基础设施的不同方面，一定程度上反映了区域城镇化发

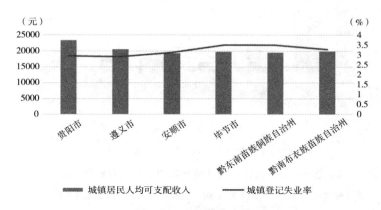

图6－66　2013年黔中城市群居民收入和就业状况

资料来源：作者根据《中国城市统计年鉴（2014）》和《中国区域经济统计年鉴（2014）》制作。

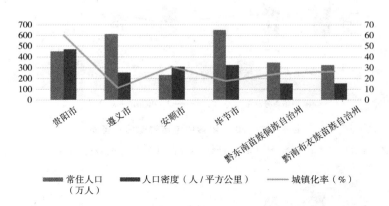

图6－67　2013年黔中城市群人口状况和城镇化水平

资料来源：作者根据《中国城市统计年鉴（2014）》和《中国区域经济统计年鉴（2014）》制作。

展水平和信息化发展水平。从互联网宽带接入用户数看，贵阳市的用户数较多，相对于其他五州市有着很大的优势，贵阳市的移动电话和固定电话用户数同样居首位。总体看来，就互联网、固定电话和移动电话用户数以及电信和邮政业务量而言，贵阳市的信息化水平较高，安顺市水平较低。参见图6－68、图6－69、图6－70。

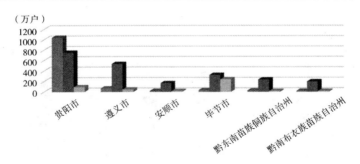

图 6－68　2013 年黔中城市群电话和互联网用户数

资料来源：作者根据《中国城市统计年鉴（2014）》和《中国区域经济统计年鉴（2014）》制作。

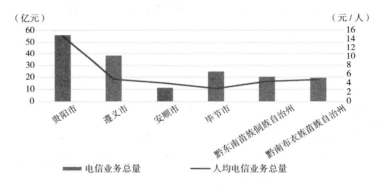

图 6－69　2013 年黔中城市群电信业务量

资料来源：作者根据《中国城市统计年鉴（2014）》和《中国区域经济统计年鉴（2014）》制作。

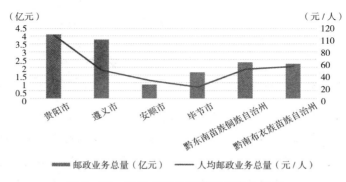

图 6－70　2013 年黔中城市群邮政业务量

资料来源：作者根据《中国城市统计年鉴（2014）》和《中国区域经济统计年鉴（2014）》制作。

6.7.4 城市群生态可持续发展分析

在城市用地面积方面，贵阳市在市辖区绿地总面积、年末实有城市道路面积、人均城市道路面积方面均处于城市群内首位。参见表6—27。

较其他城市，贵阳市较大的人口规模和产业规模也反应在其城市资源使用量上。贵阳市居民生活用电、居民生活用水以及工业用电量都远远高于其他几个城市。参见表6—28。

表6—27 2013年黔中城市群土地资源状况

	城市建设用地面积（平方公里）	城市居住建设用地面积（平方公里）	人均城市道路面积（平方米）	市辖区绿地总面积（公顷）	市辖区年末实有城市道路面积（万平方米）
贵阳市	—	—	14367	12783	1630
遵义市	86	36	1986	2594	468
安顺市	36	12	4.73	844	418
毕节市	39	11	2.1	1168	325
黔东南苗族侗族自治州	—	—	—	—	—
黔南布依族苗族自治州	—	—	—	—	—

资料来源：《中国城市统计年鉴（2014）》和《中国区域经济统计年鉴（2014）》。

表6—28 2013年黔中城市群水电资源状况

	城乡居民生活用电量（万千瓦时）	居民生活用水量（万吨）	工业用电量（万千瓦时）
贵阳市	425758	11992	994064
遵义市	95849	3542	282933
安顺市	44267	1315	263734
毕节市	52885	904	106351
黔东南苗族侗族自治州	—	—	—
黔南布依族苗族自治州	—	—	—

资料来源：作者根据《中国城市统计年鉴（2014）》和《中国区域经济统计年鉴（2014）》制作。

由表6—29可知，毕业市的经济规模远不如贵阳市和遵义市，但其工业污染排放量却很突出，工业废水排放量、工业二氧化硫排放量和工业烟

（粉）尘排放量均居整个城市群首位。

表 6－29　2013 年黔中城市群工业环境状况

	工业废水排放量 （万吨）	工业二氧化硫排放量 （吨）	工业烟（粉）尘排放量 （吨）
贵阳市	2262	70602	22024
遵义市	2563	93948	12079
安顺市	2097	76017	13801
毕节市	6197	181304	29572
黔东南苗族侗族自治州	—	—	—
黔南布依族苗族自治州	—	—	—

资料来源：作者根据《中国城市统计年鉴（2014）》和《中国区域经济统计年鉴（2014）》制作。

6.8　天山北坡城市群

6.8.1　城市群基本情况

2011 年公布的《新疆维吾尔自治区国民经济和社会发展第十二个五年规划纲要》中将天山北坡城市群描述为东起哈密，西至伊宁，包含乌鲁木齐市、克拉玛依市、石河子市、昌吉回族自治州、伊犁哈萨克自治州、博尔塔拉蒙古自治州、塔城地区、吐鲁番地区、哈密地区。2013 年，天山北坡城市群年末人口 1073.3 万人，占全国总人口的 0.78％，土地面积 48.1 万平方公里，占全国国土面积的 5.01％，地区生产总值达到 6289.7 亿元，占当年全国 GDP 的 0.99％。

6.8.1　城市群经济可持续发展分析

天山北坡城市群 2008 年 GDP 为 3508.28 亿元，到 2013 年增长到 6289.7 亿元，年均增长率高达 12.4％。参见表 6－30。其中，乌鲁木齐市的 GDP 在天山北坡城市群中所占比重首屈一指，2008 年，乌鲁木齐市的 GDP 在整个

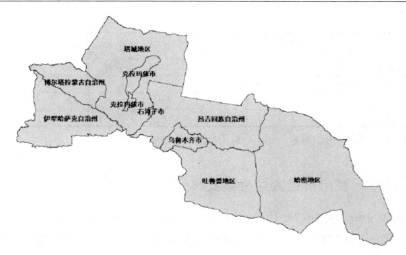

图 6－71 天山北坡城市群城市空间分布

城市群中所占比重为 29.1％，2013 年为 35％。昌吉回族自治州和克拉玛依市所占比重仅次于乌鲁木齐市。就人均 GDP 而言，克拉玛依市的人均 GDP 远高于其他州市，天山北坡城市群的其他州市人均 GDP 相差不大。从地方财政一般预算收入、货物进出口总额、金融机构人民币贷款、经济密度及规模以上工业总产值指标看，乌鲁木齐作为天山北坡城市群的核心城市，在这些方面的份额都远远高于其他州市。就货物进出口总额来说，缘于地理位置及口岸等优势，伊犁哈萨克自治州、博尔塔拉蒙古自治州和昌吉回族自治州的进出口总额仅次于乌鲁木齐市，进出口贸易成为当地经济发展的重要驱动力。就经济密度和规模以上工业总产值来说，克拉玛依作为重要的石油城市，凭借自身的资源优势，工业总产值仅次于乌鲁木齐市。

表 6－30 2008－2013 年天山北坡城市群 GDP 发展状况

单位：亿元

	2008 年	2009 年	2010 年	2011 年	2012 年	2013 年
乌鲁木齐市	1020.30	1095.00	1338.50	1690.03	2001.74	2202.9
克拉玛依市	661.21	480.40	711.35	801.69	810.71	853.1
吐鲁番地区	201.23	154.58	182.79	221.43	243.39	260.9
哈密地区	126.90	130.32	167.38	220.92	268.25	333.9
昌吉回族自治州	388.15	444.71	557.99	702.94	818.56	937.3

续表

	2008 年	2009 年	2010 年	2011 年	2012 年	2013 年
博尔塔拉蒙古自治州	88.22	100.96	131.45	151.32	185.4	222.2
伊犁哈萨克自治州	670.09	735.87	885.03	1078.55	577.62	681.2
塔城地区	261.21	284.82	341.90	419.62	486.23	542.9
石河子市	90.97	108.36	135.00	170.60	208.19	255.3

资料来源:《中国城市统计年鉴 (2014)》和《中国区域经济统计年鉴 (2014)》。

6.8.2 城市群社会可持续发展分析

由图 6-72 可知,相比天山北坡城市群的其他州市、乌鲁木齐市、伊犁哈萨克自治州和昌吉回族自治州的医疗卫生条件较好,这与当地的经济发展水平较高和人口密集度较大相一致。但从万人卫生机构床位数和人员数看,相比其他州市,乌鲁木齐市和石河子市的医疗水平较高,而克拉玛依市、吐鲁番地区、哈密地区、昌吉回族自治州、博尔塔拉蒙古自治州等相对较差。由此可知,相比乌鲁木齐市和石河子市,其他州市的医疗卫生条件仍待改善。

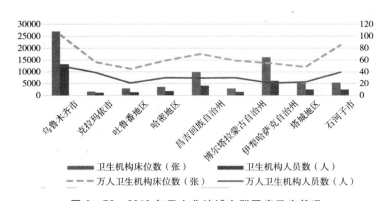

图 6-72 2013 年天山北坡城市群医疗卫生状况

资料来源:作者根据《中国城市统计年鉴 (2014)》和《中国区域经济统计年鉴 (2014)》制作。

从天山北坡城市群各州市的教育财政支出看,不同州市的教育财政支出并不均衡,其中乌鲁木齐市、昌吉回族自治州及伊犁哈萨克自治州的教育财政支出较高,而克拉玛依和石河子市的教育财政支出较少。从天山北坡城市群各州市所拥有的公共图书馆数量看，伊犁哈萨克自治州拥有11个公共图书馆，石河子的公共图书馆数量仅有1个，这表明，当地政府对文化教育的重视程度不高，这将不利于该地区经济的长远可持续发展。参见图6－73。

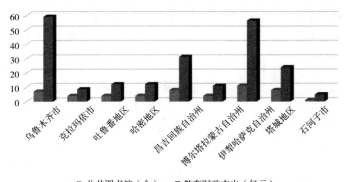

图6－73　2013年天山北坡城市群教育文化状况

资料来源：作者根据《中国城市统计年鉴（2014）》和《中国区域经济统计年鉴（2014）》制作。

从城镇居民人均可支配收入看，天山北坡城市群的各个州市城镇居民人均可支配收入差距不大，其中，克拉玛依市相对其他州市略高。但是，对比各州市的失业率，相比失业率较低的克拉玛依市和塔城地区，博尔塔拉蒙古自治州、乌鲁木齐市及伊犁哈萨克自治州失业率较高。参见图6－74。

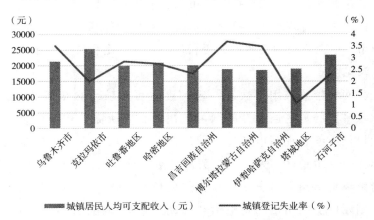

图6－74　2013年天山北坡城市群居民收入和就业状况

资料来源：作者根据《中国城市统计年鉴（2014）》和《中国区域经济统计年鉴（2014）》制作。

城镇化率可以反映一个地区城镇化发展水平的高低，相比其他州市，作为核心城市的乌鲁木齐市和克拉玛依市，城镇化水平最高；而石河子市居整个城市群各州市人口密度的首位。其他州市的城镇化率和人口密度则较低。差距较大的城镇化率和人口密度表明天山北坡城市群的城镇化进程发展不均衡，这与整个城市群区域经济发展不均衡及地广人稀的现状相关。参见图6－75。

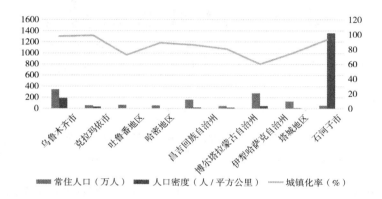

图6－75　2013年天山北坡城市群人口状况和城镇化水平

资料来源：作者根据《中国城市统计年鉴（2014）》和《中国区域经济统计年鉴（2014）》制作。

从公路路程看，相比克拉玛依市及石河子市，伊犁哈萨克自治州、昌吉回族自治州、塔城地区及哈密地区的公路里程较高。相比公路里程数较少的州市，以上州市的交通更加便利化，这在一定程度上将带动地区经济发展。参见图6－76。

互联网宽带接入用户数在一定程度上可反映地区信息化发展水平，信息化水平高的地区通过互联网可较快的获取所需的相关信息，为交易的发生提供方便，提高市场经济的运作效率。从互联网宽带接入用户数看，相比吐鲁番地区、博尔塔拉蒙古自治州及克拉玛依市，乌鲁木齐市、伊犁哈萨克自治州及昌吉回族自治州的信息化水平更高。与之相应，互联网使用较广泛的州市固定电话和移动电话的使用人数也较高。参见图6－77。

从人均邮政业务总量及人均电信业务总量看，相比其他州市，石河子

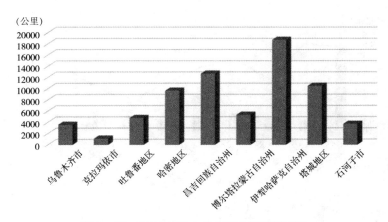

图 6-76 2013 年天山北坡城市群公路里程

资料来源：作者根据《中国城市统计年鉴（2014）》和《中国区域经济统计年鉴（2014）》制作。

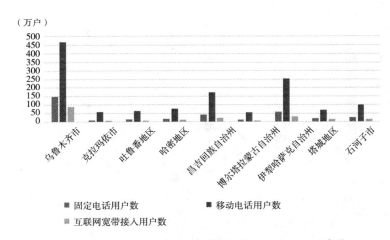

■ 固定电话用户数   ■ 移动电话用户数
■ 互联网宽带接入用户数

图 6-77 2013 年天山北坡城市群电话和互联网用户数

资料来源：作者根据《中国城市统计年鉴（2014）》和《中国区域经济统计年鉴（2014）》制作。

市在这两个指标上数值较高，这是因为石河子市高校较多，学生用户对邮政业务和电信业务的需求较高，从而导致其相对其他州市人均邮政业务量和人均电信业务量较高。参见图 6-78 和图 6-79。

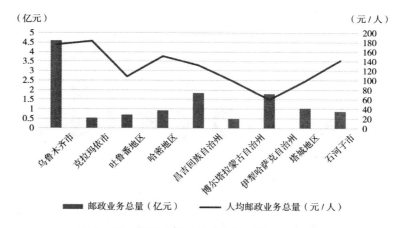

图 6－78　2013 年天山北坡城市群邮政业务量

资料来源：作者根据《中国城市统计年鉴（2014）》和《中国区域经济统计年鉴（2014）》制作。

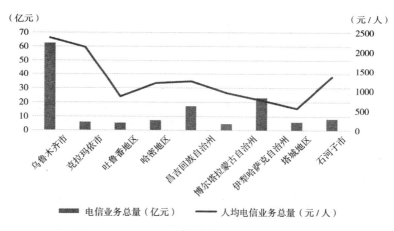

图 6－79　2013 年天山北坡城市群电信业务量

资料来源：作者根据《中国城市统计年鉴（2014）》和《中国区域经济统计年鉴（2014）》制作。

6.9 呼包鄂榆城市群

6.9.1 城市群基本情况

呼包鄂榆城市群位于内蒙古和陕西省交界处，区域总面积18万平方公里，包括呼和浩特市、包头市、鄂尔多斯市以及榆林市。该城市群沿黄河呈条带状分布，地势平缓，土地资源相对丰富，开发强度相对较低；降水较少，本地水资源短缺，农业用水量占总用水量的80%以上；大气环境质量总体较差，部分城市二氧化硫排放超过环境容量，中部地区尚有剩余的二氧化硫环境容量；水环境质量总体差，化学需氧量排放已经重度甚至极度超过水环境容量。

呼和浩特市、鄂尔多斯市以及包头市在经济可持续发展、社会可持续发展以及生态可持续发展方面都比较接近，说明这三个城市的可持续发展水平差异较小；榆林市的地区生产总值较低，但其公共图书馆、教育财政支出、移动电话用户数等方面位于整个城市群首位，工业烟（粉）尘排放量位于第一位，工业二氧化硫排放量和工业废水排放量位于第二位，说明榆林市的经济发展水平和生态可持续发展与社会可持续发展水平存在较大差异，与城市整体可持续发展目标的实现差距较大。

6.9.2 城市群经济可持续发展分析

从GDP增长情况来看，呼包鄂榆城市群近年来经济总体发展态势良好，其中，包头市、呼和浩特市的经济发展较鄂尔多斯市和榆林市更好一些。2008—2013年间，经济增长幅度较大的是鄂尔多斯市和榆林市，增长态势显著。参见表6—31。

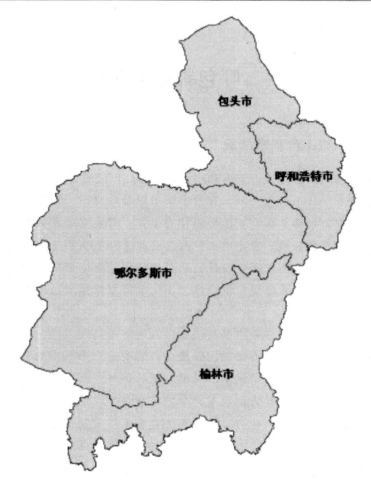

图 6－80　呼包鄂榆城市群城市空间分布

表 6－31　2008－2013 年呼包鄂榆城市群 GDP 发展状况

单位：亿元

	2008 年	2009 年	2010 年	2011 年	2012 年	2013 年
呼和浩特市	1316.4	1644.0	1865.7	2177.3	2475.6	2705.4
包头市	1760.0	2169.0	2460.8	3005.4	3209.1	3424.8
鄂尔多斯市	1603.0	2161.0	2643.2	3218.5	3656.8	3955.9
榆林市	1172.8	1302.3	1756.7	2292.3	2669.9	2846.8

资料来源：《中国城市统计年鉴（2014）》和《中国区域经济统计年鉴（2014）》。

从 2008—2013 年呼包鄂榆城市群的人均 GDP 变化趋势看，在此期间各城市人均收入均有所增加，其中鄂尔多斯市的人均 GDP 增加较为显著。在此城市群中，鄂尔多斯市的人均收入始终居于榜首，其次是包头市和呼和浩特市，最后是榆林市。

表 6－32　2013 年呼包鄂榆城市群主要经济指标

	地方财政一般预算收入（亿元）	货物进出口总额（万美元）	金融机构人民币贷款（亿元）	规模以上工业总产值（亿元）	外商直接投资实际使用额（万美元）	全社会固定资产投资（万元）	社会消费品零售总额（亿元）	城镇居民人均消费支出（元）	城乡居民储蓄年末余额（万元）
呼和浩特市	182	159856	4273	1495	88314	15048258	1142	22919	14146189
包头市	215	210508	1629	3372	140100	29793414	1086	22968	11579225
鄂尔多斯市	440	113423	2369	4268	160000	29763846	559	24874	11793900
榆林市	261	4611	1804	2198	3051	15942330	308	14394	10887600

资料来源：《中国城市统计年鉴（2014）》和《中国区域经济统计年鉴（2014）》。

从呼包鄂榆城市群内各城市的产业发展来看，第二产业对经济增长的贡献最大，其次是第三产业，相比之下，第一产业对经济增长的贡献作用逐渐弱化。2013 年鄂尔多斯市的第二产业增加值居呼包鄂榆城市群之首；呼和浩特市的第三产业增加值居呼包鄂榆城市群之首。从城市的产业结构分析，除呼和浩特市产业结构为"三二一"外，呼包鄂榆城市群目前仍然是以第二产业为主，产业结构呈现"二三一"结构。二、三产业在整个城市群经济发展中所占比重较高，高达 96%，第一产业所占比重不足 4%。参见图 6－81。

6.9.3　城市群社会可持续发展分析

对比城市群中各城市的卫生机构床位数和卫生机构人员数，可知除鄂尔多斯市的医疗卫生水平较低，其余三个城市医疗卫生水平相当。这三个城市的卫生机构人员数和卫生机构床位数均相差不大。参见图 6－82。

呼包鄂榆城市群的教育发展水平并不均衡。相比其他城市，呼和浩特市每万人在校大学生数远远高于其他省市。就教育财政支出而言，榆林市高于鄂尔多斯市，鄂尔多斯市高于包头市和呼和浩特市。参见图 6－83。

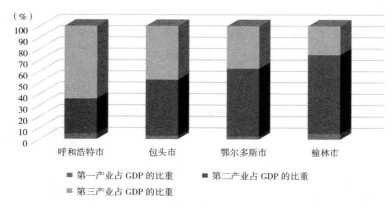

图 6-81　2013 年呼包鄂榆城市群产业结构

资料来源：作者根据《中国城市统计年鉴（2014）》和《中国区域经济统计年鉴（2014）》制作。

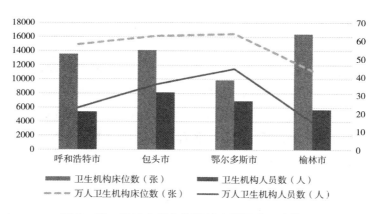

图 6-82　2013 年呼包鄂榆城市群医疗卫生状况

资料来源：作者根据《中国城市统计年鉴（2014）》和《中国区域经济统计年鉴（2014）》制作。

　　在呼包鄂榆城市群中，榆林市城镇居民人均可支配收入相比其他城市稍显落后。在岗职工平均工资方面，鄂尔多斯市高于榆林市，其次是包头市和呼和浩特市。城镇登记失业率与在岗职工平均工资水平基本吻合，平均工资水平高的城市失业率较低，平均工资水平较低的城市失业率相对较高。2013 年，经济发展水平较高的鄂尔多斯市失业率最低，而经济水平发展相对较低的呼和浩特市失业率相对较高。参见图 6-84。

　　呼包鄂榆城市群的人口分布并不均匀。四个城市中，人口密度最大的

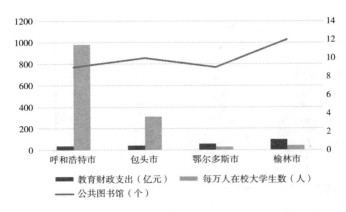

图6－83　2013年呼包鄂榆城市群教育文化状况

资料来源：作者根据《中国城市统计年鉴（2014）》和《中国区域经济统计年鉴（2014）》制作。

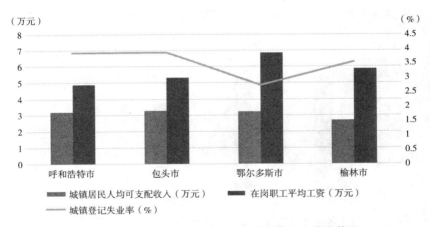

图6－84　2013年呼包鄂榆城市群居民收入和就业状况

资料来源：作者根据《中国城市统计年鉴（2014）》和《中国区域经济统计年鉴（2014）》制作。

是呼和浩特市，人口密度最低的城市为鄂尔多斯市。就常住人口而言，榆林市的常住人口最多，高于呼和浩特市和包头市，常住人口最少的城市为鄂尔多斯市。呼包鄂榆城市群中城镇化率最高的为包头市，最低的为榆林市。参见图6－85。

　　呼包鄂榆城市群中各城市的信息化水平就互联网宽带接入用户数而言相差较大。四个城市中信息化水平最高的是呼和浩特市和榆林市，鄂尔多

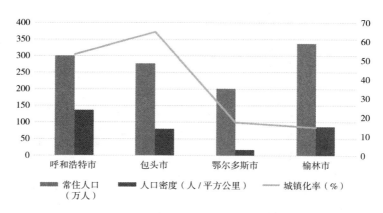

图 6－85　2013 年呼包鄂榆城市群人口状况和城镇化水平

资料来源：作者根据《中国城市统计年鉴（2014）》和《中国区域经济统计年鉴（2014）》制作。

斯市的信息化水平最低，包头市的信息化水平介于中间。参见图 6－86。

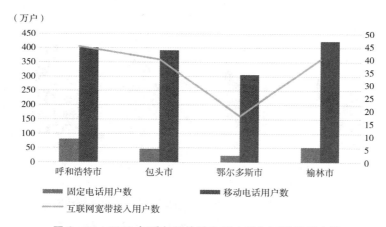

图 6－86　2013 年呼包鄂榆城市群电话和互联网用户数

资料来源：作者根据《中国城市统计年鉴（2014）》和《中国区域经济统计年鉴（2014）》制作。

由图 6－87 可知，呼和浩特市的人均邮政业务量和人均电信业务比其他三个城市高，但呼包鄂榆城市群各城市的人物邮政业务量和人均电信业务量相差不大，较为均衡。

从交通运输水平看，呼包鄂榆城市群中除榆林市的客运总量较高，其他三个城市的客运总量相差不大。但城市群中各城市的货运总量相差悬

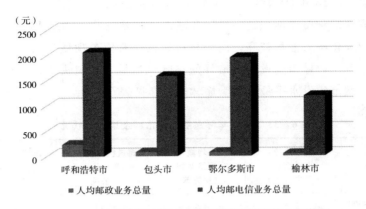

图 6-87　2013 年呼包鄂榆城市群邮政和电信业务状况

资料来源：作者根据《中国城市统计年鉴（2014）》和《中国区域经济统计年鉴（2014）》制作。

殊，其中，货运总量最大的城市为鄂尔多斯市，其次是包头市，货运总量最小的为榆林市。城市群中各城市每万人拥有公共汽车数相差较大，呼和浩特市每万人拥有公共汽车数较高，榆林市则较低。参见图 6-88。

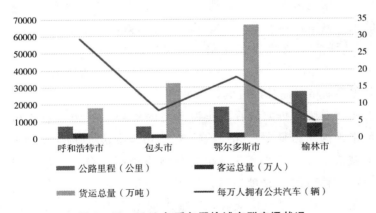

图 6-88　2013 年呼包鄂榆城市群交通状况

资料来源：作者根据《中国城市统计年鉴（2014）》和《中国区域经济统计年鉴（2014）》制作。

6.9.4　城市群生态可持续发展分析

从城市建设用地情况看，呼包鄂榆城市群中各城市人均城市道路面积对比明显。2013 年鄂尔多斯市人均城市道路面积远远高于其他地区。同时，建成区绿化覆盖面积这一指标各城市也相差悬殊，2013 年呼和浩特市的建成区绿化覆盖面积较高，而榆林市较低。对比各项城建指标，在呼包鄂榆城市群中，城市建设发展最好的是呼和浩特市、包头市，其次为鄂尔多斯市，城市建设水平最低的为榆林市。参见表 6－33。

表 6－33　2013 年呼包鄂榆城市群土地资源状况

	城市建设 用地面积 （平方公里）	人均城市 道路面积 （平方米）	建成区绿化覆盖 面积（市辖区） （公顷）	市辖区年末实有 城市道路面积 （万平方米）
呼和浩特市	230	17.41	8388	2169
包头市	186	17.11	7870	2504
鄂尔多斯市	113	108.37	4822	2914
榆林市	70	10.29	2026	570

资料来源：《中国城市统计年鉴（2014）》和《中国区域经济统计年鉴（2014）》。

从用水、用电情况看，考虑到各城市的产业结构不尽相同，包头市作为典型的工业城市，其工业用电量在呼包鄂榆城市群中最高，而工业水平发展较为落后的鄂尔多斯市工业用电量仅为包头市的 5.1%。居民生活用水量情况与工业用电量情况大致相当，包头市居民生活用水量高于呼和浩特市和鄂尔多斯市，榆林市最低。参见图 6－89。

从工业"三废"排放量看，作为典型的资源型城市，包头市工业发展给环境带来的压力最大。2013 年，包头市工业废水的排放量远远高于其他三个城市，且工业二氧化硫的排放量也很高。在工业烟（粉）尘排放量方面，榆林市的排放量最高，鄂尔多斯市次之。由呼包鄂榆城市群各城市工业"三废"排放情况看，工业发展给当地的资源环境造成很大破坏，为了实现城市群的可持续发展，呼包鄂榆城市群在接下来的发展中需积极实施新型工业化道路，采用先进工业技术，降低工业"三废"的排放，走资源消耗少、环境污染低的可持续发展道路。参见图 6－90。

在城市生活环境方面，在城镇生活污水处理率和生活垃圾无害化处理

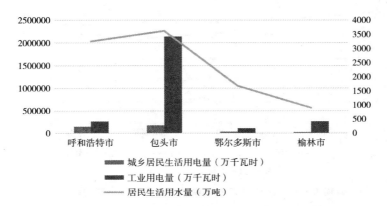

图 6－89　2013 年呼包鄂榆城市群水电资源状况

资料来源：作者根据《中国城市统计年鉴（2014）》和《中国区域经济统计年鉴（2014）》制作。

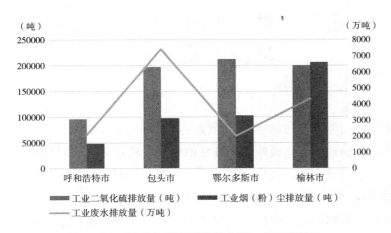

图 6－90　2013 年呼包鄂榆城市群工业环境状况

资料来源：作者根据《中国城市统计年鉴（2014）》和《中国区域经济统计年鉴（2014）》制作。

方面，呼包鄂榆城市群中各城市差别不大，但在建成区绿化覆盖率方面，鄂尔多斯市的绿化覆盖率明显高于其他三个城市，而榆林市的绿化覆盖率最低。参见图 6－91。

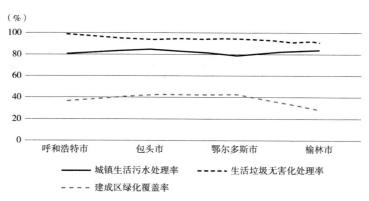

图 6-91 2013 年呼包鄂榆城市群居民生活环境状况

资料来源：作者根据《中国城市统计年鉴（2014）》和《中国区域经济统计年鉴（2014）》制作。

6.10 城市群间可持续发展的
横向比较分析

本章所研究的城市群覆盖了中国中西部地区主要的人口集聚地区，相对于中西部地区大部来说，具有较好的资源条件，未来有可能进一步发展为更高层次的城市群。针对这些城市群，在分别对其经济可持续发展、社会可持续发展以及生态可持续发展状况进行分析的基础上，这里对城市群间可持续发展状况进行横向比较和分析。天山北坡城市群由于缺少数据不列入比较分析。

6.10.1 城市群间经济可持续发展比较分析

随着工业化和城镇化进程的不断发展，各城市群经济都有了快速的发展。从 GDP 总量来看，环鄱阳湖城市群和呼包鄂榆城市群水平较高；宁夏沿黄城市群和兰州—西宁城市群水平较低。经济发展与地区资源条件紧

密相关，呼包鄂榆城市群以自然资源优势条件，在 GDP 总量和人均 GDP
发展上有明显的比较优势。参见图 6－92。

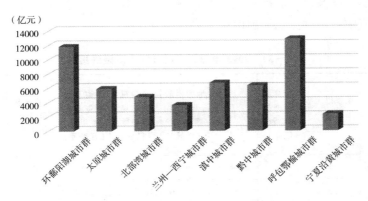

图 6－92　2013 年形成型城市群 GDP 总量水平

资料来源：作者根据《中国城市统计年鉴（2014）》和《中国区域经济统计年鉴（2014）》制作。

在地区经济发展状态中，人均 GDP 和地均 GDP 的情况呈现一定的正
相关性，除呼包鄂榆城市群外，人均 GDP 的变化幅度整体较小，除北部
湾城市群外，地均 GDP 的变化幅度较小。参见图 6－93。

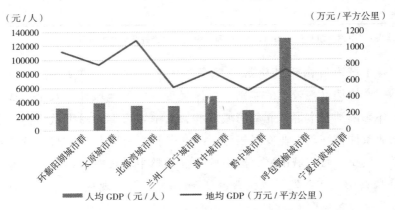

图 6－93　2013 年形成型城市群人均 GDP 和地均 GDP 水平

资料来源：作者根据《中国城市统计年鉴（2014）》和《中国区域经济统计年鉴（2014）》制作。

在规模以上工业产值、全社会固定资产投资和货物进出口总额方面，

环鄱阳湖城市群和呼包鄂榆城市群居前两位；地方财政收入、外商直接投资实际使用额、社会消费品零售总额和地方财政支出方面，呼包鄂榆城市群和环鄱阳湖城市群居前两位；而金融机构人民币贷款方面，环鄱阳湖城市群和滇中城市群分别居前两位。参见表6—34。

表6—34 2013年形成型城市群主要经济指标

城市群	规模以上工业总产值（亿元）	全社会固定资产投资总额（亿元）	地方财政收入（亿元）	地方财政一般预算支出（亿元）	金融机构人民币贷款（亿元）	外商直接投资实际使用额（万美元）	货物进出口总额（亿美元）	社会消费品零售总额（亿元）
环鄱阳湖	20599.3	10189	1238.2	2294.5	10971.8	618896	320.7	3618.8
太　原	7358.9	4790.3	648.1	1124.6	10024.7	173898	107.7	2547.7
北部湾	5956.4	4097.6	384	740.1	7332.7	122690	149.5	1968.1
兰州—西宁	4447.4	3085.1	232.8	744.6	7780.1	5787	61.4	1379.7
滇　中	6235.9	4346	678.2	1087.6	10874.6	194892	182.6	2306.9
黔　中	4501.9	7517.3	745.6	1774.8	7365.4	7365.4	77.6	1915.2
呼包鄂榆	11332.7	9054.8	1097.9	1591	10074.5	391465	48.8	3072.2
宁夏沿黄	7029.7	2370.6	108.8	554.2	3748	13213	32.2	560.9

资料来源：《中国城市统计年鉴（2014）》和《中国区域经济统计年鉴（2014）》。

各个城市群由于其资源禀赋条件差异和产业发展结构的不同，一、二、三产比例呈现较大的差别，总体呈现一定的地域性。八个形成型城市群中环鄱阳湖城市群、北部湾城市群、滇中城市群和黔中城市群由于气候和土地条件较好，农业发展较好，第一产业比例均大于10%；除北部湾城市群、兰州—西宁城市群、滇中城市群和黔中城市群，第二产业比例均超过50%；第三产业发展比例普遍低于50%，但呈现从34.8%到46.8%的较大跨度。参见图6—94。

6.10.2　城市群间社会可持续发展比较分析

各城市群的医疗卫生水平采用万人卫生机构人员数和万人卫生机构床

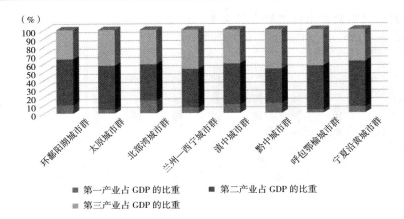

图 6-94 2013 年形成型城市群产业结构

资料来源：作者根据《中国城市统计年鉴（2014）》和《中国区域经济统计年鉴（2014）》制作。

位数衡量，万人卫生机构人员数和万人卫生机构床位数在各城市群间的变化趋势几乎一致，其中太原城市群、兰州—西宁城市群和呼包鄂榆城市群的医疗水平相对较高，而环鄱阳湖城市群虽然经济发展水平较高，但医疗卫生水平有待提高。参见图 6-95。

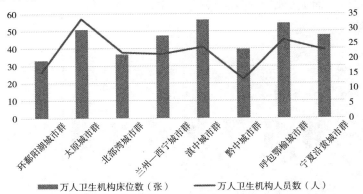

图 6-95 2013 年形成型城市群医疗卫生状况

资料来源：作者根据《中国城市统计年鉴（2014）》和《中国区域经济统计年鉴（2014）》制作。

在受教育程度的衡量中，地区差异较大，兰州—西宁城市群虽然经济发展水平较低，但每万人在校大学生数和教育财政支出占 GDP 比重水平很高；总体来看，太原城市群、北部湾城市群和呼包鄂榆城市群水平较接近，而宁夏沿黄城市群对教育的重视有待提高。参见图 6—96。

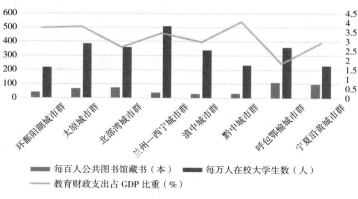

图例：
■ 每百人公共图书馆藏书（本）　■ 每万人在校大学生数（人）
— 教育财政支出占 GDP 比重（%）

图 6—96　2013 年形成型城市群教育文化状况

资料来源：作者根据《中国城市统计年鉴（2014）》和《中国区域经济统计年鉴（2014）》制作。

就业和职工工资方面，各形成型城市群水平较为平均。其中，呼包鄂榆城市群、宁夏沿黄城市群和黔中城市群的在岗职工平均工资最高；呼包鄂榆城市群、滇中城市群和北部湾城市群在城镇居民人均可支配收入方面居于前三位；而太原城市群和兰州—西宁城市群的城镇登记失业率水平较低。参见图 6—97。

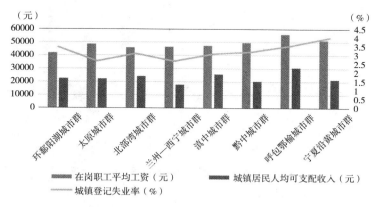

图例：
■ 在岗职工平均工资（元）　■ 城镇居民人均可支配收入（元）
— 城镇登记失业率（%）

图 6—97　2013 年形成型城市群就业状况

资料来源：作者根据《中国城市统计年鉴（2014）》和《中国区域经济统计年鉴（2014）》制作。

人口是地区发展繁荣度的重要衡量指标，且是城镇密集区是否达标的重要评判标准。在城镇密集区社会经济发展上，整体上呈现自中部向西部人口密度逐渐递减的趋势。经济发展与地区资源条件紧密相关，呼包鄂榆城市群以自然资源优势条件，在 GDP 总量和人均 GDP 发展上有明显的比较优势，但人口密度却是所有形成型城市群中较低的。

在地区的人口密度方面，整体呈现人口密度自东向西、自南向北递减的趋势。北部湾城市群呈现最高的人口密度，环鄱阳湖城市群和太原城市群位于第二、三位；而最低的呼包鄂榆城市群和天山北坡城市群的人口密度均低于全国平均水平。其他城市群的人口密度水平则差异较小，在 150 人/平方公里左右徘徊。参见图 6－98。

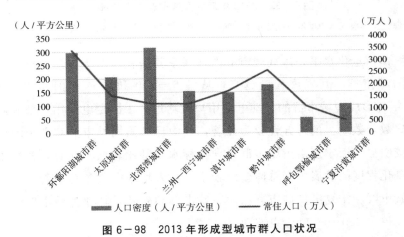

图 6－98　2013 年形成型城市群人口状况

资料来源：作者根据《中国城市统计年鉴（2014）》和《中国区域经济统计年鉴（2014）》制作。

在交通基础设施方面，各地争上机场、港口、火车站等区域性交通基础设施项目，而跨城市的区域性基础设施发展与共享，以及公共服务设施建设难以协调，难以实现合理高效的区域资源配置，同时也降低了已有设施的服务水平与经营效率。

由图 6－99 可知，形成型城市群在客运总量和货运总量方面具有较大的差异性，环鄱阳湖城市群和呼包鄂榆城市群在货运量水平上领先，而黔中城市群具有最高的客运量。每万人拥有的公共汽车数在各城市群差异并不大，大约在 4 辆左右，兰州—西宁城市群以 8 辆居于首位；而人均公路里程方面，各地差距较大，呼包鄂榆城市群、黔中城市群和滇中城市群较多。

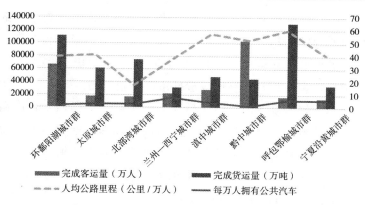

图 6—99　2013 年形成型城市群交通状况

资料来源：作者根据《中国城市统计年鉴（2014）》和《中国区域经济统计年鉴（2014）》制作。

　　城镇信息化水平是体现城市群内外联系紧密程度的指标。信息化水平越高的城市群，其发展程度越高。从图 6－100 和图 6－101 可以看到，2013 年各形成型城市群的移动电话用户数均远高于固定电话用户数和互联网用户数，数量上的差异性较为显著，其中环鄱阳湖城市群和黔中城市群领先较明显，而宁夏沿黄城市群各项指标水平都比较低。同时，各城市群的信息化程度的发展水平总体差距较小，从人均邮电业务总量看，除呼包鄂榆城市群、宁夏沿黄城市群和太原城市群领先外，其他各城市群较为均衡，大致在 600—900 元/人波动。

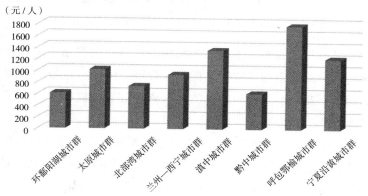

图 6—100　2013 年形成型城市群人均邮电业务总量状况

资料来源：作者根据《中国城市统计年鉴（2014）》和《中国区域经济统计年鉴（2014）》制作。

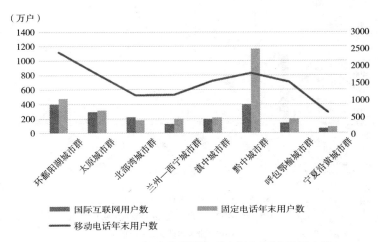

图 6－101   2013 年形成型城市群电话和互联网用户数

资料来源：作者根据《中国城市统计年鉴（2014）》和《中国区域经济统计年鉴（2014）》制作。

6.10.3   城市群间生态可持续发展比较分析

从工业"三废"的排放量看，宁夏沿黄城市群、太原城市群和黔中城市群的单位 GDP 工业二氧化硫排放量最高，太原城市群和宁夏沿黄城市群的单位 GDP 工业烟（粉）尘排放量最高，而宁夏沿黄城市群、环鄱阳湖城市群和北部湾城市群的单位 GDP 工业废水排放量最高。总体来看，宁夏沿黄城市群在工业"三废"的排放量方面都过高，而黔中城市群、太原城市群、环鄱阳湖城市群和北部湾城市群在某一方面的排放量过高，而兰州—西宁城市群和呼包鄂榆城市群的排放量较为平均。参见图 6－102。

由图 6－103 可知，从建成区绿化覆盖率看，各形成型城市群差别并不大，大概为 30％—45％，其中环鄱阳湖城市群、黔中城市群和北部湾城市群居于前三位，而兰州—西宁城市群和宁夏沿黄城市群的建成区绿化覆盖率较低；从城镇生活污水处理率看，除北部湾城市群和兰州—西宁城市群水平较低外，其他城市群的污水处理率大约为 85％—90％，宁夏沿黄城市群、滇中城市群、黔中城市群和环鄱阳湖城市群该项指标居前列。

由图 6－104 可知，从各形成型城市群建设用地状况看，环鄱阳湖城市群、太原城市群、滇中城市群建设用地面积比重高于其他城市群，兰州—

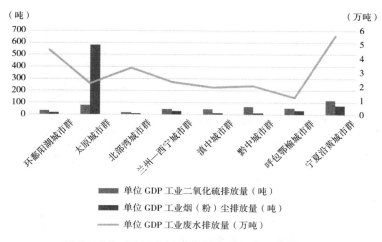

图 6－102　2013 年形成型城市群工业环境状况

资料来源：作者根据《中国城市统计年鉴（2014）》和《中国区域经济统计年鉴（2014）》制作。

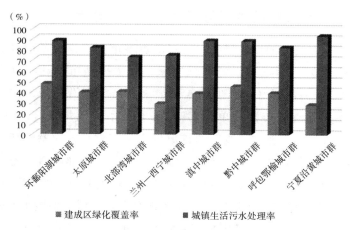

图 6－103　2013 年形成型城市群居民生活环境状况

资料来源：作者根据《中国城市统计年鉴（2014）》和《中国区域经济统计年鉴（2014）》制作。

西宁城市群、黔中城市群、呼包鄂榆城市群的城市建设用地比重约为 4％
左右，北部湾城市群城市建设比重最低；人均城市道路面积占有方面，呼
包鄂榆城市群和宁夏沿黄城市群的人均城市道路面积最多，北部湾城市
群、兰州西宁城市群的人均城市道路面积居中，黔中城市群的人均城市道

路面积最低，这与其较低的城市建设用地占比有关。

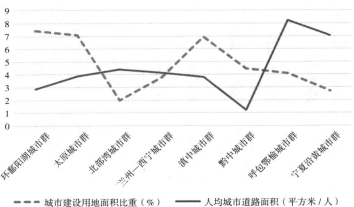

图 6－104 2013 年形成型城市群土地资源状况

资料来源：作者根据《中国城市统计年鉴（2014）》和《中国区域经济统计年鉴（2014）》制作。

由图 6－105 可知，各形成型城市群在人均用电量、用水量方面表现差异比较大。呼包鄂榆城市群、北部湾城市群、黔中城市群人均用电量比较高，然而在人均用水量方面，兰州—西宁城市群遥遥领先；人均用电比较多的呼包鄂榆城市群、北部湾城市群、黔中城市群，人均用水量反而比较低，尤其呼包鄂榆城市群人均用水量为形成型城市群中最低。

6.10.4 促进城市群可持续发展的路径与对策

形成型城市群作为区域发展的集中区域，在未来城镇化发展中将继续集中各类优势资源，也将是政府推动发展的重点地区。

从分析上看，呼包鄂榆城市群和环鄱阳湖城市群将最有可能发展成为更高层次的城市群。其中，呼包鄂榆城市群在 GDP 总量和人均 GDP 量、职工平均工资和城镇居民人均可支配收入、货运量和人均公路里程、人均邮电业务量、生活污水处理率、人均道路面积等方面居于形成型城市群的领先位置，人口密度偏低，其各方面发展较好，主要可以从教育水平、公共汽车数量、工业"三废"排放量、空气质量等方面进行完善，使其尽早发展为发展型城市群；环鄱阳湖城市群在 GDP 总量水平、货运量、互联

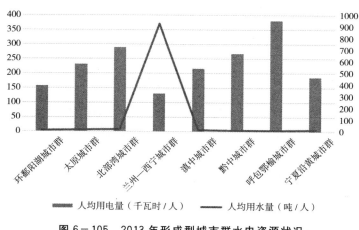

图 6－105　2013 年形成型城市群水电资源状况

资料来源：作者根据《中国城市统计年鉴（2014）》和《中国区域经济统计年鉴（2014）》制作。

网和电话用户数、城市绿化率、生活污水处理率、空气质量达标率、城市建设用地占比和人均城市道路面积等方面处于领先位置，但需要大力发展第三产业，且人口密度较高，可以从工业"三废"排放量的控制、教育水平、在岗职工平均工资及城市交通状况等方面进行完善。

其次是北部湾城市群、太原城市群和滇中城市群，在经济社会、基础设施和资源环境承载力方面处于中间阶层，有较好的发展基础，有望在中长期逐渐发展为合格的城市群。北部湾地区在城镇居民可支配收入水平、空气质量达标率等方面发展较好，但经济发展水平还不高，人口密度较高，还可以从信息化水平、城市交通状况、工业"三废"排放量以及人均用水量等方面进行完善；太原城市群在 GDP 总量、在岗职工平均工资、邮电业务量、城市建设用地占比等方面处于领先位置，但仍可以从教育水平、客运和货运量、互联网及固定电话普及率、工业"三废"排放量以及城市绿化率、生活污水处理率等方面进行完善；滇中城市群在 GDP 总量、城镇居民可支配收入、人均公路里程和公共汽车数量、绿地覆盖率、生活污水处理率、空气质量达标率、城市建设道路面积占比等方面具有领先地位，此外可以从教育水平、客运和货运量、城市信息化水平、工业三废排放量的控制等方面进行完善。

兰州—西宁城市群、黔中城市群、宁夏沿黄城市群则发展相对滞后，其各方面还有待进一步提高，未来仍需长期发展以成为合格的城市群。其中，黔中城市群在客运和货运量、人均公路里程、信息化水平等方面领先，但地均GDP、教育水平、人均城市道路面积等方面几乎为形成型城市群内最低水平，此外，还可从从工业"三废"排放量、城市绿化率、空气质量达标率等方面进行完善；兰州—西宁城市群除了教育水平处于形成型城市群内领先位置外，其他各方面指标水平都较低，尤其是在绿地覆盖率、生活污水处理率、空气质量达标率和城市建设用地占比方面亟待提高；宁夏沿黄城市群除了在岗职工平均工资、人均公路里程方面处于形成型城市群内的领先水平，其余方面水平较低，尤其是在工业"三废"排放量、空气质量达标率、城市建设用地占比等方面亟待提高。

参考文献

［1］孙莉、吕斌、周兰兰：《中国城市承载力区域差异研究》，《城市发展研究》2009年第3期。

［2］欧阳敏、刘仁阳：《长株潭城市群城市综合承载力评价》，《湖南师范大学自然科学学报》2009年第32卷。

［3］陈娟、李景保、卿雄志：《湖南"3＋5"城市群城市综合承载力评价》，《鲁东大学学报（自然科学版）》2010年第3期。

［4］高太忠、杨柳、闫兰娜、肖云川：《河北省环境综合承载力研究》，《金属矿山》2010年第2期。

［5］毛汉英、余丹林：《环渤海地区区域承载力研究》，《地理学报》2001年第5期。

［6］毛汉英、余丹林：《区域承载力定量研究方法探讨》，《地球科学进展》2001年第8期。

［7］《中国统计年鉴（2014）》。

［8］《2014中国区域经济发展报告——中国城市群资源环境承载力》，人民出版社2014年版。

［9］《滇中城市群规划（2009—2030）》。

［10］《广西北部湾经济区发展规划》。

［11］《全国主体功能区规划》。

［12］《江苏省国民经济和社会发展第十一个五年规划纲要》。

［13］《主体功能区规划中》。

［14］《新疆维吾尔自治区国民经济和社会发展第十二个五年规划纲要》。

［15］《加快太原城市群和经济圈发展研究》（征求意见稿）。

［16］《广西北部湾经济区发展规划（2006—2020 年)》。

［17］《广西北部湾经济区城镇群规划纲要意见》。

7

中国城市群可持续发展能力提升路径

城市群作为城镇化的主体形态，除了经济总量、战略性要素通道的控制力之外，实现人口、经济、社会、文化、生态环境的综合协调和可持续发展是城市群保持持续竞争力的重要体现。城市群代表国家和地区参与全球竞争和国际分工，是国家竞争力的直接体现。中国的新型城镇化坚持以人的城镇化为核心、以城市群为主体形态、以综合承载能力为支撑、以体制机制创新为保障，走以人为本、四化同步、优化布局、生态文明、文化传承的中国特色新型城镇化道路，因此，促进城市群的可持续发展将是中国崛起的战略选择，确立中国城市群可持续发展的战略思路和战略举措具有重大的战略意义。

7.1 提升中国城市群可持续
发展能力的战略思路

城市群可持续发展的基本战略思路是减小人类经济社会活动对物理空间、经济空间、社会文化空间、生态资源空间的压力，并协调各种空间之间共生协调发展。因此，要实现城市群可持续发展至少有三条基本思路：一是减少人类经济活动对各类发展空间的压力。但从追求效率的角度看，城市群本身即是承载高密度经济社会活动的载体，伴随集聚经济各类外部性的变化规律，人类经济活动的强度和密度可能呈现出非线性的变化趋势。二是提升各类发展空间的承载力。由于城市群的物理空间是有限的，但是可以调整物理空间的内部结构，如对土地的用途进行科学规划，提高土地的使用效率。未来主要途径将是拓展城市群的经济空间和提高生态资源的承载力，使城市群在有限的地理空间内可承载更多的经济社会活动，同时具备相应的生态资源承载力。三是构建可持续发展动态协调系统，即构建一套有利于缓解人类经济活动压力，提升各类空间承载力并促进多元空间共生互动的关系，让城市群发展过程中的压力与承载力处于平衡状态。因此，提升中国城市群可持续发展能力至少包含了以下几条具体思路：

7.1.1 确立智慧型、低碳型、知识型、创新型 城市群的战略目标

未来的城市群将是以知识、文明、和谐为特征，由各类城市组成的智慧型、低碳型、知识型和创新型的城市密集空间。城市空间组合能为人类的生产生活提供相对理想的空间，还能极大地提高城市群的资源环境承载力。智慧型、低碳型、知识型、创新型城市从本质上看是实现城市生产和生活方式的智能化和清洁化，降低发展过程中对资源要素的过度依赖，减轻对生态环境的破坏，扩展城市经济和社会文化空间，提高城市经济文化活动的容量，从而实现城市群可持续发展的战略目标。

未来的城市将是智慧型的，智慧型城市已经是全球城市发展的大潮流。智慧型城市是指运用现代通信、信息等技术来分析和整合城市核心的信息、运行、管理和公共服务等，并能对城市运行的各类需求做出智能响应，包括了各类城市的运行管理、信息发布、公共服务、工商业活动、安全管理等。智慧型城市使我们的城市更加的智能化，生活更加便利和高效，节约了各类资源、时间和空间，让城市群持续保持可持续发展的动力。实现全面透彻的感知、宽带泛在的互联、智能融合的应用以及以用户创新、开放创新、大众创新、协同创新为特征的可持续创新。伴随网络空间的崛起、移动技术的融合发展以及创新的民主化进程，知识社会环境下的智慧城市是继"数字城市"之后信息化城市发展的高级形态。中国的城市群应充分把握智慧型城市的发展规律，运用全球最先进的信息技术和创新管理方式来增强可持续发展的动力，让城市群成为理想的智能生活空间。

城市群作为经济社会文化活动密度最高的区域，同时也是能源和资源消耗密度最高的区域，在各类城市病日益突出的今天，城市群应是环境友

好型城市组合的先行者。低碳城市也是世界城市发展的潮流，低碳城市指以低碳经济为发展模式及方向，市民以低碳生活为理念和行为特征，政府公务管理层以低碳社会为建设标本和蓝图的城市。低碳城市将有效地降低碳排放，实现城市发展过程中的低排放或者零排放。城市除了为居民提供基本的居住和经济社会空间外，还需要为居民提宜居的生活环境。低碳城市群发展目标也是未来中国承担碳减排和大国责任的重要体现。

城市群应是人类文明和世界改造的展示地，未来的城市群将是高度知识型的。知识型城市不仅仅汇聚了各类尖端和专业性人才，同时也是各类高附加值产品和服务的集结地。知识城市，指通过研发、技术和智慧创造高附加值产品和服务，以知识创造促进城市可持续发展。在城市群发展的经济社会空间内，广泛地构建一种鼓励知识培育、技术创新、科学研究和创造力的发展体系，将知识置于城市规划和经济发展的中心地位，将知识管理和智力资本规划相结合，促进知识传播和技术创新，为创造高附加值的产品和服务提供可持续的城市大环境，从而打造城市在未来国际竞争中的核心地位。知识型城市鼓励用人的知识、智慧及思想等附加值来取代资源环境等其他要素，减轻了人类经济活动对资源要素的依赖，并提供高质量的城市生活，成为城市群可持续发展的动力。

城市群的发展离不开创新活动，未来的城市群将是高度创新的。创新型城市是指主要依靠科技、知识、人力、文化、体制等创新要素驱动发展的城市，对其他区域具有高端辐射与引领作用。创新型城市的内涵一般体现在科技产品创新、思想观念创新、发展模式创新、机制体制创新、对外开放创新、企业管理创新和城市管理创新等方面。创新可以使既有资源得到高效利用，为智慧型、知识型、低碳型城市的构建提供直接动力，促进城市群的可持续发展。

7.1.2 构建可持续发展经济体系，提高城市群资源与环境使用效率

改革开放以来，中国的城镇化率平均每年约增加一个百分点。城市作为中国的增长极，其经济增长的方式过于粗放，城镇化的质量较低，特别是依赖工业化推动城镇化，高污染、高耗能、高投入产业所占比重较大，

经济体系不可持续。中国经济已经进入新常态，但当前中国能源和环境污染问题也成为一个新常态。"一带一路"、长江城市群、京津冀一体化战略成为中国城市群发展的重要机遇，这三大国家战略覆盖了中国最发达的长三角城市群、珠三角城市群和京津冀城市群，也覆盖了中西部地区的长江中游城市群、成渝城市群等其他城市群。城市群作为城市化的高级阶段，理应成为可持续经济的先行者，在国家可持续发展战略中起到引领作用。可持续发展经济体系以现代市场经济体系为基础，包括了发展理念、产业结构、增长方式、调控方式、发展主体、体制机制、消费模式等众多内容。可持续发展经济体系的核心理念是促进人的全面发展与经济社会、生态环境同步协调。人是经济行为的主体，由人所主导下的经济活动、消费理念、生活方式直接决定了要素资源的使用效率。因此首先应构建以人为本的资源节约型发展理念，以减少经济活动对生态环境和资源产生的压力。提倡资源节约并非主张抑制消费，资源节约理念是指在满足生产和生活适当需求的过程中最大限度地降低资源消耗。这种资源节约意识是建立在人类资源稀缺性的基础之上，提高全民的资源忧患意识是构建资源节约型经济体系的重要任务。

可持续发展经济体系要求城市群构建资源节约型产业结构。产业结构直接决定了能源消耗需求和污染排放的强度，过去中国的高耗能和高污染倾向的产业结构与可持续发展的理念相左，也不利于中国城市群参与国际竞争和经济全球化。资源节约型产业结构要求城市群产业与人口的空间布局、产业发展规划、产业梯度、各城市功能定位、城市群资源需求与资源禀赋、比较优势等相匹配。资源节约型产业结构重效益、节时、节能、节地。可持续发展经济体系还包括了可持续发展的主体，政府、企业、社会团体、军队、家庭、个人都是可持续发展的主体。因此，可持续发展经济体系的构建需要城市群中所有参与经济社会活动的主体共同参与，共同监督。由于市场失灵的存在，政府的有效调控可弥补市场的不足，将各种外部性通过价格杠杆、行政干预等手段进行内部化。构建可持续发展的资源节约型社会，政府需要转变职能，按照社会主义市场经济体系的要求来构建高效的管理体制，保证市场经济活动有序运行，从体制和机制上为一个可持续发展经济体系运行提供良好的外部环境。建立和完善有关资源环境领域的立法、执法，建立以市场化为主、政府调控为辅的经济激励和行政规范相结合的政策体系。

可持续发展经济体系还需要考虑如何提高资源使用效率，减少对环境的污染，基本目标是在提高产品和服务等产出附加值的前提下，降低单位产出的资源消耗和污染排放。坚持新型工业化，以发展循环经济为基本原则，以高科技高附加值的产业为主导，逐步淘汰落后工业和设备、高消耗的产能，将部分不符合可持续发展的产能逐步升级为清洁型、低耗能、高附加值型产业。充分利用智能城市、创新管理、现代通讯网络技术、物联网、云集成等技术，提高各类要素和资源的使用效率。优先发展清洁绿色制造业、现代服务业和都市现代农业，实现能源的高效、清洁与阶梯使用。发展绿色节能建筑、新型替代材料、新型清洁能源等高科技产业。另一方面，在既有的产业结构和能源使用方式上实现资源的回收和重复利用，发展节地、节能、节水、节材的现代公共基础设施。利用现代科技，打造一个资源可重复利用的产业循环系统，重塑产业上下游的资源消耗关系，将各类工业排放物回收利用，将上一轮的工业废料和废弃物作为一下轮工业的原材料，将废料和废弃物、排放物固定至下游产业链中，从而提高资源的重复利用次数和效率，减少对生态系统的排放。以"减量化、再利用、资源化"为原则，以低消耗、低排放、高效率为基本特征，最大限度地兼顾经济社会发展与资源环境的协调。循环经济在本质上是一种生态经济，传统的增长模式是"大量生产、大量消费、大量废弃"，而循环经济是可持续发展的现代化增长模式。发展循环经济，是推进结构调整、转变经济增长方式，建立资源节约型和环境友好型社会，走新型工业化道路的重要手段和途径，也是科学发展的重要内容。

除此之外，大力提高公共服务资源的共享性，提供公共服务资源的使用效率。一方面，大力建设各类清洁、高效、节能的现代公共服务基础设施，推进城市群公共服务的均等化和城市内部城乡公共服务一体化。根据城市人口、产业发展规律和趋势，增加公共服务设施的供给；另一方面，提高单位公共基础设施的使用覆盖面，制定符合可持续发展要求的城市公共管理政策，从而提高公共基础设施的使用效率，减少资源的闲置和浪费。在市政基础设施的建设过程中，要充分考虑接受服务的目标人群，尽量设计出可以让更多人共享的基础公共服务设施。如大力推进现代城市公共交通体系建设，保证公交、地铁等公共交通的供给，在线路设计时考虑更多的服务人群，让更多的人选择公共交通和低碳型出行方式。降低城市私人轿车的使用频率，减少城市机动车尾气的排放。同时大力推广新能源动力的汽车项目，将新能源推广至城市的公共交通中。

7.1.3 优化城市群空间结构和城市功能布局

城市群作为多个城市组成的综合体，其内部的空间结构和功能布局直接决定了城市群物理空间的利用效率和经济社会空间的容量，同时也决定了城市群可持续发展的后续潜力。从资源消耗的角度看，不同的城市空间结构和城市功能定位对应着不同的能源消耗强度和污染排放强度，群内城市间分工专业化、产业布局合理、城市的功能定位互补错位等将有利于促进城市群的可持续发展。尤其，群内城市之间的功能布局会直接影响各城市间的竞争和协调状态。不合理的城市功能定位会引起同质性竞争，造成大量的投资浪费和重复开发，降低经济效率。同时也不利于城市群的经济一体化和城市间的经济合作、政策对接，不利于创造可持续发展的空间格局。可持续发展要求城市群高效地使用各类资源，城市群资源使用效率也会受到群内城市功能布局的影响。各城市在起初发展条件、区位、要素禀赋、经济和市场规模、技术进步等方面存在一定的差异，城市的功能定位和发展战略必须根据各城市既有的比较优势、区位优势、禀赋状况等因素来确定。因此，城市群需要提前做好各城市的功能划分和合理定位，各城市的发展规划必须在城市群总体战略框架下进行，促进各类要素和产品在城市群内部的合理流动，提高资源的高效利用，使资源的配置最优化。具体来看，每个城市群需要形成梯度分明的中心和节点城市，便于要素的梯度使用和流动。城市群在经济、贸易、金融、航运、科技、教育、文化等功能领域需要在各城市间进行定位，中心城市应该是多中心叠加的城市，次级中心城市应该承担部分的中心城市功能，从而使得城市群在经济活动强度的空间分布上与生态环境空间、经济社会空间承载力相匹配。要推动大中小城市和小城镇协调发展，严格控制超大城市人口规模，大力提高中小城市对人口的吸纳能力，增强中小城市和小城镇产业发展和公共服务、吸纳就业、人口集聚功能。

合理的城市群城市空间结构有利于促进城市间的经济社会联系，形成互利共赢的局面，促进城市间协调可持续发展。如在发达的长三角城市群内，舟山具有良好的深水港，且具有国际贸易传统优势和丰富的海洋经济资源，那么可将其定位为长三角城市群的国际贸易和通商的港口，分担上海港的一些国际贸易业务，发挥协同港口的功能。而嘉兴等城市靠近上海且具有优美的江南水乡环境，可将其定位为城市群的生态屏障，保护和稳定城市群生态系统，在长三角城市群的规划下进行生态经济开发，如打造为旅游生态和养老城，既促进了当地的经济发展，又完善分担了中心城市上海的社会养老压力，提高了城市群各城市间的功能协调。合理的城市群空间结构将进一步强化城市群的块状经济形态，各城市间的经济联系度也将更加紧密，延长和拓宽了产业的上下游价值链，极大地提高了城市群各类要素资源的使用效率，促进了城市群综合竞争力的提升。

城市群内各城市在空间上具有一定的连续性和共生性，地理临近，产业关联度和各类经济联动性较高，在经济上具有大致相同的地区利益指向。如长三角城市群各城市外向经济度均较高，产业链相对完整，一旦发生外部经济冲击，将会影响整个长三角地区的经济状况，因此在经济上城市群各城市间容易形成共生关系。同时，城市群在地理气候和人文上一般是密不可分的，如城市间的生态环境共同构成了城市群生态系统，单个城市的生态环境变化会引起整个城市群生态环境变化。各城市间由于河道、地下水、风向等自然的作用，污染物会在城市群内部进行扩散。显然，城市群内部各城市间的经济社会、生态环境具有"一荣俱荣，一损俱损"的特征。因此，城市群的可持续发展，需要每个城市的共同努力，群内城市之间合理的空间等级、产业梯度、政策均会对临近城市的经济社会、生态环境产生直接的影响。首先应保证在合理功能定位下各城市自身应是符合可持续发展的，在引资政策、环境规制和治理上需要各城市进行联动和联防联治，如建立统一的环境规制和招商引资政策，避免污染产业在城市群内的转移，实现整个城市群的环境改善和可持续发展。

7.1.4　优化城市群产业结构，构建绿色价值链体系

城市的产业结构不仅决定了资源消耗和污染排放的强度，也决定了城市可持续发展的动力。产业发展具有一般性的规律，如随着经济结构的转型，三次产业占比中第一产业占比下降，第三产业占比不断上升，经济结构呈现高度的服务化趋势。一般而言，各种产业均具有一定的生命周期，一般会经历初级阶段、成长阶段、成熟阶段和衰退阶段。城市群的可持续发展要求城市的产业结构不断优化升级，不断有某些新兴产业替代某些衰退产业，城市的产业结构能否随着产业的生命周期而不断优化升级，将直接决定城市群可持续发展的动力。如对于具有资源性城市的城市群而言，依靠矿山、煤炭、石油等自然资源发展起来的城市，需要改变过度单一的产业结构，大力发展第三产业，如旅游文化产业，以防止外部经济的冲击，并通过发展旅游业来反哺既有开发对生态环境造成的影响。城市群由多个城市组成，一定程度上受到行政壁垒的影响，但产业却可以突破行政边界，进行跨地区产业布局。从城市群综合竞争力的角度看，城市群的产业功能必须进行优化，不同的城市可根据自身优势和区位、自然禀赋发展比较优势的产业，从而获得产业结构优化的红利。未来的城市群需要构建以现代服务业为特征的高度服务型经济，现代服务业不仅节约资源、能源消耗少、污染排放低，且要素结构中人力资本含量相对较高，具有较大的就业需求。因此，整体来看，大力提升第三产业的占比是城市群产业结构调整的重点方向，可为城市群提供可持续发展动力。优化城市群产业结构具有三个方面的内容：

一是城市群整体产业梯度的构建。在城市群总体发展战略目标下按照城市群内部空间结构和城市功能定位，使不同的产业分布到各城市，形成梯度明显、能级清晰的产业空间分布，促进产业梯度与各城市功能相匹配，最大限度发挥各城市的优势，同时实现城市群产业综合竞争力的提升。

二是各城市内部的产业结构空间布局选择。各城市按照自身的优势发展适合本地的产业，城市内部的产业结构很大程度上决定了城市的资源消耗和污染排放结构，统筹城市人口与产业的空间布局，将有利于减少城市

资源消耗和污染排放。如在城市产业规划过程中充分考虑人口居住区与工作地的合理布局，避免出现居住地与工作地的过长通勤距离，较长的通勤距离不仅仅增加了机动车的使用和尾气的排放，而且这种"产城隔离"现象也不利于城市内部空间的均衡，甚至造成城市部分区域的过分拥挤。因此城市内部的产业结构布局时需要以人为本，不断促进产城融合，扩展城市的经济活动空间的承载力。

三是城市群内产业间的联动，形成完整的上下游产业链，促进要素资源在产业间的充分流动和高效利用。城市群内的产业联动必然伴随着城市间的产业布局调整，根据市场化的原则，产业不断向中心市场靠近，逐步形成多样化的产业和完整的产业链，各种要素在城市间、产业间的联动过程中实现优化配置，实现城市群内部产业的协同发展，提高城市资源环境的承载力。

可持续发展除了要求城市群的产业结构优化外，还需要以城市间产业关联互动为基础，构建绿色产业价值链体系，保持可持续的产业发展潜力。改革开放以来，中国充当了世界工厂，依靠廉价劳动力和土地优惠政策等，形成了沿海地区大量的出口加工型产业，产品附加值低、污染能耗大。中国在全球产业价值链中处于低端价值创造区，而价值链高端价值创造区都掌握在西方发达国家手中，主要是知识产权、研发设计、行业准则、技术转让等领域。虽然中国承接了大量的国际产业转移和国际投资，中国的产业发展其实受制于发达国家的产业结构升级和调整，这种依靠外部输入性的产业非常不利于中国本土产业价值链的建立，导致中国的国际产业竞争力较弱，也不利于中国的节能减排和生态环境的改善。城市群未来作为国家竞争力的重要体现，直接参与经济全球化和国家产业分工，因此必须要构建自身的产业价值链，在重点领域取得发展优势，树立优势产业竞争力。结合中国的能源不足和环境改善需求，未来中国的城市群应构建绿色价值链体系。具体来看，城市群应综合协调各城市的产业发展，发展具有比较优势的产业，产业间形成上下游关联，形成较完整的产业价值链，特别是要在国际产业价值链中争取进入高价值区间，提高城市群的产业国际竞争力。绿色价值链要求各城市间的产业形成能源消耗的互补，实现能耗和污染排放的最小化。如设计先进的生产流程，某城市某产业的生产废料可作为另一产业的投入品，使得各产业间在生产过程中联动节能，综合并循环利用生产要素，提高要素资源的综合利用效率，实现城市群的可持续发展。

7.1.5 提升城市群基础设施和公共服务的共享性和可靠性

当前城市群内同城化趋势越来越明显，具体表现为临近城市间产业、就业、居住、交通、政策呈现出同城化趋势。城市群集聚了中国最多的人口和经济总量，一方面人口规模产生了巨大的城市基础设施需求；另一方面城市群致力于不断地降低交易成本，如交通的同城化不断降低了运输成本。良好的城市基础设施也是吸引居住人口和外部投资的重要因素。城市群的可持续发展离不开各种城市基础设施的升级和完善。城市基础设施是可持续发展的物理空间条件，是扩展城市经济发展空间和经济活动承载力的重要途径，同时也是展示城市精神和文化发展历史的重要方式，如城市建筑和景观往往是城市发展历程的写照，扩展了城市的社会人文空间。另外，同城化趋势也是城市群提高基础设施共享性的重要外部压力。以长三角城市群为例，交通网络日趋完善，高铁、海运、高速公路、铁路航空联运已经趋于成熟，沪宁、沪杭高铁运行时间不断缩短，未来长三角地区的交通网络将更加密集和完善，高速城际铁路、新的交通技术不断发展，长三角各城市间的空间距离将大大缩减。交通网络的同城化趋势大大提高居民的活动空间半径，各城市间的探亲访友、旅游消费、商务谈判、文化体验逐渐成为一种生活常态。从商业人流的角度看，这种交通同城化趋势将大大提高消费人口的流动速度和规模，特别是促进城际间商贸人流的双向流动，大大提高商品的流通速度和效率。在假日经济刺激下，快捷的交通将为长三角各城市的商业、消费和文化产业繁荣提供基础。同时交通网络也成为上海同其他城市要素流通的重要通道，各城市间经济联系将更加紧密。

因此，提升城市群的可持续发展能力，一方面要继续加大城市基础公共设施的供给，满足城市人口增长、产业发展、社会文化传承需要，提高经济社会活动的承载量；另一方面，更重要的是提高城市群基础设施的共享性和可靠性，提高基础设施的使用效率。城市基础设施的共享性要求城市公共服务设施的覆盖面应是多数的市民，不同城市的居民都可享受到基本的公共服务设施，如道路、公园、绿化、博物馆、图书馆、公共剧院等。基础设施的共享性还要求城市群内部公共服务的均等化，让城市群内每个城市的居民可以拥有同样质量的基础设施，既提高基础设施的使用频率同时又保证公平。基础设施的可靠性体现在基础设施的质量必须是可靠的、耐用的、安全的。一般而言，城市基础设施的投资巨大，从投入和收益的角度看，短期内收益难以超过成本，需要提高使用的年限，为市民持续提供服务。因此，基础设施必须有较高的质量和安全要求，为城市的可持续发展提供保障性的服务。城市基础设施的共享性是为了维护社会公平和使用效率，而可靠性则是为了维持城市物理空间在时间维度上的连续性，两者均是为城市群的可持续发展提供动力和保障。

城市群基础设施共享性和可靠性的提高还有利于城市群各城市的功能再造和空间结构布局的完善。随着城市群内各城市基础设施和公共服务供给总量的增加和均等化，居住人口将不再集中于城市群中心城市，其他城市将分担中心城市承载人口和部分产业的功能。因此，中心城市可以将部分产业转移至周边地区，腾出物理空间来发展高端服务业，承接中心城市产业的城市的产业结构也得到升级，产业也更加专业化，从而使整个城市群内的功能定位得到优化、空间结构更加合理，有利于城市群的可持续发展。

7.1.6 促进多元空间的融合与协调，促进人的全面发展和幸福感提升

城市群既是多个城市空间的集聚体，也是包含了经济、社会、人口、资源环境、文化等多元空间的综合体。城市发展的最终目的是提供市民的公共福利，提升居民的幸福感，可持续发展也是为了本代人与后代人可以获得同等的生活居住空间和资源环境。人是经济、社会、资源环境、文化等多重空间的直接参与主体，因此，促进多元空间的融合是实现人的全面发展和幸福感提升的前提条件。具体来看，城市群的可持续发展要求经济空间、社会空间、文化传承空间、资源环境承载空间之间的深度融合。不同发展空间之间存在着相互的影响，只有协调好多元空间的发展，才能实

现城市群的可持续发展。不同的经济空间要求不同的社会空间,当人类的经济活动过于密集时,人的社会活动交往也更加密集,社会分层将更加明显。如城市居民收入分化和社会层级的上升通道堵塞时,社会的不稳定将会影响经济运行,将对经济空间形成压缩力。同样,经济社会活动强度和资源消耗、污染排放强度只有在生态环境系统的阈值内时,经济社会空间才能与资源环境空间形成良好的协调状态。否则,将会引起生态环境系统不可逆的损耗,最终将直接损害经济空间的大小和人的发展,无法实现可持续发展。城市群具有单个城市无法比拟的物理空间和经济社会空间,实现城市群内部多元空间的融合和协调将是提升城市群承载人类经济社会、资源环境、社会文化、居住人口容量的重要途径,也是实现可持续发展的必要条件。

中国新型城镇化是以人为本的城镇化,而城市群作为新型城镇化的主体空间形态,理应成为实现人的全面发展和幸福感提升的典范,所以人的全面发展和幸福感的提升也是可持续发展的重要内容。经济发展的成果由市民共享,社会公平正义,社会文化事业繁荣,社会公共服务有序且充足,社会福利、养老和救助体系完善,依法治国等都是市民幸福感提升的重要体现。因此,要让城市群成为社会各阶层自由流动的地方,经济与生态环境协调发展,居住环境优美,人与自然和谐共处。只有人的发展持续了,人类的创造活动才能延续,幸福的城市生活才能延续,人的全面可持续发展是城市群可持续发展的最终目标。

7.2 提升中国城市群可持续发展能力的战略举措

城市群可持续发展包含的内容众多,既要实现多元空间的协调,又要协调各城市间的功能定位、产业发展、人口与生态环境资源,是一项系统性和复杂性的工程,这是当前和未来若干年中国城市群实现可持续发展所面临的重大理论和现实问题。具体的战略措施应遵循以下几条基本原则：一是保证人口、经济、社会、文化、资源环境的协调和融合。城市的可持续发展包括了各类承载空间的融合、发展动力、外部压力和内部空间结构的优化等多方面，因此应保持城市群多元空间的协调和融合，以创造可持续的基本条件。二是理顺政府与市场的边界和各自的责任。要实现可持续发展，应发挥市场配置资源要素的作用，但市场本身具有缺陷，需要政府的调控和纠正。政府是各类公共品的提供者，也是经济社会、文化、资源环境空间运行的监管者和服务者，因此政府进行调控的出发点应该是提高资源要素的配置效率和维护社会文化事业的基本秩序，为可持续发展提供可靠的体制机制设计和法律法规。三是要实现经济社会、资源环境的精细化和高效管理。城市群内部各城市的管理水平也是决定资源环境配置和可持续发展的重要决定因素，科学合理、精细化的高效管理可以改变城市的资源消耗、环境污染程度，促进多元空间的快速融合和协调发展。城市群内部各城市间需要综合协调，区域一体化和同城化效应有利于城市群的协调发展，但各城市的发展目标和基本诉求依然存在差异，当发展利益不一致时，如何提高城市间政策执行的协调度便成为一个非常重要的问题。基于这些基本原则，提升中国城市群可持续发展的具体措施至少包括以下内容：

7.2.1 发挥市场机制作用，促进城市群可持续发展

当前中国经济发展过程中资源环境问题日益突出，特别是地方政府以资源环境换取经济发展的现象依然存在，只有增长速度而无发展质量，不符合可持续发展的理念，全面推进资源要素的市场化改革势在必行。具体来看，需要从资源要素价格形成机制、各类资源环境的市场培育、产权交易市场、技术创新转化市场等方面入手，充分利用市场机制将资源环境要素推入现代市场经济体系中，形成多元的资源环境要素供给局面，增强市场竞争，让资源要素在产品中的价值得以体现，以市场来纠正要素资源配置的低效和经济发展的不可持续。

一是要加快资源性产品价格形成机制的改革。我国电力、天然气、水、石油等资源性产品的价格长期不能反映稀缺性和市场供求状况，难以

反映发展的资源环境成本。特别是单一的政府定价机制使得资源性产品的价格扭曲严重。因此，逐步建立反映资源稀缺程度、市场供求状况和环境治理成本的价格形成机制是资源性产品价格改革的方向。要尽快理顺价格关系，提高经济效率，促进节能减排和环境保护，并完善价格调整与利益调节机制。通过资源产品价格改革，使得资源类产品的价格回归市场，对企业形成节能减排的倒逼机制，促进城市群经济发展方式的转型。要打破现有的电力、石油、天然气、水等资源性产品的垄断市场格局，在适当的条件下逐步放开市场的准入条件，让更多的民营资本进入，共同参与竞争，提高市场的竞争性。凡是可以由市场形成价格的均应交给市场，政府不进行不当和过度干预。既要使资源性产品价格能够合理反映成本构成，又要使改革兼顾群众日常生活基本需求，促进社会公平正义，让广大居民共享改革发展成果。

二是健全自然资源产权制度和排污权交易市场，促进各类市场的培育和发展。自然资源是典型的公共品，是各类资源性产品的主要来源，一旦产权界定不清晰，将容易造成"公地悲剧"和无效率使用。应尽快对城市群现有的各种矿藏、河流、森林、滩涂、荒地、煤炭等进行产权登记，形成产权清晰、权责分明的自然资源产权制度。同时应培育各类市场主体，加强资源消耗类企业的能源节约意识和环保意识，强化各主体的公平竞争地位，设置同样的市场准入制度，坚持"谁使用和得益，谁付费和治理"的原则，构建一个公开、公正、透明的自然资源产品市场。加快资源要素市场的培育和发展，城市群应尽快构建统一的环保技术市场、碳排放市场、污染排放市场。中国是全球最大的碳排放国，是全球碳排放市场上最大的供给者，但尚未建立统一的碳排放交易市场，在碳排放定价上仍处于价格接受者地位。未来中国城市群应率先建立统一的碳排放交易市场，尽快制定碳排放权初始分配的方式，并逐步推广至全国，制定交易准则和定价机制，率先与国际碳交易市场接轨。同时，中国的城市群应尽快建立各类工业污染排放物的交易市场，确定各城市污染排放权和排放总量，将污染排放企业的污染排放行为纳入市场化轨道，促使企业节能减排。城市群的中心城市应加快构建各类环保技术转让和交易信息平台，培育环保第三方监测和监督机构，完善资源、污染排放、环保技术市场体系。为了实现资源的可持续利用和国家能源安全，一方面必须大力发展新能源市场，加快风力发电、新型清洁能源、太阳能、地热能的开发和使用。可以在城市化水平较高的城市群的公共交通中进行试点，采用混合动力和清洁能源动力的公交车，实现低碳出行。同时重点培育各类环保类市场和相关技术市场，通过搭建各类环保技术公共平台，通过在线和离线的市场化手段，促使各种环保材料、环保节能装置、除污技术等完成交易。另一方面促进技术创新市场的繁荣发展，在资源类产品价格改革的倒逼机制下，企业通过自主创新形成节能环保的技术，以降低生产成本，从而提高资源的利用效率。资源环境类要素的市场化必须依赖于各类市场的建立，通过环保市场、相关技术市场的建设，延伸并巩固资源价格形成机制和污染排放交易体系。

7.2.2 充分发挥政府调控作用，促进城市群可持续发展

除了运用市场力量外，还需要充分发挥政府调控在可持续发展中的作用。政府可充分利用规划、政策、财政、社会宣传引导等手段来提高要素资源的使用效率、优化城市群空间结构；进一步规范各城市的土地、矿产等资源的使用和产权获取程序，构建资源节约和污染排放的惩罚和激励机制；构建各类资源要素产权归属清晰、权责明确、流转顺畅的资源产权制度，坚持资源有偿使用原则；加强市场监管和规则制度的建设，构建资源节约的利益机制，促进各类资源开发利用主体更加自觉地节约资源；深化生态环境建设投融资体制改革，多渠道、多层次、多方位筹集生态建设资金，加大全社会对绿色经济的资金投入。按照市场经济的要求，逐步在绿化、水务、环卫等领域实行政企分开、事企分开、管理与建设和运行分开，按社会化、市场化、专业化、产业化的要求，引导和鼓励企事业单位参与生态环境建设，形成政府、单位和个人多元化的投入机制。具体来看，政府调控可以从以下几个方面入手：

一是规划引领。城市群的规划是未来城市空间、人口、产业、功能布局的纲领，将会直接决定城市群可持续发展的动力、空间和容量。城市群的产业规划和各城市的功能布局决定着经济社会活动所需要的资源消耗类型和强度、污染排放的结构和强度，也直接决定了城市的资源环境的外部

压力和综合承载力，并对城市群的发展形成路径依赖。因此，在构建可持续发展城市群过程中，应坚持规划引领的原则，而在规划过程应始终坚持"低碳、智慧、知识、创新"和以人为本的理念，实现多元空间高度融合、人的发展与经济社会、资源环境、文化同步发展。如在城市规划中坚持"产城融合"理念，合理布局居住区和产业区的分布，减少工作人群的通勤时间。在规划过程中研判人口增长趋势，保持城市公共服务供给的同步增长，提高公共服务的需求和供给的适度平衡，如在交通发展规划中根据交通人流状况设计出更加人性化、便利度更好的科学的城市交通网络，减少和避免拥堵现象。在进行产业规划时，应综合把握全球产业发展趋势，研判国家经济和产业调整方向，结合城市群发展规划和功能定位，因地制宜地确定各城市的产业中长期发展规划，避免城市间的产业同构；着力发展城市群现代服务业和各类高附加值的产业，提高清洁型低能耗型产业的比重，构建资源节约型和环境友好型城市群；统一环保标准，逐步提高环境规制和能耗门槛，逐步淘汰掉高耗能高污染型产业。

二是科学决策，提高政策的执行力。可持续发展是一项综合性和系统性的工程，涉及经济、社会、生态、环境、城市建筑、公共管理等多个领域，因此在进行决策时应广泛征求各方意见和严格论证，提高公众的参与度，充分发挥各类智库的作用，做到科学决策。制定趋严的环保和降低能耗政策，建立奖惩分明的制度，对节能减排成效显著的企业进行政策性奖励和补贴，对不符合能耗标准和环评的企业责令整改或关闭，让节能减排的政策落地落实。引导产业向环保低碳方向发展，对新能源、环保型、技术创新型企业、现代服务业、高附加产业，给予土地、税收、行政审批上的优惠和方便。充分利用好各种税费的杠杆作用，调节资源环境供给方和需求方的平衡。在条件成熟的城市群内，开征资源税、碳税，对居民用电、天然气等领域实行阶梯定价等，促进资源的节约利用；综合运用价格、税费等手段，引导各市场主体对资源环境要素的节约和高效使用；构建反映资源稀缺程度、环境损害成本、市场供求关系的各类要素资源价格形成机制。在试点城市群里，实施环境有害型消费品环境附加费的征收，逐步提高二氧化硫等工业污染排放收费标准，提高企业减排的动力。

三是在主体功能区框架下推进城市有序开发。国家主体功能区的划分符合可持续发展的要求，对国土空间的布局进行科学合理的界定既可优化空间结构布局和提高土地的使用效率，又增加了经济社会的承载力。应对城市群各城市按照主体功能区的划分实施功能引导，避免大量的建设用地闲置、低利用率、生态区破坏。对那些适宜人类居住、气候地理条件较好，经济基础较好、市场规模和潜力较大的城市可进行重点开发，有序导入人口和就业，引导优势产业集聚，发挥规模经济优势。对于那些不具备开发条件且具有重要的生态调节功能的区域要实施严格的保护政策，如应保护城市周边的农业耕地、湿地、森林等具有生态调节功能的区域，为中心城区的生态提供安全屏障，形成以森林植被为主体、林草结合的国土生态安全格局。在城市开发过程中，应做到开发与保护同步，优化环境和环境治理同时开展。落实配套政策，促进主体功能区建设的财税、投资、产业、土地等辅助性政策，增强限制开发和禁止开发区域的政府执法和惩罚力度，形成有力的监管体系和预警机制。着力将生态文明融入国土开发、新型城镇化发展的全过程，最终形成功能定位明晰、产业布局合理、比较优势明显，经济社会活动与资源环境承载能力协调发展的城镇化格局。

四是增强污染治理力度，提高地区污染的协同治理。生态环境是影响人类居住和生活质量的重要因素。近年来雾霾频繁侵袭长三角城市群、珠三角城市群、京津冀城市群，中西部地区的长江中游城市群和成渝城市群也未能幸免，大气污染严重阻碍了城市群的可持续发展。治理雾霾的呼声空前，各级政府治理大气污染的决心巨大。一方面要加大各类环保基础设施建设的投入，增加各类城市垃圾回收和处理站、城市污染处理系统，增加城市交通绿化带、绿地公园、湿地等城市环保基础设施的投入，提升城市自身的除污及自我净化能力。另一方面，各级环保部门应提高环境治理的执法力度，严厉打击和处罚各类偷排和超排行为，可考虑将造成公共污染的主体纳入刑法程序，相关部门应做好相关的实时监督，积极开展第三方环境监测，对于破坏城市环境的行为、偷排漏报排放数据的行为进行严肃处理。生态环境具有较强的空间相关，因此在环境治理上城市群各地区应形成联防联治，明确各城市的污染排放责任和环境治理责任，在污染治理上形成联合跨地区执法，在城市群内制定统一的环境规制，避免污染产业在城市群内部的转移。同时城市群应在经济发展上进行协同，从而实现环境质量的整体改善。

五是加强宣传引导，强化社会管理。引导民众的消费行为，崇尚低碳消费理念，提倡文明和健康的可持续生活方式。消费行为直接影响着产品的需求规模和结构，而不同的消费规模和结构又对应着不同的产业结构和产品供给，产业结构和产品供给又决定着能源消耗和环境污染强度。中华文明一向倡导节约理念，提倡城市居民从生活点滴开始，树立低碳的消费理念。以社区、单位、学校等为基本单元，定期开展资源、生态环境的国情宣传和教育活动，提高居民的环保理念和资源节约意识，引导居民形成自觉节约用水、用电的习惯。营造"节约光荣、浪费可耻"的社会新风尚，使节约资源和保护环境成为每个中国人的主流价值观。倡导理性消费、绿色消费和出行、垃圾分类、无纸化办公等健康环保的生活方式和可持续发展理念，反对铺张浪费和过度消费。提高城市群公共服务供给的水平，充分运用税费、价格等手段引导居民绿色居住和出行，推广节能、低碳、环保的绿色产品。执行强制性的节能标准，推广可再生能源、新能源产品、环保材料的应用。大力扶持绿色交通，推广天然气、沼气、太阳能、风能等清洁能源，减少机动车尾气、工业排放和建筑扬尘，推行垃圾分类回收和循环利用，改造地下排污管网，提高危险废弃物集中处理能力、绿化、美化、净化生活环境。此外，政府应做到相关的示范作用，限制"三公"消费，减少公务车的使用，在公务车中率先采购新能源车，形成勤俭节约的公务员队伍。

7.2.3 完善体制机制，提升城市群可持续发展能力

城市群的可持续发展离不开完善的体制和机制建设，包括各类政策法规建设和评价制度等众多内容。这些体制机制建设可为城市群的可持续发展提供规范性依据，保障城市群的可持续发展。主要包括以下几个方面：

一是要强化环境保护的法规建设，强化环保执法部门的独立性。纵观国外城市的可持续发展和环境治理之路可以发现，法制建设是环保最有力的保障。近年来中国资源破坏和环境污染问题日益突出，但缺少相关的法律和法规，对资源破坏和污染排放行为的监管带来众多不便。如尚未建立全国统一的碳排放市场交易准则、排污权的使用和交易准则、地区间的生

态补偿和环境责任保险等众多领域缺少明确的法律依据。应尽快进一步修订完善《大气污染法》《环境保护法》《生态补偿条例》等法律法规，进一步明确执法主体和相关的权责义务等内容，特别是要考虑对重大的自然资源破坏和生态环境破坏的行为纳入刑法范围，以提高威慑力。城市群可率先建立碳交易市场、污染排放交易市场、地区生态补偿的办法，鼓励各地方政府制定符合本地特征的法规和条例。另一方面，要强化环境保护执法部门的独立性。中国的环保部门之间没有直接的隶属关系，各环保部门隶属于本级政府，人事、财政等均由本级政府负责，地方政府往往追求经济增长而忽略生态环境，造成地方环保部门的监管和执法缺乏基本的独立性。应尽快对环保执法部门进行机构改革，建立全国统一的垂直管理体制，树立环保监督和执法部门的独立性。

二是要拓宽环境治理投资渠道，构建多元化的投入机制。当前中国的环境治理投入主要依靠地方政府的财政投入，投入主体单一，面临投入不足的局面。而地方政府在财政支出时还倾向于将财政投到能够产生显性经济效益的领域，对环境保护等领域的财政投入积极性不高。中国城镇化进入快速发展期，未来的城镇建设需要大量的建设资金，环境治理的成本越来越高，环境治理资金缺口越来越大。因此，应尽快拓宽环境治理的投融资渠道，鼓励各类民间资本进行城市环保基础设施的投资。通过市场化的运作模式将社会资本引入环境治理，坚持"谁投资，谁受益"的原则；通过有限资源环境产权、使用权、经营权的转让，保证投资者的事后收益，鼓励各种民间资本和外资进入环保产业。同时建议地方政府从新增财政和土地出让金中抽出部分资金来进行环境治理，有条件的城市可以尝试发行地方环境类债券、绿色证券和期权等金融产品。加大绿色信贷，鼓励国有银行优先支持环境绩效好的项目，对于环保项目给予一定的优惠。城市群可率先设立资源环境发展基金，设立环保投资银行等，支持各城市的环保治理建设。

三是建立城市群资源环境预警机制，完善资源环境信息披露制度。城市群是经济社会活动集中的区域，生态环境系统相对脆弱，应建立事前的预警机制，避免城市群的资源和生态环境系统遭到不可逆的损害。要尽快采集城市群内资源和生态环境的基础数据库，利用科学方法和模型计算出城市群的生态阀值，运用现代科技和手段建立动态的实时监测系统，对整个城市群的资源和环境进行有效的预警。同时应完善资源环境的各类信息披露制度，对基本的资源存贮量、自然资源的交易、实时的环境污染情况等信息进行实时发布，维护公民基本的知情权。建立舆论预警机制和环境事件紧急处理机制，尊重民众的诉求并提供通畅的表达途径，对管辖区内发生的重大环境污染事件进行有效管控。

四是增强公众参与和监督，加强第三方治理制度。环境治理仅仅依靠政府的监督是远远不够的，应增强公众的参与和监督，弥补政府监管的不足。一方面，鼓励民众积极参与城市规划和城市建设项目的评审会，充分听取各方诉求，兼顾企业、民众和其他各方的利益。特别是在环境治理上，可设立投诉、举报专线，鼓励民众对各类企业的偷排、破坏自然资源和生态环境的行为进行监督。另一方面，建立第三方环境治理制度，目前中国的环评和环境监测机构多为本地政府部门或所属的事业单位，存在机构间的上下级以及相互利益关系，难以公正地开展环境监测和治理。应积极引入第三方监管和监测机构，开展面向企业的污染排放监管和治理，提高污染治理的效率和公正度。

7.2.4 提高城市综合管理水平，提升城市群可持续发展能力

城市综合管理水平是城市可持续发展的必要条件与组织保障。城市是各种经济与社会活动的集聚体，从整体效益出发，采用行政、经济、法律、技术等手段对各种经济与社会活动进行有序和规范化的管理，将有效提高城市的运行效率，为城市群可持续发展能力的提升提供可靠的保障。

一是要加强城市基础设施与公共服务的规划与建设。在市政道路规划与建设方面，综合统筹城市发展、环境保护与资源配置，加强对交通道路的干预与调控，提高道路交通的利用效率。从实际出发，在保证城市交通安全与通畅的同时，有效控制道路开发规模，保障重点建设，合理利用土地资源，减少大气污染。随着城市发展水平的提高，诸多地上架空线转入地下，承载起各种物流、信息流与资源流，保障了城市经济与生活的有效运转。因此，在城市地下规划与建设方面，应注重管网规划与城市总体规

划间的协调，保证管网规划的系统性与可操作性；健全地下管网规划资料存档制度，提高城市管网建设效能；设立统一有效的地下管网管理机构，统筹协调各方关系。在城市公共安全规划与综合防灾能力建设方面，应健全城市综合防灾规划的法律法规，明确城市防灾规划的法律地位；制定与修订相关技术标准与规范，确保城市防灾规划的规范性与可操作性；综合考虑地质、地震、洪水等条件，科学合理的选择城市建设用地；充分考虑大型公共设施的安全因素，科学布置防灾设施；预留应急避难场所，应对突发事件。在城市信息化建设方面，应注重地理信息系统（GIS）在城市规划与管理、城市交通管理、城市地下管网管理，城市水资源管理与配置以及电子政务等中的应用，如采用先进的 GIS 系统对城市地下管线进行管理，建立完善的地下管线信息数据库等。

二是要强化市容环境卫生管理，稳步推进城市管理综合执法。城市市容环境卫生管理不仅关系到城市居民的生活质量及健康状况，同时也关系到城市的内外形象和投资环境，影响城市对人才、技术、资本、信息等资源的吸引力。应开展形式多样、贴近市民的环卫主题宣传活动，表彰优秀的自律小区和商家，鼓励广大市民、沿街商铺及相关单位共同参与城市的环卫管理工作；坚持推行城市生活垃圾分类管理，完善垃圾分类收集的相关设施设备，制定详细明确且具可操作性的生活垃圾分类规定，多渠道大力宣传生活垃圾分类知识，利用利益激励机制，制定清晰的利益共享体系，奖励认真进行垃圾分类的居民；优先发展公共交通，改善自行车、步行交通系统，提倡绿色环保出行等。城市管理综合执法体制是城市实现良性运转的重要保障。在法律依据方面，健全相关法律体系，明确城市管理综合执法的范围、体制以及执法机关的法律地位、执法规范等，切实改善城管执法环境，提升社会对执法部门的认同感。在职责分工的界定方面，充分利用改革试点中获得的经验，科学合理地划定综合执法的职责范围，避免综合执法机构与相关职能部门的职责交叉。在保障机制方面，建立公安保障机制，预防和打击暴力抗法等行为；建立财政保障机制，根本上规范执法队伍的执罚行为，增强执法效能。在执法队伍的培训管理方面，设立专门机构承担城管执法的培训工作，通过统一培训提高执法人员的法律知识、业务素质和执法水平。在综合执法的理念上，注重严格执法与和谐执法相结合，增强执法人员的服务意识，积极探索更具人性化的管理方法，和谐有效地化解矛盾，提高执法的质量与效率。

三是要完善城市综合管理的政绩考核评价机制。为切实提高城市的综合管理水平，考虑推行城市综合管理的目标责任制，建立一套科学完备且具有可操作性的政绩考核评价机制，通过考核奖惩等手段，约束并激励相关职能部门增强责任意识、提高管理水平。在考核数据的获取上，有关城市经济发展等硬性指标，从相关职能部门获取后需进一步调查核实；对大众性指标数据的获取，需综合实时监测、明察暗访、抽样调查等方式，尽量增加样本容量与考核频率，避免行政干扰的影响。在考评指标设计上，注重经济发展的同时还要重视社会的全面进步，考虑生态环境保护、资源配置效率、社会稳定、科教文卫和计划生育等和谐发展因素。在考评项目评判上，确保每项指标都有相对具体的评分标准，降低人为主观判断的程度。

7.2.5　加强城市之间协调联动，提升城市群可持续发展能力

城市之间的协调联动是城市群可持续发展的重要基础。各城市之间通过在基础设施与公共服务建设、环境保护与治理、产业分工协作等方面建立协调发展机制，消除城市群内部产业同构、盲目竞争、重复建设、无效治理等问题，促进城市群内资源的优化配置，形成相互依赖、相互制约、互利共赢的发展关系，从而提升城市群的可持续发展能力。

一是要促进基础设施与公共服务体系的共建共享。综合交通运输体系方面，在对各城市经济、产业等现状进行调查和分析的基础上，明确每个城市的交通需求特征及城市间的流通规律，制定出层次清晰、功能明确的交通发展规划；改进交通运输结构，合理利用有限的空间资源，实现不同交通方式的均衡布局，提升服务功能；不同交通方式的运输网络彼此之间通过枢纽有机衔接，达到节省时间、降低成本的效果，实现多式联运的复合功能。在信息共享方面，加强信息基础设施的建设，提高宽带网络接入覆盖率；推进城市群内无线电的协同监管，引导通讯运营商基站的共建共享，提高基础网络资源的利用率；淡化行政区域边界，构建城际间互联互通的信息网络，实现各城市间政务信息、产品供求信息、劳动就业信息以

及社会公共服务等信息资源的共享。在公共服务体系的建设方面，加强城市间科技教育、医疗卫生等的交流与合作，促进公共服务业体制的变革与创新，健全城市间公共服务的配置机制，逐步实现城市间公共服务资源的共享。

二是要提高生态建设的统筹协调与环境污染的联防联控。地理上的邻近决定了城市群内城市之间诸多自然资源的天然联系与相似性。城市群内某一城市自然资源的过度开发和环境污染势必会产生各种跨界效应，进而对邻近城市的生态环境造成一定影响。因此，在生态环境的保护与治理上，城市群内各城市需要统筹协调，采取联防联控的合作方式，构建生态环境综合治理机制，集中统一执法，才能真正解决城市群发展中面临的诸多环境问题，为城市群的可持续发展提供切实支撑。一方面，城市群内各城市政府之间的协同合作。建立城市群区域生态环境治理联席会议议事制度，定期举行城市群生态环境保护联席会议，交流生态环境保护与治理的工作情况，共同制定生态环境保护与治理的相应法律法规，统一各种执法口径和执行标准。另一方面，城市群内各城市部门之间的协同合作。由各城市相关部门（如国土资源、环保、城建、工商等）组成区域生态环境保护联合执法小组，共同制定生态建设规划和环境保护合作框架协议，统一行动目标，定期开展各种联合执法与宣传活动。此外，可以促进政府与非政府组织间的协同合作，建立跨地区生态环境保护联盟，共同制定城市群生态建设规划，定期组织各种相关研讨会等。

三是实现产业经济发展上的合作共赢。引导城市群内各城市间形成分工互补的产业布局，加速资本、技术、人才等资源的合理配置，有效破解资源、环境等制约因素，实现产业经济发展上的合作共赢，提升城市群的可持续发展能力。在统筹规划与城市功能地位的基础上，综合评估各城市的产业发展现状，明确各城市的产业主次与产业特色，引导具有本地优势的产业集聚的发展；加强城市群各级城市的产业分工与协作，推动核心城市的产业转移，将非核心功能疏解出去，预留功能升级空间，周边地区也在承接产业转移的同时实现功能升级，逐步形成分工协作的产业发展机制，实现城市群资源的有效配置，推进城市群协同联动发展；以产业链为纽带，整合城市间的产业资源，完善信息平台和科技转化平台，通过大力发展上下游企业，推动群内各城市产业间的协同联动。

7.2.2 优化城市群空间分布与产业结构，提升城市群可持续发展能力

城市群是在地域上集中分布的若干城市集聚而成的联合体，其空间分布与产业结构决定了城市群的综合承载力。综合承载力超越了资源环境承载力概念，指资源禀赋、生态环境、基础设施和公共服务对城市人口及经济社会活动的承载能力，是资源承载力、环境承载力、经济承载力和社会承载力的有机结合体。简单来说，城市综合承载力是城市发展的阈值，是城市及城市群可持续发展的重要保障。科学合理的空间布局有利于要素资源在城市群内部的自由流动与高效配置，促进城市群功能结构的逐步完善，有效提高各种要素资源的利用效率。协同互补的产业结构则有利于城市群产业综合竞争力和生态环境承载力的提升，促进城市群绿色循环经济的发展。优化城市群空间分布与产业结构需要做到：

一是要提高城市物理空间利用率。主要是提升城市土地资源的承载力。盘活城市建设用地存量，积极开发未利用土地，增加城市可利用土地资源的总量；倡导城市废弃地的改造再利用，如通过生态化的景观设计合理改造废弃地，变废为宝，改善城市形象的同时，促进城市可持续土地利用模式的形成；鼓励城市地下空间资源的合理开发，制定与城市总体规划相协调的地下空间开发规划，推进集城市给水排水、热力、燃气、电力、通信、广播电视等市政管线的地下综合管廊的建设，积极探索多样化的地下空间利用模式，如进行地下储存、生产和商业文娱活动等；对于无法用于城市建设和改造的未利用土地，应积极用于生态环境的建设，提高城市土地利用率；建立奖惩机制，确保土地有效开发和建设，促进城市经济社会与生态环境的协调发展。

二是扩展城市经济社会的承载空间。加大投资力度，不断完善市政道路、雨污水管道、停车场、垃圾站、通讯、学校、医院、公共交通网络等设施设备的建设，通过提高标准、升级改造、扩大规模等措施，提高城市基础设施和公共服务设施承载力。健全适应服务业发展的体制机制，执行税收等优惠政策和相关产业支持政策，拓展城市服务业发展空间，推动城

市经济由生产型经济向服务型经济转变，提高城市产业对人口就业的吸纳能力。大力发展城市绿色循环经济，完善相关法律保障体系，积极推动循环经济发展的体制创新；利用价格、税收等优惠政策鼓励发展生态产业；促进技术和知识密集型产业集聚，发展生态工业园区；推进可再生资源和新能源的开发利用，降低产品研发、生产和消费过程中的资源消耗，发展绿色环保产业。

三是要抑制低密度郊区化扩张的城市蔓延。城市蔓延是城市在高速发展的过程中城市边界向外无序扩张，并以占用耕地、蚕食绿地面积为代价，对土地资源进行的一种低密度、非连续且依赖汽车的城市空间扩展方式，会引发一系列不良的低密度蔓延现象，如侵占郊区旷野和野生动植物栖息地，危害野生动植物生存的同时也压缩了居民的活动空间，而汽车出行量的增多加重城市的空气污染等，给城市经济发展、社会生活和生态环境等诸多领域带来负面影响。随着城市化进程的不断推进，蔓延式扩张已成为我国城市空间扩展的主要方式。因此，如何发挥城市蔓延的积极作用，降低对城市经济、社会和环境的不良影响，是提升城市群可持续发展能力的关键影响因素。一是引入增长管理理念。通过规划城市增长边界（如绿化带建设），鼓励废弃地再开发和利用等疏导型控制手段，合理控制城市边界，为城市发展提供一个开发与保护相协调的路径。二是改进城市发展规划制定机制。简化规划制定的层次结构，提高决策效率；增加政务透明度，鼓励公众参与，充分发挥各部门和社会各领域间的协调合作优势，提高规划的有效性。三是优先发展公共交通，加大公共交通设施的投资力度，完善相关配套设施的建设等，减少汽车出行量。四是建立一定数量和规模的工业园区，通过税收等一系列优惠政策，引导外迁企业的集中分布，提高郊区经济集聚度和用地的整体规模效应，实现更为紧凑的郊区化发展形式。

参考文献

[1] 程晓波：《提高城市综合承载能力推进城镇化可持续发展》，《宏观经济管理》2006 年第 5 期。

［2］曹勇辉：《生态承载力视角下可持续发展的政策响应研究》，《资源开发与市场》2013 年第 8 期。

［3］邓祥征等：《中国西部城镇化可持续发展路径的探讨》，《中国人口·资源与环境》2013 年第 10 期。

［4］都希等：《可持续发展视角下的城镇化与都市化抉择》，《中国人口·资源与环境》2015 年第 2 期。

［5］范秋芳、王珊珊：《黄河三角洲高效生态经济区城市群城市综合承载力评价研究》，《河南科学》2013 年第 1 期。

［6］冯嘉：《负载有度论环境法的生态承载力控制原则》，《中国人口·资源与环境》2013 年第 8 期。

［7］冯怡康、马树强、金浩：《天津师范大学学报（社会科学版）》2014 年第 6 期。

［8］方创琳、方嘉雯：《解析城镇化过程中的资源环境瓶颈》，《中国国情国力》2013 年第 4 期。

［9］方创琳：《中国城市化过程中的资源环境保护问题与对策建议》，《中国科学院院刊》2009 年第 5 期。

［10］郭荣朝等：《城市群生态空间结构优化组合模式及对策》，《地理科学进展》2010 年第 3 期。

［11］郭志伟等：《城市经济承载力研究——以北京市为例》，《城市发展研究》2008 年第 6 期。

［12］高湘昀等：《我国资源环境承载力的研究评述》，《资源与产业》2012 年第 6 期。

［13］高鹭、张宏业：《生态承载力的国内外进展研究》，《中国人口资源与环境》2007 年第 2 期。

［14］顾康康：《生态承载力的概念及研究方法》，《生态环境学报》2012 年第 2 期。

［15］蒋辉、罗国云：《资源环境承载力研究的缘起与发展》，《资源开发与市场》2011 年第 5 期。

［16］李东序：《城市综合承载力理论与实证研究》，武汉理工大学博士学位论文，2008 年 10 月。

［17］李蔚：《城市群生态环境问题制度成因及管理创新》，《湘潭大学学报（哲学社会科学版）》2008 年第 4 期。

［18］刘惠敏：《长江三角洲城市群综合承载力的时空分异分析》，《中国软科学》2011 年第 10 期。

［19］吕光明、何强：《可持续发展观下的城市综合承载力研究》，《城市发展研究》2009 年第 4 期。

［20］刘晓丽、方创琳：《城市群资源环境承载力研究进展及展望》，《地理科学进展》2008 年第 5 期。

［21］林江：《资源价格改革是转变经济发展方式的重要前提》，《求是》2010 年第 11 期。

［22］李超、覃成林：《要素禀赋、资源环境约束与中国现代产业空间分布》，《南开经济研究》2011 年第 4 期。

［23］陆铭：《重构城市体系：论中国区域与城市可持续发展战略》，《南京大学学报》2010 年第 5 期。

［24］牛文元：《城市可持续发展：全球与中国》，《中国名城》2008 年第 2 期。

［25］潘家华等：《2013 中国人类发展报告》，中国出版集团公司 2013 年版。

［26］齐亚彬：《资源环境承载力研究进展及其主要问题剖析》，《中国国土资源经济》2005 年第 5 期。

［27］孙萍、唐莹、Robert J. Mason 等：《国外城市蔓延控制及对我国的启示》，《经济地理》2011 年第 5 期。

［28］孙钰、李新刚：《基于空间回归分析的城市土地综合承载力研究》，《地域研究与开发》2013 年第 10 期。

［29］史进等：《城市群经济空间、资源环境与国土利用耦合关系研究》，《城市发展研究》2013 年第 7 期。

［30］石忆邵等：《城市综合承载力的研究进展及展望》，《地理研究》2013 年第 1 期。

［31］谭文垦等：《关于城市综合承载能力若干理论问题的认识》，《中国人口·资源与环境》2008 年第 1 期。

[32] 谭文兵：《城市化发展的资源约束与路径选择》，《经济论坛》2013 年第 7 期。

[33] 王家庭、赵丽：《快速城市化时期我国城市蔓延的动力》，《财经科学》2013 年第 5 期。

[34] 王丽、牛文元：《资源环境视角下的中国城市潜力研究》，《中国人口·资源与环境》2013 年第 6 期。

[35] 伍世安：《深化能源资源价格改革：从市场分轨到"市场与政府"合轨》，《财贸经济》2011 年第 5 期。

[36] 温贵芳：《资源价格改革的难点与出路》，《求是》2010 年第 10 期。

[37] 夏书章、王枫云：《中国城市郊区化进程中的无序蔓延：表征、隐患及政府应对策略》，《行政论坛》2010 年第 1 期。

[38] 向芸芸、蒙吉军：《生态承载力研究和应用进展》，《生态学杂志》2012 年第 11 期。

[39] 姚士谋等：《我国资源环境对城镇化问题的影响因素》，《地理科学进展》2008 年第 3 期。

[40]《中共中央关于全面深化改革若干重大问题的决定》，人民出版社 2013 年版。

[41] 张锋：《长三角城市区域可持续发展的态势、目标与路径》，《江淮论坛》2011 年第 1 期。

[42] 张金伟、常江：《城市废弃地景观与生态恢复研究》，《现代城市研究》2007 年第 11 期。

[43] 张学良：《2013 中国区域经济发展报告——中国城市群的崛起与协调发展》，人民出版社 2013 年版。

[44] 张学良：《2014 中国区域经济发展报告——中国城市群资源环境承载力》，人民出版社 2014 年版。

[45] 张可云等：《基于改进生态足迹模型的中国 31 个省级区域生态承载力实证研究》，《地理科学》2011 年第 9 期。

[46] 中国人民共和国环境保护部：《"十二五"全国环境保护法规和环境经济政策建设规划》，2011 年 11 月 1 日，参见中华人民共和国环境保

护部网站。

　　[47] 赵海卫、王继尧等《浅谈城市地理信息系统的应用》，《地理空间信息》2010 年第 6 期。

　　[48] 赵培红：《城市承载力研究评述》，《城市》2012 年第 9 期。

　　[49] 张小刚、罗雅：《城市环境资源承载力评价体系研究》，《湘潭大学学报》2013 年第 4 期。

　　[50] 张小富、张协奎：《广西北部湾经济区城市群城市综合承载力评价研究》，《国土与资源环境研究》2011 年第 2 期。

　　[51] 张红伟、周建芳：《资源价格改革下的利益再分配研究》，《四川大学学报》2011 年第 5 期。

　　[52] 张少农：《加强资源环境承载力研究，服务生态文明建设》，《中国国土资源经济》2013 年第 8 期。

　　[53] 张彦英：《生态文明建设与资源环境》，《中国国土资源经济》2011 年第 4 期。

　　[54] 张雷：《现代城镇化的资源环境基础》，《自然资源学报》2010 年第 4 期。

　　[55] 张伟：《资源环境约束与资源型经济发展》，《当代财经》2008 年第 10 期。

　　[56] 钟俊生、聂鑫：《服务型政府构建中的基本公共服务均等化的实现途径解析》，《东北大学学报（社会科学版）》2012 年第 5 期。

　　[57] 周宏、韩良峰：《城市交通：走绿色环保发展之路——荷兰城市自行车交通建设的经验和启示》，《经济问题探索》2011 年第 9 期。

　　[58] 朱杰：《抑制城市蔓延的可持续发展路径及对中国的启示》，《国际城市规划》2009 年第 6 期。

第三部分 数据分析

8

中国城市群
基本情况

8.1 2013年中国城市群基本情况

8.1.1 城市群范围

2011年12月，国务院印发《全国主体功能区规划》（以下简称规划），《规划》基于不同区域的资源环境承载能力、现有开发强度和未来发展潜力将我国国土空间分为优化开发区域、重点开发区域、限制开发区域和禁止开发区域。优化开发区域是经济比较发达、人口比较密集、开发强度较高、资源环境问题更加突出，从而应该优化进行工业化、城镇化开发的城市化地区。重点开发区域是有一定经济基础、资源环境承载能力较强、发展潜力较大、集聚人口和经济的条件较好，从而应该重点进行工业化、城镇化开发的城市化地区。限制开发区域包括农产品主产区和重点生态功能区。禁止开发区域是依法设立的各级各类自然文化资源保护区域，以及其他禁止进行工业化、城镇化开发、需要特殊保护的重点生态功能区。

《规划》将优化开发区域和重点开发区域落实到24个城市群，分别为京津冀、辽中南、山东半岛、长三角、珠三角、太原、呼包鄂榆、哈长、东陇海、江淮、海峡西岸、中原、武汉、长株潭、环鄱阳湖、北部湾、成渝、黔中、滇中、关中—天水、兰州—西宁、宁夏沿黄、天山北坡、藏中南等城市群。按照地理位置，优化开发区所含城市群分布在我国东部沿海地区，故又称东部城市群；重点开发区包括的城市群多分布于相对落后的中西部地区，故又称为中西部城市群。表8-1为各城市群的划分，各城市群包含的城市均依据已有规划文件得到。

表 8—1 中国主要城市群及其空间范围

序号	城市群名称	空 间 范 围
优化开发区域	京津冀城市群	包括两个直辖市北京、天津以及河北省的石家庄、秦皇岛、唐山、廊坊、保定、沧州、张家口、承德，共 10 个城市
	长三角城市群	包括一个直辖市上海以及江苏省的南京、无锡、常州、苏州、南通、扬州、镇江、泰州和浙江省的杭州、宁波、嘉兴、湖州、绍兴、舟山、台州，共 16 个城市
	珠三角城市群	包括广东省的深圳、广州、珠海、佛山、江门、肇庆、惠州、东莞、中山，共 9 个城市
	辽中南城市群	包括辽宁省的沈阳、大连、鞍山、抚顺、本溪、辽阳、丹东、营口、盘锦、铁岭，共 10 个城市
	山东半岛城市群	包括山东省的济南、青岛、烟台、淄博、威海、潍坊、东营、日照，共 8 个城市
重点开发区域	哈长城市群	包括黑龙江省哈尔滨、大庆、齐齐哈尔、牡丹江及吉林省的长春、吉林、松原、延边朝鲜族自治州，共 8 个市州
	东陇海城市群	包括江苏省的徐州、连云港和山东省的日照，共 3 个城市
	江淮城市群	包括安徽省的合肥、芜湖、马鞍山、铜陵、安庆、滁州、池州、六安、宣城，共 9 个城市
	海峡西岸城市群	包括福建省的福州、厦门、莆田、三明、泉州、漳州、南平、龙岩、宁德，共 9 个城市
	中原城市群	包括河南省的郑州、济源、开封、洛阳、平顶山、新乡、焦作、许昌、漯河，共 9 个城市
	武汉城市群	包括湖北省的武汉、黄石、鄂州、黄冈、孝感、咸宁、仙桃、天门、潜江，共 9 个城市
	环长株潭城市群	包括湖南省的长沙、株洲、湘潭、岳阳、衡阳、常德、益阳、娄底，共 8 个城市
	环鄱阳湖城市群	包括江西省的南昌、景德镇、鹰潭、九江、新余、抚州、宜春、上饶、吉安，共 9 个城市
	成渝城市群	包括一个直辖市重庆以及四川省的成都、德阳、绵阳、眉山、资阳、遂宁、乐山、雅安、自贡、泸州、内江、南充、宜宾、达州、广安，共 16 个城市
	关中—天水城市群	包括陕西省的西安、铜川、宝鸡、咸阳、商洛、渭南和甘肃省的天水，共 7 个城市
	太原城市群	包括山西省的太原、晋中、阳泉、吕梁、祈州，共 5 个城市
	北部湾城市群	包括广西省的南宁、北海、钦州、防城港，共 4 个城市

序号	城市群名称	空　间　范　围
	兰州—西宁城市群	包括甘肃省的兰州、白银、定西、临夏回族自治州和青海省的西宁，共5个市州
	滇中城市群	包括云南省的昆明、曲靖、玉溪和楚雄，共4个市州
	黔中城市群	包括贵州省的贵阳、遵义、安顺、毕节、黔东南州、黔南州，共6个市州
	呼包鄂榆城市群	包括内蒙古的呼和浩特、包头、鄂尔多斯和陕西省的榆林，共4个城市
	宁夏沿黄城市群	包括宁夏的银川、石嘴山、吴忠和中卫，共4个城市
	天山北坡城市群	包括新疆的乌鲁木齐、克拉玛依、石河子、昌吉回族自治州、伊犁哈萨克自治州、博尔塔拉蒙古自治州、塔城地区、吐鲁番地区、哈密地区，共9个市州地区
	藏中南城市群	包括西藏的拉萨、日喀则地区、那曲地区、山南地区、林芝地区，共5个市州地区

资料来源：《全国主体功能区规划》及各地方政府规划。

8.1.2　城市群在中国经济中的重要作用

随着经济发展，城市群逐渐成为区域竞争的主角。城市群集中了区域的优势资源，带动了区域整体发展。由于数据获得的原因，在计算2013年我国城市群合计指标时，排除了兰州—西宁城市群和藏中南城市群（东陇海城市群是由于重划入长三角城市群）。2013年我国其余21个城市群总面积占全国面积的28.90％，集中了63.8％的人口，创造了85.7％的GDP，城市群的经济密度（人均GDP、地均GDP）大于全国平均水平。其中第一产业增加值占全国的59.3％，第二产业增加值占96.7％，第三产业增加值占80.8％全国78.2％的固定资产投资在其余21个城市群地区，城市群的工业总产值占全国的79.3％，货物进出口总额占全国的94.2％此外，其余21个城市群地区吸引了88.2％的外商直接投资。

表 8－2　2013 年中国城市群在中国经济发展中的重要地位分析

	土地面积（万 km²）	常住人口（万人）	GDP（亿元）	第一产业增加值（亿元）	第二产业增加值（亿元）
24 个城市群合计	277.4	86746.3	504063.7	32811.1	248322.3
占全国比重（%）	28.9	63.8	85.7	59.3	96.7

	第三产业增加值（亿元）	全社会固定资产投资（亿元）	工业总产值（亿元）	货物进出口总额（亿美元）	外商直接投资实际使用额（亿美元）
24 个城市群合计	222930.4	327471.4	799939.6	39182.9	2402.2
占全国比重（%）	80.8	78.2	79.3	94.2	88.2

资料来源：《中国区域经济统计年鉴（2014）》和《中国统计年鉴（2014）》

8.1.3　城市群功能定位

《规划》依据各城市群的自然条件和经济基础，分别为各城市群进行了功能定位。可以看到，城市群的确定与功能定位与其位置和交通条件有关，东部城市群濒临太平洋，水陆空运输体系发达，《规划》要求东部城市群既要联系内陆，又要扩大对外交流；中西部城市群多分布在重要的交通枢纽附近，或者是与我国北、西、南周边国家相邻的地区根据资源的富集程度，太原城市群、呼包鄂榆城市群、哈长城市群、天山北坡城市群等被定位为全国重要的能源基地近些年来我国高新产业发展迅速，一些城市群坚持培育高新产业，形成了发展优势，《规划》将山东半岛、冀中南、哈长、江淮、中原、长江中游、成渝、关中—天水等城市群定位为全国高新技术产业基地。依托强大的人力优势与良好的科研基础，东部城市群均被定位为全国重要的科技创新与技术研发基地。

表 8－3　中国城市群的功能定位

城市群	功　能　定　位
京津冀城市群	"三北"地区的重要枢纽和出海通道，全国科技创新与技术研发基地，全国现代服务业、先进制造业、高新技术产业和战略性新兴产业基地，我国北方的经济中心

城市群	功 能 定 位
辽中南城市群	东北地区对外开放的重要门户和陆海交通走廊，全国先进装备制造业和新型原材料基地，重要的科技创新与技术研发基地，辐射带动东北地区发展的龙头
山东半岛城市群	黄河中下游地区对外开放的重要门户和陆海交通走廊，全国重要的先进制造业、高新技术产业基地，全国重要的蓝色经济区
长三角城市群	长江流域对外开放的门户，我国参与经济全球化的主体区域，有全球影响力的先进制造业基地和现代服务业基地，世界级大城市群，全国科技创新与技术研发基地，全国经济发展的重要引擎，辐射带动长江流域发展的龙头，我国人口集聚最多、创新能力最强、综合实力最强的三大区域之一
珠三角城市群	通过粤港澳的经济融合和经济一体化发展，共同构建有全球影响力的先进制造业基地和现代服务业基地，南方地区对外开放的门户，我国参与经济全球化的主体区域，全国科技创新与技术研发基地，全国经济发展的重要引擎，辐射带动华南、中南和西南地区发展的龙头，我国人口集聚最多、创新能力最强、综合实力最强的三大区域之一
冀中南城市群	重要的新能源、装备制造业和高新技术产业基地，区域性物流、旅游、商贸流通、科教文化和金融服务中心
太原城市群	资源型经济转型示范区，全国重要的能源、原材料、煤化工、装备制造业和文化旅游业基地
呼包鄂榆城市群	全国重要的能源、煤化工基地、农畜产品加工基地和稀土新材料产业基地，北方地区重要的冶金和装备制造业基地
哈长城市群	我国面向东北亚地区和俄罗斯对外开放的重要门户，全国重要的能源、装备制造基地，区域性的原材料、石化、生物、高新技术产业和农产品加工基地，带动东北地区发展的重要增长极
东陇海城市群	新亚欧大陆桥东方桥头堡，我国东部地区重要的经济增长极
江淮城市群	承接产业转移的示范区，全国重要的科研教育基地，能源原材料、先进制造业和科技创新基地，区域性的高新技术产业基地
海峡西岸城市群	两岸人民交流合作先行先试区域，服务周边地区发展新的对外开放综合通道，东部沿海地区先进制造业的重要基地，我国重要的自然和文化旅游中心
中原城市群	全国重要的高新技术产业、先进制造业和现代服务业基地，能源原材料基地、综合交通枢纽和物流中心，区域性的科技创新中心，中部地区人口和经济密集区
武汉城市群	全国资源节约型和环境友好型社会建设示范区，全国重要综合交通枢纽、科技教育以及汽车、钢铁基地，区域性的信息产业、新材料、科技创新基地和物流中心

续表

城市群	功 能 定 位
环长株潭城市群	全国资源节约型和环境友好型社会建设的示范区，全国重要的综合交通枢纽以及交通运输设备、工程机械、节能环保装备制造、文化旅游和商贸物流基地，区域性的有色金属和生物医药、新材料、新能源、电子信息等战略性新兴产业基地
环鄱阳湖城市群	全国大湖流域综合开发示范区，长江中下游水生态安全保障区，国际生态经济合作重要平台，区域性的优质农产品、生态旅游、光电、新能源、生物、航空和铜产业基地
北部湾城市群	我国面向东盟国家对外开放的重要门户，中国—东盟自由贸易区的前沿地带和桥头堡，区域性的物流基地、商贸基地、加工制造基地和信息交流中心
成渝城市群	全国统筹城乡发展的示范区，全国重要的高新技术产业、先进制造业和现代服务业基地，科技教育、商贸物流、金融中心和综合交通枢纽，西南地区科技创新基地，西部地区重要的人口和经济密集区
黔中城市群	全国重要的能源原材料基地、以航天航空为重点的装备制造基地、烟草工业基地、绿色食品基地和旅游目的地，区域性商贸物流中心
滇中城市群	我国连接东南亚、南亚国家的陆路交通枢纽，面向东南亚、南亚对外开放的重要门户，全国重要的烟草、旅游、文化、能源和商贸物流基地，以化工、冶金、生物为重点的区域性资源精深加工基地
藏中南城市群	全国重要的农林畜产品生产加工、藏药产业、旅游、文化和矿产资源基地，水电后备基地
关中—天水城市群	西部地区重要的经济中心，全国重要的先进制造业和高新技术产业基地，科技教育、商贸中心和综合交通枢纽，西北地区重要的科技创新基地，全国重要的历史文化基地
兰州—西宁城市群	全国重要的循环经济示范区，新能源和水电、盐化工、石化、有色金属和特色农产品加工产业基地，西北交通枢纽和商贸物流中心，区域性的新材料和生物医药产业基地
宁夏沿黄城市群	全国重要的能源化工、新材料基地，清真食品及穆斯林用品和特色农产品加工基地，区域性商贸物流中心
天山北坡城市群	我国面向中亚、西亚地区对外开放的陆路交通枢纽和重要门户，全国重要的能源基地，我国进口资源的国际大通道，西北地区重要的国际商贸中心、物流中心和对外合作加工基地，石油天然气化工、煤电、煤化工、机电工业及纺织工业基地

资料来源：《全国主体功能区规划》。

8.2 2013 年中国城市群比较分析

8.2.1 经济总量比较分析

选取地区生产总值、第一、第二和第三产业增加值、工业总产值、固定资产投资、社会消费品零售总额、地方财政一般预算收入、外商直接投资实际使用额作为经济总量的衡量指标。参见表 8－4。

表 8－4 2013 年中国城市群经济总量分析

城市群	地区生产总值（亿元）	第一产业增加值（亿元）	第二产业增加值（亿元）	第三产业增加值（亿元）	工业总产值（万亿）	固定资产投资（亿元）	社会消费品零售额（亿元）	地方财政收入（亿元）	外商直接投资实际使用额（亿美元）
京津冀	56473.92	2914.68	23398.38	30160.86	79233.7	33819.1	20700.3	7262.2	303.4
辽中南	26049.6	1748.2	13958.9	10342.5	45729.6	21813.1	9104.0	2838.7	255.5
山东半岛	34372.7	2081.2	17594.1	14697.4	78276.4	22037.7	13439.5	2844.3	114.3
长三角	120321.92	5176.88	57215.97	57929.07	226218.8	61777.2	44397.2	14298.4	692.5
珠三角	53060.5	1061	24051	27948.5	88297.3	16056.9	18933.0	4669.1	230.6
太原	5930.2	273.4	3135.6	2521.2	7358.9	4790.3	2547.7	648.1	17.4
呼包鄂榆	12932.9	468.9	6878.6	5585.4	11332.7	9054.8	3072.2	1097.9	39.1
哈长	21758.9	2167.6	11171.9	8419.4	24066.3	14435.5	25884.0	1262.9	50.9
江淮	13565.6	1286.5	7775.8	4503.3	24649.7	13237.2	3736.0	1410.3	76.9
海峡西岸	21795.6	1948.9	11347.2	8499.5	33853.4	15222.4	8443.3	1908.6	65.3
环鄱阳湖	11869.5	1216.4	6528.1	4125	20599.3	10189.5	3618.8	1238.2	61.9
中原	18961.4	1498.1	11163	6300.3	31678.1	21308.4	6920.0	1552.5	93.0
武汉	15630	1491.3	7767	6371.7	19727.1	11023.3	6132.4	2067.1	54.4
环长株潭	19656.7	1883.4	10559.6	7213.7	26134.9	13150.4	6139.1	1283.4	67.4
北部湾	4816.7	742.2	2097.6	1976.9	5956.4	4097.6	1968.1	384.0	12.3
成渝	36821.79	3873.54	19156.52	13791.73	45826.9	28137.0	13857.2	3898.2	206.4

续表

城市群	地区生产总值（亿元）	第一产业增加值（亿元）	第二产业增加值（亿元）	第三产业增加值（亿元）	工业总产值（万亿）	固定资产投资（亿元）	社会消费品零售额（亿元）	地方财政收入（亿元）	外商直接投资实际使用额（亿美元）
黔　中	6372.3	760.7	2635.6	2976	4501.9	6421.7	1566.0	586.5	5.3
滇　中	6734.2	708.4	3303.6	2722.2	6235.9	4346.0	2307.0	678.3	19.5
关中—天水	10926.9	1088.4	5595	4243.5	12300.1	11097.8	4239.2	795.4	34.3
天山北坡	3637.6	244.3	1692.4	1700.9	4447.4	3085.1	1379.7	232.8	0.6
宁夏沿黄	2374.8	177.1	1296.4	901.3	3514.8	2370.6	561.0	108.8	1.3

资料来源：《中国区域经济统计年鉴2014》。

（1）地区生产总值方面，长三角城市群占据绝对优势，地区生产总值超过12万亿元；京津冀、珠三角城市群列第二梯队，地区生产总值超过5万亿元；山东半岛城市群、成渝城市群紧随其后；辽中南城市群、海峡西岸城市群、哈长城市群地区生产总值在2万亿以上。环长株潭城市群、中原城市群、武汉城市群、江淮城市群、呼包鄂榆城市群、环鄱阳湖城市群、关中城市群地区生产总值在1万亿至2万亿之间；北部湾城市群、天山北坡城市群、宁夏沿黄城市群生产规模较小，地区生产总值不足5000亿元。

（2）第一产业方面，长三角城市群的第一产业增加值最高，达到5178亿元；成渝城市群3873亿元紧随其后；哈长城市群、山东半岛城市群都在2000亿以上；环长株潭城市群、海峡西岸城市群、辽中南城市群、中原城市群、武汉城市群、江淮城市群、环鄱阳湖城市群、关中—天水城市群、珠三角城市群也在1000亿元以上。第一产业增加值最低的城市群是宁夏沿黄城市群（177亿元），天山北坡城市群、太原城市群的第一产业增加值也不足300亿元。

（3）第二产业方面，长三角城市群第二产业增加值（57216亿元）远高于排在第二位的珠三角城市群（24051亿元）；京津冀城市群排在第三位，山东半岛城市群、成渝城市群和辽中南城市群、环长株潭城市群、海峡西岸城市群、辽中南城市群、中原城市群哈长城市群的第二产业增加值均在 1 万亿元以上。第二产业增加值排在最后五位的城市群是宁夏沿黄城市群、天山北坡城市群、北部湾城市群、黔中城市群、太原城市群。

（4）第三产业方面，长三角城市群亦是遥遥领先，第三产业增加值57929 亿元；是京津冀城市群 30161 亿元的几乎两倍；珠三角城市群的第三产业增加值也达到了 27949 亿元；山东半岛城市群、成渝城市群和辽中南城市群的第三产业增加值超过了 1 万亿元。第三产业增加值最低的五个城市群分别为宁夏沿黄城市群、天山北坡城市群、北部湾城市群、太原城市群、滇中城市群。

（5）工业总产值方面，长三角城市群工业总产值（226219 亿元）约为排在第二的珠三角城市群（88297 亿元）的 3 倍；京津冀城市群和山东半岛城市群的工业总产值均在 7 万亿元以上；辽中南城市群和成渝城市群的工业总产值均超过了 4 万亿元。工业总产值最低的五个城市群分别为宁夏沿黄城市群、天山北坡城市群、黔中城市群、北部湾城市群、滇中城市群。

（6）固定资产投资方面，长三角城市群最高（61777 亿元），其次为京津冀城市群（33819 亿元），再次为成渝城市群（28137 亿元）；辽中南城市群、山东半岛城市群和中原城市群也都超过 2 万亿元，固定资产投资最少的五个城市群分别是宁夏沿黄城市群、天山北坡城市群、北部湾城市群、滇中城市群和太原城市群。

（7）社会消费品零售额方面，长三角城市群最高，达到 44397 亿元；京津冀城市群和珠三角城市群分别为 25884 亿元和 20700 亿元；成渝城市群、山东半岛城市群和辽中南城市群都超过 1 万亿元。社会消费品零售额最低的五个城市群分别为宁夏沿黄城市群、天山北坡城市群、黔中城市群、滇中城市群和北部湾城市群。

（8）地方财政收入方面，长三角城市群最高（14298 亿元），京津冀城市群为 7262 亿元，排名其后的是珠三角城市群（4669 亿元）；成渝城市群、山东城市群、辽中南城市群和武汉城市群都超过 2000 亿元。宁夏沿黄城市群、天山北坡城市群、北部湾城市群的地方财政收入不足 400 亿元。

（9）外商直接投资实际使用额方面，长三角城市群达到 693 亿美元，京津冀城市群、辽中南城市群和珠三角城市群均超过 200 亿美元。外商直接投资实际使用额最低的五个城市群分别为天山北坡城市群、宁夏沿黄城市群、黔中城市群、北部湾城市群和太原城市群。

8.2.2 经济发展水平比较分析

在表8-2、表8-5中，我们选取了人均地区生产总值、地均地区生产总值和各产业比重来表示经济发展水平。从人均地区生产总值来分析，城市群的人均地区生产总值（58107.8元/人）高出全国平均水平（43213.8元/人）约三分之一，呼包鄂榆城市群因其资源丰富，人均地区生产总值超过11.6万元/人；珠三角9.3万元/人紧随其后；之后的辽中南、山东和辽中南城市群，人均生产总值超过7.5万元/人；接下来是京津冀城市群（63997元/人）、海峡西岸城市群（57752元/人）、哈长城市群（55840元/人）。江淮城市群、北部湾城市群、滇中城市群、成渝城市群、关中—天水城市群、太原城市群、环鄱阳湖城市群、天山北坡城市群、黔中城市群和呼包鄂榆城市群10个城市群的人均地区生产总值低于全国平均值。

表8-5 2013年中国城市群经济发展水平分析

城市群	人均地区生产总值（元/人）	地均地区生产总值（万元/km²）	第一产业比重（%）	第二产业比重（%）	第三产业比重（%）
京津冀	63997	3075	5.16	41.43	53.41
辽中南	77865	2691	6.71	53.59	39.70
山东半岛	77221	4595	6.05	51.19	42.76
长三角	75901	5642	4.30	47.55	48.15
珠三角	92839	9670	2.00	45.33	52.67
太原	37353	798	4.61	52.88	42.51
呼包鄂榆	115938	738	3.63	53.19	43.19
哈长	55840	970	9.96	51.34	38.69
江淮	40952	1503	9.48	57.32	33.20
海峡西岸	57752	1756	8.94	52.06	39.00
环鄱阳湖	34049	957	10.25	55.00	34.75

城市群	人均地区生产总值（元/人）	地均地区生产总值（万元/km²）	第一产业比重（%）	第二产业比重（%）	第三产业比重（%）
中　原	44948	3338	7.90	58.87	33.23
武　汉	50849	3061	9.54	49.69	40.77
环长株潭	48205	2029	9.58	53.72	36.70
北部湾	38527	1095	15.41	43.55	41.04
成　渝	37945	1537	10.52	52.02	37.46
黔　中	24301	850	11.94	41.36	46.70
滇　中	38226	1033	10.52	49.06	40.42
关中—天水	37564	1227	9.96	51.20	38.84
天山北坡	29378	585	6.72	46.53	46.76
宁夏沿黄	44824	489	7.46	54.59	37.95

资料来源：《中国区域经济统计年鉴（2014）》。

从地均地区生产总值来分析，排在第一的是珠三角城市群为 9670 万元/km²，排在第二的是长三角城市群为 5642 万元/km²，排在第三的是山东半岛城市群为 4595 万元/km²；中原城市群、京津冀城市群和武汉城市群都超过 3000 万元/km²。地均地区生产总值不及全国平均值（613 万元/km²）的城市群有宁夏沿黄城市群（489 万元/km²）和天山北坡城市群（585 万元/km²）。

产业结构能够较好的反应一个地区在经济发展中所处的阶段。在东部 5 个城市群中，第一产业比重均较低，京津冀城市群的第二产业比重倒数第二，第三产业比重则显著高于其他城市群，已表现出去工业化的趋势；珠三角城市群第三产业大幅超过第二产业。中原城市群、环鄱阳湖城市群和江淮城市群第二产业比重较高，都超过 55%，第三产业比重仅略微超过 33%；作为中国发展程度最高的地区，长三角城市群的第二产业比重为 47.55%，而第三产业比重为 48.15%，首次超越第二产业。中原城市群第二产业比重最高（58.87%），第三产业比重最低（33.23%），仍处于工业化阶段；北部湾城市群第一产业比重

最高 (15.41%), 第二产业比重倒数第三 (43.55%), 经济发展水平较低。

8.2.3 工业化进程比较分析

本报告选取了工业总产值和所有制指标来表示工业化进程 (参见表 8—6)。工业总产值最高的是长三角城市群为 22.6 万亿元, 其中内资企业占 62.9%、外资企业 24.9%、港澳台企业为 12.2%。珠三角城市群工业总产值排第二位超过 9 万亿元, 与长三角城市群相比, 珠三角城市群的内资企业比重低 16 个百分点、外资企业比重高出 4.3 个百分点、港澳台企业比重高出 11.7 个百分点。

内资企业比重最高的五个城市群为宁夏沿黄城市群、天山北坡城市群、黔中城市群、滇中城市群、呼包鄂榆城市群, 这些城市多位于西部地区。外资企业占比最高的五个城市群为珠三角城市群、长三角城市群、京津冀城市群、海峡西岸城市群和山东半岛城市群, 这些城市群多位于东部沿海地区。港澳台企业占比最高的五个城市群为珠三角城市群、海峡西岸城市群、长三角城市群、北部湾城市群和成渝城市群, 这些城市群与港澳台的距离相对其他城市群较接近。

表 8—6 2013 年中国城市群工业化进程分析

城市群	工业总产值（亿元）	所有制结构		
		内资企业比重（%）	港澳台商投资企业比重（%）	外商投资企业比重（%）
京津冀	792337320	72.6	7.0	20.5
辽中南	457295857	80.9	4.6	14.6
山东半岛	782764354	80.6	4.0	15.4
长三角	2262188103	62.9	12.2	24.9
珠三角	906973041	46.9	23.9	29.2
太 原	73588726	89.8	6.8	3.4
呼包鄂榆	113326566	92.1	1.3	6.7
哈 长	240980026	87.1	4.3	8.6
江 淮	246497063	84.7	6.1	9.3

续表

城市群	工业总产值（亿元）	所有制结构		
		内资企业比重（%）	港澳台商投资企业比重（%）	外商投资企业比重（%）
海峡西岸	338533617	59.2	22.3	18.5
环鄱阳湖	205993258	85.4	7.7	6.8
中　原	356781020	88.9	7.4	3.6
武　汉	197271053	78.4	6.3	15.3
环长株潭	261348939	91.7	3.6	4.7
北部湾	59564282	78.5	10.6	11.0
成　渝	458268702	80.9	8.1	11.0
黔　中	45019283	96.3	1.2	2.5
滇　中	62358614	94.8	2.1	3.2
关中—天水	131706536	90.2	1.4	8.4
天山北坡	44474118	96.7	0.8	2.5
宁夏沿黄	35148256	97.2	0.9	2.0

资料来源：《中国区域经济统计年鉴（2014）》。

在表8－7中，我们选取规模以上工业企业数、从业人员年均人数、资产总计、主营业务收入、利润总额、本年应交增值税来反应工业经济效益。可以看到，城市群的各个指标均由东部沿海向西递减，以长三角城市群为最高，珠三角城市群次之；京津冀城市群、山东半岛城市群、成渝城市群、辽中南城市群、海峡西岸城市群、中原城市群排在第三阶梯；西部城市群各指标值都较低，也说明发展潜力很大。其中京津冀城市群在多项指标中首次超越山东半岛城市群，值得关注。

表8－7　2013年中国城市群工业经济效益

城市群	工业企业数（个）	从业人员年均人数（万人）	资产总计（亿元）	主营业务收入（万元）	利润总额（万元）	本年应交增值税（万元）
京津冀	18908	1534	50015.8	9861931	23190179	54685856
辽中南	14605	570.4	28237.8	7474529	12658482	25090478
山东半岛	20165	726.6	41532.3	9988422	22111146	52736990

城市群	工业企业数（个）	从业人员年均人数（万人）	资产总计（亿元）	主营业务收入（万元）	利润总额（万元）	本年应交增值税（万元）
长三角	98071	3187.7	158521.5	27008155	67980647	142893189
珠三角	31678	1552.8	58503.6	8151289	26250306	60301403
太 原	2046	228.1	9936.9	893662	3171802	1480692
呼包鄂榆	2033	156.7	12658.2	2181213	6702290	17276423
哈 长	5410	457.4	18552.0	10639698	9462479	20452324
江 淮	10902	423.4	15208.2	2898639	7276547	16952627
海峡西岸	16115	644.6	20831.8	4000830	9918037	22249955
环鄱阳湖	6200	366.1	11152.2	2396921	7289255	14232081
中 原	10949	565.6	23135.1	3893420	10332593	27398915
武 汉	6620	400.1	13717.9	5515033	5443519	9087804
环长株潭	9958	424.1	13541.0	7497879	10171614	15863046
北部湾	1593	134.8	3283.7	1814666	1767342	3187366
成 渝	17103	1851.8	30859.0	7966800	17082429	29593005
黔 中	1890	186	4784.3	1772237	1560909	5826356
滇 中	1836	215.2	6352.6	5551594	2798833	3452153
关中—天水	3187	401.8	10858.6	4399189	4136609	7434305
天山北坡	892	136.4	4132.5	1778245	1062416	457498
宁夏沿黄	1013	61.6	4530.6	682411	1127366	1674707

资料来源：《中国城市统计年鉴（2014）》。

8.2.4 城镇化进程比较分析

选取全市人口、市辖区人口、城市化水平、城镇单位从业人员和人均固定资产投资来表示城镇化进程（表8-8）。不难看出，长三角城市群、成渝城市群、京津冀城市群容纳了最多的常住人口，三者相加共容纳了3.1亿人，中原城市群、环长株潭城市群、山东半岛城市群也各承载了4000万以上的常住人口。

从三次产业从业人员来看，作为我国发展程度最高的三个城市群，长三角城市群和珠三角城市群的第二产业从业人员和第三产业从业人员均排在前列。而京津冀城市群第一产业单位从业人员的比重仍较高。第一产业单位从业人员数最高的是成渝城市群、辽中南城市群和哈长城市群，分别为 42.18 万人、21.28 万人和 21.18 万人。

表 8－8 2013 年中国城市群城镇化进程比较

| 城市群 | 全市人口（万人） | 市辖区人口（万人） | 城镇单位从业人员（万人） | 单位从业人员数 | | | 人均固定资产投资（元/人） |
				第一产业	第二产业	第三产业	
京津冀	7540.5	3837	1542.4	8.5	542.56	982.81	38324.1
辽中南	3121.8	1580.1	561.8	21.28	287.12	261.94	65201.2
山东半岛	4077.3	1650.7	726.6	0.66	421.29	304.69	49509.6
长三角	13875.6	6259.9	3192.8	9.01	1936.39	1241.98	38970.0
珠三角	3142.2	2163.7	1552.8	1.3	1002.46	549.04	28094.6
太 原	1536	500	227.8	0.79	115.13	112.3	30173.1
呼包鄂榆	990.3	353.3	156.6	1.35	69.9	85.39	81172.4
哈 长	3558.6	1439.8	571.4	21.21	196.19	239.92	37045.8
江 淮	3628.6	974.2	333.1	5.93	193.93	223.49	39960.1
海峡西岸	3623.8	952.1	638.7	4.2	415.03	225.24	40334.9
环鄱阳湖	3697.2	776.9	311.5	5.05	198.9	162.14	29229.7
中 原	4468	1279.1	578.1	1.25	328.06	236.15	50511.9
武 汉	2772.3	879.2	448.7	3.42	214.79	181.75	35862.2
环长株潭	4224	1006	424.1	0.94	208.62	214.51	32249.5
北部湾	1383.3	544.9	134.8	3.62	52.99	78.09	32775.2
成 渝	10970	4026.9	987.6	42.18	809.57	999.83	28995.2
黔 中	2313.8	559.5	231.6	0.66	80.84	104.58	24489.8
滇 中	1403.4	389.8	234	0.9	104	110.38	24669.6
关中—天水	3009.7	1180.3	393	2.19	179.49	220	38151.2
天山北坡	1072.5	466.5	154	0.61	61.29	74.46	24915.8
宁夏沿黄	514.4	229.3	125.2	1.8	25.12	34.74	44745.7

资料来源：2014 年各省统计年鉴，国家统计局网站和各省、市统计局网站。

8.2.5 国际化进程比较分析

在表 8－9 中，我们选取了人均进出口总额、进出口总额及其占地区生产总值比重、外商直接投资实际使用额、人均外商直接投资实际使用额、外商直接投资合同项目数等指标来衡量城市群的国际化程度。

在进出口总额指标中，长三角城市群独占鳌头为 1.3 万亿美元；珠三角城市群进出口总额排第二，首次超过 1 万亿美元；京津冀城市群超过 6000 亿美元；而山东半岛城市群、海峡西岸城市群、成渝城市群和辽中南城市群均超过千亿美元。在进出口总额占地区生产总值比重指标中，珠三角城市群超过 120％，为 122.6％，相应的，其人均进出口总额达到 18327 美元/人。长三角城市群和京津冀城市群群超过 66％，受对外贸易减少的影响，较上年均有较大下降。

进出口总额占地区生产总值比重指标最低的是西北地区的呼包鄂榆城市群，仅为 2.3％。2013 年，外商直接投资实际使用额较高的均为东部城市群，以长三角城市群为最高，中西部城市群则非常低。人均外商直接投资实际使用额最高的为辽中南城市群（763.6 美元/人），其次为长三角城市群（436.9 美元/人）、珠三角城市群（403.5 美元/人）；呼包鄂榆城市群和京津冀城市群超过 300 美元/人。

从表 8-9 可以看出，国际化水平较高的地区主要分布于东部，尤其是东南沿海的城市群，西部个别地区如天山北坡城市群、呼包鄂榆城市群、成渝城市群等，因其具有独特的旅游资源、矿产资源或优越的投资条件，也加快了国际化进程。

表 8-9　2013 年中国城市群国际化进程比较

城市群	进出口总额（万美元）	人均进出口总额（美元/人）	外商直接投资实际使用额（万美元）	人均外商直接投资实际使用额（美元/人）	外商直接投资合同项目个数	进出口总额占地区生产总值（％）
京津冀	60315408	6835.0	3033810	343.8	2185	66.3
辽中南	10845547	3241.8	2554647	763.6	575	25.9
山东半岛	22529669	5061.5	1142766	256.7	1212	40.7
长三角	132797038	8377.0	6925268	436.9	9000	68.5
珠三角	104743090	18326.8	2306215	403.5	4884	122.6
太　原	1076689	678.2	173898	109.5	36	11.3

城市群	进出口总额 （万美元）	人均进出 口总额 （美元/人）	外商直接投 资实际使用 额（万美元）	人均外商直接 投资实际使用 额（美元/人）	外商直接 投资合同 项目个数	进出口总额 占地区生产 总值（％）
呼包鄂榆	488398	437.8	391465	350.9	40	2.3
哈　长	4547220	1167.0	509134	130.7	112	13.0
江　淮	3982104	1202.1	769462	232.3	250	18.2
海峡西岸	16888371	4474.9	653127	173.1	800	48.1
环鄱阳湖	3207354	920.1	618896	177.5	695	16.8
中　原	5295328	1255.3	929878	220.4	207	17.3
武　汉	2813805	915.4	544237	177.1	184	11.2
环长株潭	2002842	491.2	674293	165.4	433	6.3
北部湾	1495022	1195.8	122690	98.1	73	19.3
成　渝	13247308	1365.1	2063564	212.7	459	22.3
黔　中	775642	295.8	52524	20.0	41	7.6
滇　中	1826266	1036.6	194892	110.6	62	16.8
关中—天水	2016817	693.3	342711	117.8	499	11.5
天山北坡	613767	495.7	5787	4.7	20	10.5
宁夏沿黄	321787	607.4	13213	24.9	15	8.4

注：由于各城市群之间及内部外商直接投资实际使用额有重复，故对各城市群外商直接投资实际
　　使用额进行等比例缩减。

资料来源：《中国区域经济统计年鉴（2014）》。

8.2.6　居民生活水平比较分析

我们选取城镇居民可支配收入、农村居民人均纯收入、城镇居民和农村居民人均住房面积来衡量人民生活水平（参见表8—10）。

从城镇居民可支配收入来看，珠三角城市群、长三角城市群无疑排在第一梯队，而山东半岛城市群、海峡西岸城市群和呼包鄂榆城市群也晋升第一梯队，超过3万元/人；排在末位的是天山北坡城市群，城镇居民可支配收入仅为17742元/人。其余城市群人均可支配收入均超过2万元/人。

城镇居民可支配收入与农村居民收入差距很大，城市群的城乡居民收入差距小于全国水平。珠三角城市群、长三角城市群任然处于第一梯队，但紧随其后的却是辽中南城市群和环长株潭城市群，都是第一产业占比相对较大的城市群。

表 8－10　2013 年中国城市群居民生活水平比较

城市群	城镇居民人均可支配收入（元）	城镇人均住房面积（平方米）	农村居民人均纯收入（元）	农村人均住房面积（平方米）
京津冀	28587.8	29.0	12448.9	36.1
辽中南	26854.5	27.2	14299.1	29.7
山东半岛	32125.1	31.3	14102.4	38.3
长三角	35400.6	38.0	16813.1	57.5
珠三角	39106.8	33.3	18502.3	42.6
太原	22231.9	28.2	8277.7	29.1
呼包鄂榆	30651.9	33.1	10744.2	35.0
哈长	24440.3	31.6	10523.8	26.7
江淮	24954.8	31.8	9445.3	36.1
海峡西岸	30709.3	40.0	12209.5	50.9
环鄱阳湖	22639.4	39.3	9070.9	47.7
中原	23187.9	38.7	10531.2	44.8
武汉	22756.8	37.6	9893.2	45.8
环长株潭	24019.4	45.3	14252.7	57.2
北部湾	24325.8	38.4	7911.4	32.8
成渝	23992.2	32.9	9184.5	41.5
黔中	20555.0	36.7	6651.0	34.0
滇中	25586.7	39.3	7958.0	37.3
关中—天水	27128.8	34.0	8967.2	49.0
天山北坡	17742.8	28.2	5949.1	27.8
宁夏沿黄	21657.9	31.5	8026.8	32.1

注：恩格尔系数是食品支出总额占个人消费支出总额的比重。

资料来源：《中国区域经济统计年鉴（2012）》。

8.2.7　财政金融比较分析

表 8-11　2013 年中国城市群地区财政金融比较

城市群	金融机构人民币存款（亿元）	居民储蓄存款（亿元）	人均储蓄存款（元）	金融机构人民币贷款（亿元）	财政预算收入（亿元）	财政预算收入占地区生产总值（%）	财政预算支出（亿元）	教育支出（亿元）	科学技术支出（亿元）
京津冀	137552	48898	55412	75558	7262	13	7262	1694	357
辽中南	34012	16525	49393	24912	2839	11	2839	456	96
山东半岛	42802	18310	41135	31470	2844	8	2844	702	92
长三角	226925	83938	52949	168843	14298	12	14298	2776	702
珠三角	99152	39684	69435	62230	4669	9	4669	1047	258
太　原	15868	7220	45480	10025	648	11	648	225	18
呼包鄂榆	11519	4841	43395	10074	1098	8	1098	237	17
哈　长	23464	11320	29049	16568	1263	6	1263	378	30
江　淮	18743	8168	24658	14434	1410	10	1410	407	84
海峡西岸	28283	11879	31475	24678	1909	9	1909	517	51
环鄱阳湖	16168	7830	22461	10972	1238	10	1238	444	29
中　原	23579	11047	26186	16223	1552	8	1552	464	41
武　汉	20353	8541	27787	15568	2067	13	2067	294	44
环长株潭	20389	10226	25077	14708	1283	7	1283	412	38
北部湾	8267	3398	27180	7333	384	8	384	130	11
成　渝	65184	29959	30873	44504	3898	11	3898	1142	85
黔　中	9413	3794	14470	6361	586	9	586	258	15
滇　中	12621	4740	26904	10875	678	10	678	201	17
关中—天水	21060	9882	33973	13481	795	7	795	386	15
天山北坡	9364	3600	29071	7780	233	6	233	125	6
宁夏沿黄	3597	1743	32909	3748	109	5	109	70	6

资料来源：《中国区域经济统计年鉴（2014）》和《中国城市统计年鉴（2014）》。

　　表 8-11 提供了 2013 年我国城市群金融和财政的收支数据。人均储蓄存款能够表明该地区人民的富裕程度，珠三角城市群的人均储蓄额高达69434.9 元/人，列各城市群之首，其次京津冀城市群、长三角城市群均超

过 5 万元/人。人均储蓄在 4 万元以上的城市群还有太原城市群、呼包鄂榆城市群、山东半岛城市群。人均储蓄额最低的为黔中城市群，人均储蓄额低于 15000 元。

财政方面，2013 年财政预算收入最高的长三角城市群（14298 亿元），远远超过排名第二、第三的京津冀城市群和珠三角城市群。财政预算收入排名靠后的城市群为宁夏沿黄城市群、天山北坡城市群和北部湾城市群，都没有超过 500 亿元。且不难看出，总体而言，各城市群的教育支出要高于科学技术支出。其中教育支出排名靠前的有长三角城市群、京津冀城市群、成渝城市群和珠三角城市群，都超过 1000 亿元。而科学技术支出排名靠前的有珠三角城市群、长三角城市群和山东半岛城市群，都超过 200 亿元。

8.2.8　城市建设比较分析

我们采用人口密度、人均城市道路面积、城市建设用地占市区面积比重、人均生活用水、人均生活用电、万人公交车拥有量、建成区绿化覆盖率、城镇生活污水处理率、生活垃圾无害化处理率来表示城市建设水平。

海峡西岸城市群的人口密度（2553.8 人/km²）最高。其次，人口密度超过 1000 人/km² 的城市群还有长三角城市群、辽中南城市群、京津冀城市群、哈长城市群、中原城市群、环长株潭城市群、山东半岛城市群和珠三角城市群。

人均城市道路面积方面，人均道路面积最高的为武汉城市群（20.1m²/人），江淮城市群、环长株潭城市群、东陇海城市群、呼包鄂榆城市群、环鄱阳湖城市群、宁夏沿黄城市群、辽中南城市群、哈长城市群也较高，超过 15m²/人。人均道路面积较低的多为我国中南部的城市群，比如黔中城市群、成渝城市群等。城市建设用地面积占市区面积比重最高的为中原城市群（58.2%）和武汉城市群（55.2%），远高于京津冀城市群、长三角城市群、珠三角城市群等用地更为紧张的城市群，反映出该地区用地较为粗放。城市群的人均生活用水、人均用电普遍高于全国平均值，珠三角城市群和长三角城市群的人均生活用水和人均生活用电量均远远高于全国平均水平，既与本地区基础设施完善有关，也与气候和生活习惯有一定关系。

公交车拥有量最高的地区为天山北坡城市群（1128.1辆/万人），其次京津冀城市群（20.7辆/万人）和珠三角城市群（20.0辆/万人），尽管这三个城市群的公交系统配备较为完善，但是交通堵塞的情况依然很严重。城市绿化方面，长三角城市群、环鄱阳湖城市群、黔中城市群的建成区绿化覆盖率较高，都超过45％。较差的是宁夏沿黄城市群和天山北坡城市群，建成区绿化率都低于30％，这些城市群建设步伐较快，而忽视了环境质量的改善。城镇生活污水和生活垃圾无害化处理率反映城市群对环境的重视程度，做得较好的是山东半岛城市群、宁夏沿黄城市群和珠三角城市群，而太原城市群、北部湾城市群的城镇生活污水处理率和生活垃圾无害化处理率较低。

表 8－12　2013 年中国城市群基础设施比较

城市群	人口密度（人/km²）	人均城市道路面积（m²/人）	城市建设用地占市区面积（％）	人均生活用水（吨/人）	人均生活用电（千瓦时/人）	万人公交车拥有量（辆）	建成区绿化覆盖率（％）	城镇生活污水处理率（％）	生活垃圾无害化处理率（％）
京津冀	1436.3	16.0	27.2	14.6	336.6	28.1	44.6	90.7	83.8
辽中南	1511.4	14.4	8.1	14.2	334.5	20.7	42.8	92.2	97.5
山东半岛	1173.4	17.6	22.1	9.9	283.2	20.0	42.9	94.9	99.5
长三角	1911.6	15.1	6.0	19.6	454.6	15.3	50	81.6	95.8
珠三角	1011.3	9.0	17.7	53.2	788.3	13.0	43	92.8	90.8
太原	616.6	16.7	24.3	10.7	222.5	12.8	39		68.3
呼包鄂榆	834.2	13.6	5.6	8.5	337.3	12.5	38.6	82.2	94.6
哈长	1307.7	12.0	13.1	10.1	214.2	12.2	36.3	83.8	80.1
江淮	812.2	17.8	26.6	11.9	209	10.6	44.4	89.4	94.3
海峡西岸	2553.8	16.4	43.8	11.2	365.1	10.5	42.5	85.6	96.2
环鄱阳湖	666.2	20.1	55.2	8	165.9	10.1	47.1	88.2	93.3
中原	1179.4	14.6	14.0	7.6	230.8	9.9	36.1	92.4	86.4
武汉	1091.2	11.9	22.4	20.5	286.8	9.0	36.8	89.1	90.6
环长株潭	1112.7	15.0	16.0	15.3	238.2	8.5	37.5	87.4	99.2
北部湾	944.8	8.3	12.2	21.1	319.2	8.4	39.6	72.7	92.2

续表

城市群	人口密度（人/km²）	人均城市道路面积（m²/人）	城市建设用地占市区面积（%）	人均生活用水（吨/人）	人均生活用电（千瓦时/人）	万人公交车拥有量（辆）	建成区绿化覆盖率（%）	城镇生活污水处理率（%）	生活垃圾无害化处理率（%）
成 渝	244.4	8.3	20.2	12.8	232.9	7.7	40.1	86	93.3
黔 中	663.3	12.6	28.8	6.8	236	7.4	45	88.3	88.5
滇 中	697.9	10.9	23.7	8.8	172.1	7.0	38	88.5	97.3
关中—天水	852.0	7.7	24.4	12	297.4	6.0	38.7	88.2	87.3
天山北坡	638.3	6.6	58.2	801.4	112.5	4.8	28.5	74.7	68.5
宁夏沿黄	779.4	2.4	10.1	14.4	179.2	2.9	27.8	93.5	99.7

资料来源：《中国区域经济统计年鉴（2014）》和《中国城市统计年鉴（2014）》。

8.2.9 交通运输设施比较分析

交通运输设施是基础设施的重要方面，我们用铁路、公路、水运、民航等方式运送的客运量和货运量来反映城市群的交通设施情况。可以看到，珠三角城市群、成渝城市群和长三角城市群是我国客运量最大的区域，2013 年三地加总客运量都超过 30 亿人次。货运方面，公路运输仍然是主要运输方式，货运量最大的城市群为长三角城市群、成渝城市群、京津冀城市群、江淮城市群、山东半岛城市群。

表 8－13 2013 年中国城市群交通设施比较

城市群	客运总量（万人）	铁路旅客运量（万人）	公路客运量（万人）	水运客运量（万人）	民航客运量（万人）	货运总量（万吨）	铁路货物运量（万吨）	公路货运量（万吨）	水运货运量（万吨）	民航货运量（万人）
京津冀	171014	20250	142286	5	8473	261834	22030	226171	13487	146
辽中南	76808	10926	64489	478	915	164505	14621	136703	13172	9
山东半岛	170936	4230	162705	1756	2245	159851	16184	134804	8834	29
长三角	399223	35772	345606	6408	11437	475373	23155	263376	188619	223
珠三角	528049	16949	499591	1774	9735	217550	7393	154167	55887	102
太 原	17420	4144	12489	7	780	61357	23556	37795	2	4
呼包鄂榆	16515	2276	13245	0	994	130367	41490	88873	0	3

续表

城市群	客运总量（万人）	铁路旅客运量（万人）	公路客运量（万人）	水运客运量（万人）	民航客运量（万人）	货运总量（万吨）	铁路货物运量（万吨）	公路货运量（万吨）	水运货运量（万吨）	民航货运量（万人）
哈　长	45140	11464	32567	123	986	57899	11565	45390	936	8
江　淮	163613	4348	158770	163	332	211915	2590	180385	28938	2
海峡西岸	77068	4163	68120	1604	3181	88016	3178	62625	22168	45
环鄱阳湖	66445	6497	59427	189	332	110893	5584	98128	7179	2
中　原	104837	6724	97629	8	476	147886	8606	139003	273	4
武　汉	68343	14597	52628	123	995	73330	13670	44873	14777	10
环长株潭	140571	6463	133193	196	719	118566	9931	117967	18524	6
北部湾	16781	1159	14957	157	508	74982	7096	61097	6784	5
成　渝	440578	34747	398327	4149	3355	250072	8146	220568	21316	42
黔　中	103875	2242	100011	530	1092	45178	2749	41768	653	8
滇　中	28025	5136	19798	122	2969	48787	13464	35257	37	29
关中—天水	88218	3358	82239	15	2606	96623	1479	95056	70	18
天山北坡	22365	1614	19980	50	721	31564	3246	28291	22	5
宁夏沿黄	14188	419	13496	62	211	34122	1981	32096	44	1

资料来源：《中国城市统计年鉴（2014）》。

8.2.10　信息化水平比较分析

随着信息技术的飞速发展，世界变得越来越小，信息化水平成为决定国家、地区、企业竞争力的决定因素之一。表 8－14 中，我们选取邮政和电信业务收入、固定电话、移动电话和互联网宽带接入用户数表示信息化水平。

我们知道邮电业由邮政和电信两部分组成，城市群的电信业务较为发达而邮政业务比重较小，表明了城市群的通讯方式更为先进，信息化质量更高。

从邮政业务量来分析，长三角城市群和珠三角排名第一与第二，均超过 400 亿元，排名第三的京津冀地区也超过 100 亿元，这与该地区快递业的迅猛发展息息相关。电信业务排名与邮政业务相类似，长三角城市群、珠三角城市群和京津冀城市群位列前三，表明这些地区信息交流极其频繁。除此之外，长三角城市群的固定电话、移动电话和互联网宽带接入用户数最多。

表 8－14　2013 年中国城市群信息化水平比较

城市群	邮电业务收入（万元）	电信业务收入（万元）	固定电话 用户数（万户）	固定电话 人均	移动电话 用户数（万户）	移动电话 人均	互联网宽带接入 用户数（万户）	互联网宽带接入 人均
京津冀	1488816	11474112	2108.5	0.2	9466.1	1.1	1527	0.2
辽中南	466299	3589359	975.3	0.3	3668.1	3.1	579	0.2
山东半岛	326225	3947334	993.9	0.2	5743.4	4.0	1293	0.3
长三角	4871592	21450156	4922.4	0.3	19099.0	12.2	3557	0.2
珠三角	4004520	12661564	2183.4	0.4	11476.1	8.4	2252	0.4
太　原	138441	1418614	315.7	0.2	1738.7	2.9	295	0.2
呼包鄂榆	371978	1382124	203.6	0.2	1521.0	1.1	143	0.1
哈　长	805076	3039211	763.7	0.2	3568.5	2.0	512	0.1
江　淮	187046	2229435	630.1	0.2	2483.5	4.0	399	0.1
海峡西岸	841819	4567486	1004.3	0.3	4556.6	2.7	964	0.3
环鄱阳湖	296095	1947659	478.4	0.1	2402.2	2.2	404	0.1
中　原	308298	3276699	667.3	0.2	3929.4	2.7	640	0.2
武　汉	241191	2238790	545.4	0.2	2902.3	1.9	565	0.2
环长株潭	390904	3042723	600.5	0.1	3351.1	7.5	475	0.1
北部湾	91334	917515	179.6	0.1	1120.5	2.3	223	0.2
成　渝	849220	6694152	1672.4	0.2	8557.9	1.1	1261	0.1
黔　中	104404	1311567	1162.2	0.4	1779.6	1.2	398	0.2
滇　中	64654	1826278	216.0	0.1	1548.3	1.0	197	0.1
关中—天水	304148	2358169	570.8	0.2	3874.8	0.9	454	0.2
天山北坡	48732	947088	201.3	0.2	1137.3	1.5	127	0.1
宁夏沿黄	23726	596987	87.2	0.2	621.6	1.7	70	0.1

资料来源：《中国区域经济统计年鉴（2014）》。

8.2.11　科教文卫事业比较分析

科教文卫事业是基础的公共服务，最能够体现一个地区现代化程度和软实力，我们选取了人均地方财政科学支出、人均地方财政教育支出、小学师生比、中学师生比、百人公共图书馆藏书、百万人剧场、影剧院数、万人卫生机构人员数、万人卫生机构床位数来表示科教文卫事业的发展情况。参见表8—15。

表8—15　2013年中国城市群科教文卫事业比较

城市群	人均地方财政科学支出（元）	人均地方财政教育支出（元）	普通小学师生比（人/万人）	普通中学师生比（人/万人）	百人公共图书馆藏书（册）	百万人剧场、影剧院数（个）	万人卫生机构人员（人）	万人卫生机构床位数（个）
京津冀	404.7	1919.8	610.5	882.9	9.4	4.8	26.1	43.1
辽中南	286.2	1190.9	676.1	901.5	10.7	2.9	23.6	54.8
山东半岛	206.4	1174.8	648.9	848.8	7.6	4.0	28.1	50.5
长三角	442.9	1508.7	565.2	827.7	11.9	4.3	22.4	42.4
珠三角	450.6	1309.7	481.4	702.5	12.1	3.0	22.5	36.8
太　原	115.4	865.0	716.3	842.0	6.6	3.7	32.2	49.2
呼包鄂榆	148.5	1017.6	648.9	901.1	9.9	6.5	23.4	48.4
哈　长	78.0	925.5	746.4	924.7	6.1	4.0	20.2	47.3
江　淮	252.4	989.8	604.2	749.2	4.7	2.9	17.8	38.0
海峡西岸	135.6	829.7	523.7	846.8	7.0	3.0	17.6	39.5
环鄱阳湖	82.1	698.6	501.6	690.4	4.5	3.7	16.2	35.0
中　原	97.1	666.7	502.6	720.1	3.4	1.9	23.0	50.2
武　汉	143.1	855.7	521.0	897.0	5.8	5.5	28.7	45.4
环长株潭	92.3	814.1	524.0	793.5	4.7	1.8	23.5	44.4
北部湾	86.6	942.0	484.0	604.5	8.2	2.5	24.2	40.6
成　渝	88.1	1367.1	555.4	2726.2	2.7	1.4	19.6	50.2
黔　中	57.1	1070.6	498.7	560.1	2.9	1.0	11.5	34.9
滇　中	95.5	800.8	569.4	662.6	2.3	2.1	18.9	45.0
关中—天水	52.8	1003.9	670.0	793.7	4.2	3.8	19.2	43.7
天山北坡	51.0	948.0	673.5	834.8	3.4	3.1	18.7	41.1
宁夏沿黄	108.6	958.7	658.3	527.2	12.3	1.4		22.2

资料来源：《中国区域经济统计年鉴（2014）》和《中国城市统计年鉴（2014）》。

长三角、京津冀和珠三角三大城市群的人均地方财政科学支出、人均地方财政教育支出最高；人均地方财政科学支出较高的还有辽中南城市群、山东半岛城市群、江淮城市群和呼包鄂榆城市群，均超过200元/人；

人均地方财政教育支出较高的还有成渝城市群、辽中南城市群、山东半岛城市群、黔中城市群、关中—天水城市群、呼包鄂榆城市群，均超过 1000 元/人。师生比方面，普通小学师生比最高的是哈长城市群、太原城市群，而珠三角城市群、长三角城市群的普通小学师生比偏低，这种情况一方面源自个城市群对教育的重视程度不同，另外也与近年来人口大规模流动和新生代的增加有很大关系。

从科教文卫事业的比较中我们发现人均公共设施配置没有明显的东强西弱的表现，一方面是因为单纯从数据上看不到科教文卫配套设施的质量，另一方面大量的人口东南飞也稀释了东部地区的公共服务。

8.2.12 环境污染程度比较分析

在表 8—16 中，我们选取工业废水排放量、工业二氧化硫排放量、工业烟尘排放量、工业固体废物综合利用率等来表示环境污染情况。

可以看到，经济总量越大、工业比重越高的城市群排污量越多，长三角城市群的废水、废气排放量都是非常惊人的，京津冀、山东半岛、成渝、海峡西岸等城市群废气、废水排放量也十分巨大。从工业固体废物综合利用率来看，宁夏沿黄、环鄱阳湖、辽中南、黔中、呼包鄂榆、滇中城市群的工业固体废物综合利用率不足 85%，这提醒了我们在开发落后地区的同时一定要注重环境保护和污染治理；东部较为发达的京津冀、辽中南和珠三角城市群工业固体废物综合利用率也未能超过 90%。

在城镇生活污水处理率和生活垃圾无害化处理率方面，山东半岛城市群、宁夏沿黄城市群都排名前两位。但是长三角城市群和珠三角城市群这两个东部发达地区的城市群，却排名相对靠后。

表 8—16   2013 年中国城市群环境污染程度比较

城市群	工业废水排放量（万吨）	工业二氧化硫排放量（吨）	工业烟尘排放量（吨）	工业固体废物综合利用率（%）	城镇生活污水处理率（%）	生活垃圾无害化处理率（%）
京津冀	110608	1115335	944048	88.4	90.7	83.8
辽中南	72548	702406	464215	77.2	92.2	97.5
山东半岛	100738	706353	233903	94.5	94.9	99.5

城市群	工业废水排放量（万吨）	工业二氧化硫排放量（吨）	工业烟尘排放量（吨）	工业固体废物综合利用率（%）	城镇生活污水处理率（%）	生活垃圾无害化处理率（%）
长三角	454338	1667083	818372	95.4	81.6	95.8
珠三角	117530	425773	171567	84.6	92.8	90.8
太　原	13165	458882	3437856			68.3
呼包鄂榆	15893	706685	457529	51.7	82.2	94.6
哈　长	36999	299309	309025	94.0	83.8	80.1
江　淮	47717	266219	228417	90.5	89.4	94.3
海峡西岸	104566	341993	233458	93.7	85.6	96.2
环鄱阳湖	55139	401021	214315	79.4	88.2	93.3
中　原	69474	553702	263630	81.6	92.4	86.4
武　汉	30903	300193	138556	88.6	89.1	90.6
环长株潭	60687	439768	190032	90.0	87.4	99.2
北部湾	16055	81382	44172	97.9	72.7	92.2
成　渝	90594	1055540	354887	90.9	86.0	93.3
黔　中	13119	421871	77476	75.0	88.3	88.5
滇　中	13077	320758	94278	43.8	88.5	97.1
关中—天水	26132	339628	113381	85.2	88.2	87.3
天山北坡	8490	162275	109051	90.6	74.7	68.5
宁夏沿黄	13423	280786	176868	82.4	93.5	99.7

资料来源：《中国区域经济统计年鉴（2014）》和《中国城市统计年鉴（2014）》。

8.3　各城市群基本统计要素的省域比重分析

　　主体功能区规划的城市群覆盖了我国 22 个省、5 个自治区和 4 个直辖市。接下来介绍一下各城市群在人口、经济、城镇化和产业结构等方面对它所属的省、自治区或直辖市发挥的作用。

表 8-17 中，从土地面积来看，各城市群占所在省的比重从 14.2% 到 100% 不等，其中长三角城市群为上海市、江苏省和浙江省全部地区，而天山北坡城市群面积仅为所在省份的 5.8%。常住人口方面，西部城市群的人口占所在省的比重较土地面积比重大的多，人口集聚更为显著，特别是关中—天水城市群、成渝城市群；相反地，东部城市群如京津冀、山东半岛常住人口占所在省份比重反而低于土地面积比重。其原因在于西部地区土地广袤，而适宜居住的，基础设施较完善的地区则较为集中在经济发展方面，除太原城市群、呼包鄂榆城市群外，其它各城市群的地区生产总值占所在省的比重均高于人口和土地的比重。

表 8-17 2013 年各城市群土地面积、人口、地区生产
总值占所在省、自治区或直辖市的比重

城市群	土地面积（%）	常住人口（%）	地区生产总值（%）	人均地区生产总值		地均地区生产总值	
				绝对值（元）	与所在省相比	绝对值（万元/km²）	与所在省相比
京津冀	84.6	77.5	90.8	74894	1.17	3075	1.07
辽中南	65.7	73.6	87.5	83444	1.19	2691	1.33
山东半岛	47.0	42.5	61.9	84303	1.46	4595	1.32
长三角	100.0	100.0	100.0	86715	1.00	5642	1.00
珠三角	30.6	36.5	79.0	168864	2.16	9670	2.59
太 原	47.4	43.5	46.9	38608	1.08	798	0.99
呼包鄂榆	48.3	13.4	44.9	130596	3.34	738	0.93
哈 长	41.7	57.3	73.7	61145	1.29	970	1.77
江 淮	64.8	52.4	69.8	37385	1.33	1503	1.08
海峡西岸	100	100	100	60146	2.14	1756	1.26
环鄱阳湖	74.2	78.8	82.8	32104	1.05	957	1.12
中 原	35.3	41.7	59.2	42438	1.42	3338	1.68
武 汉	33.7	52.7	64.6	56379	1.23	3061	1.92
环长株潭	49.3	61.6	78.2	46536	1.27	2029	1.59
北部湾	18.4	26.0	33.7	34820	1.30	1095	1.83
成 渝	86.9	93.3	95.5	33566	1.02	1537	1.10
黔 中	72.9	83.1	97.2	27540	1.17	850	1.33
滇 中	33.0	49.0	81.4	47985	1.66	1033	2.46
关中—天水	43.2	78.2	67.6	36306	0.86	1227	1.57

续表

城市群	土地面积（%）	常住人口（%）	地区生产总值（%）	人均地区生产总值		地均地区生产总值	
				绝对值（元）	与所在省相比	绝对值（万元/km²）	与所在省相比
天山北坡	14.2	37.6	49.9	33917	1.32	585	3.50
宁夏沿黄	78.8	77.5	92.9	46166	1.20	489	1.18

资料来源：《中国区域经济统计年鉴（2014）》以及各省、直辖市、自治区 2014 年统计年鉴。

　　从产业结构方面来看（参见 8—2、表 8—18），我国城市群第二产业产值在全国所占比重（96.7%）明显高于地区生产总值所占比重（85.7%），城市群第三产业在全国的比重略高于地区生产总值的比重，而第一产业在全国的比重远低于地区生产总值的比重。城市群的第二产业占所在省份的比重与地区生产总值的比重相差不大，说明第二产业是经济的主要组成部分。大部分城市群的第三产业占所在省份的比重高于其 GDP 的比重。我国城市群工业总产值占全国的比重不仅高于地区生产总值的比重，而且大部分城市群工业总产值占所在省份的比重高于第三产业所占的比重，表明工业在城市群地区更加集聚。很明显地，我们能够从表 8—19 中看出城市群吸纳了更多的第二、第三产业，而相应降低了第一产业的比重，第二、第三产业能够产生集聚效益，而城市群则促成了集聚效应的发挥。

表 8—18　2013 年各城市群三次产业产值占
所在省、自治区或直辖市的比重

单位：%

城市群	地区生产总值占所在省份比重	第一产业占所在省份比重	第二产业占所在省份比重	第三产业占所在省份比重	工业总产值占所在省份比重
京津冀	90.78	77.65	88.70	94.03	89.36
辽中南	87.45	73.18	88.62	88.80	88.12
山东半岛	61.91	48.43	61.68	64.74	60.15
长三角	100.00	99.93	100.00	100.00	100.00
珠三角	79.04	33.84	78.60	83.70	80.45
太　原	46.87	35.36	45.33	50.79	44.95
呼包鄂榆	58.42	20.76	57.45	70.63	45.50

续表

城市群	地区生产总值占所在省份比重	第一产业占所在省份比重	第二产业占所在省份比重	第三产业占所在省份比重	工业总产值占所在省份比重
哈 长	73.68	51.61	77.72	76.82	70.65
江 淮	69.80	55.12	72.88	70.03	74.81
海峡西岸	100.00	100.13	100.22	99.71	100.00
环鄱阳湖	82.77	79.49	84.14	81.64	83.36
中 原	59.15	37.09	62.29	62.42	54.30
武 汉	64.64	53.82	62.44	71.03	53.59
环长株潭	78.22	67.94	81.24	77.06	81.08
北部湾	33.74	31.17	30.24	39.88	32.69
成 渝	95.50	95.38	94.86	96.42	94.96
黔 中	97.16	102.64	91.96	100.84	73.74
滇 中	81.37	62.98	83.31	85.43	83.77
关中—天水	49.36	48.19	46.73	53.66	49.38
天 山	73.70	52.60	78.20	78.00	78.20
宁夏沿黄	92.87	80.62	96.51	90.63	98.88

资料来源:《中国区域经济统计年鉴(2014)》。

8.4 城市群发育水平

前面三节简单描述了城市群的基本情况,本节用更加合理的综合指标来刻画城市群的发育水平,各指标的名称及计算方法见表8—20。

表8—19 城市群发育程度衡量指标

符号	指标名称	计 算 方 法
CFD1	城市群经济发展总体水平指数	该城市群人均GDP占所有城市群人均GDP比例与该城市群经济密度占所有城市群经济密度比例之积的平方根
CFD2	城市群交通运输条件指数	该城市群货运量占所有城市群货运量比例、客运量比例、人均客运量比例和人均货运量比例之积的四次方根

续表

符号	指标名称	计 算 方 法
CFD3	城市群邮电通讯指数	每 10 万人的邮电局拥有量、万人电话机拥有量、邮政业务总量、电信业务总量占所有城市群的比例之积的四次方根
CFD4	城市群内经济外向度指数	该城市群进出口贸易额占该城市群 GDP 的比例
CFD5	城市群内部建成区面积指数	该城市群建成区面积占城市群总面积的比例
CFD6	城市群内部商品流通量指数	该城市群人均批发零售贸易业商品销售额占所有城市群的比例与社会消费品总额所占比例之积的平方根
CFD7	城市群的产业熵指数	第一、第二、第三产业的区位熵之积的立方根

资料来源：方创琳、姚士谋等：《2010 中国城市群发展报告》，科学出版社 2011 年版。

（1）城市群经济发展总体水平指数。珠三角城市群和长三角城市群在经济发展总体水平上远远高出其他城市群，排在第二梯队的是山东半岛城市群，再次是辽中南城市群、京津冀城城市群、中原城市群和东陇海城市群，武汉城市群、呼包鄂榆城市群和海峡西岸城市群等排在下一梯队，排在末位的三个城市群是天山北坡城市群、黔中城市群、兰州—西宁城市群。

（2）城市群交通运输条件指数。排在第一梯队的是长三角城市群和珠三角城市群，排在第二梯队的是成渝城市群、京津冀城市群、山东半岛城市群和江淮城市群，排在第三梯队的有环长株潭城市群、辽中南城市群、中原城市群。本指数排在后五位的城市群为天山北坡城市群、宁夏沿黄城市群、太原城市群、滇中城市群、黔中城市群。

（3）城市群邮电通讯指数。长三角城市群和珠三角城市群在这一方面表现最佳，京津冀城市群和成渝城市群紧随其后，海峡西岸城市群、辽中南城市群和山东半岛城市群排在第三梯队。表现最差的是天山北坡城市群、宁夏沿黄城市群、北部湾城市群、兰州—西宁城市群。

（4）城市群内经济外向度指数。本指数反映了一个地区与外界的经济联系紧密程度，可以看到珠三角城市群最高，其次是长三角城市群、京津冀城市群，处于第二梯队的是海峡西岸城市群、山东半岛城市群、东陇海城市群，排在末几位的是呼包鄂榆城市群、黔中城市群、环长株潭城市群。

（5）城市群内部建成区面积指数。珠三角城市群的建成区面积指数最高，长三角城市群次之，山东半岛城市群、中原城市群和天山北坡城市群的建成区面积指数高于京津冀城市群和辽中南城市群，建成区扩展速度有些过快。

（6）城市群内部商品流通量指数。这个指标反映了城市群的商品供需规模。排在最前面的是长三角城市群、京津冀城市群和珠三角城市群，排在第二梯队的是辽中南城市群、山东半岛城市群、海峡西岸城市群、武汉城市群和成渝城市群。黔中城市群、宁夏沿黄城市群、环鄱阳湖城市群、天山北坡城市群、关中—天水城市群等本指数得分较低。

（7）城市群的产业熵指数。一般来说，三次产业比重差异越大，本指数得分也就越低。可以看到京津冀城市群、山东半岛城市群、长三角城市群、珠三角城市群以及太原城市群、呼包鄂榆城市群的产业熵指数低于1，这些城市群的第一产业比重非常低，第二、三产业比重较高。黔中城市群、北部湾城市群、天山北坡城市群本指数较高，表明第一产业的比重相对较高，三次产业分布较为均衡。

表 8—20　2013 年中国城市群发育水平比较分析

城市群	CFD1	CFD2	CFD3	CFD4	CFD5	CFD6	CFD7
京津冀	1.273	0.239	0.48	66.32	11.52	0.077	0.84
辽中南	1.313	0.197	0.17	25.85	12.21	0.052	0.90
山东半岛	1.709	0.254	0.18	40.70	8.93	0.068	0.88
长三角	1.878	0.363	1.11	68.54	7.90	0.121	0.80
珠三角	2.719	0.593	0.67	122.59	13.83	0.109	0.63
太　原	0.495	0.082	0.06	11.27	7.11	0.021	0.81
呼包鄂榆	0.839	0.145	0.07	2.35	4.10	0.031	0.76
哈　长	0.668	0.084	0.18	12.98	5.30	0.140	1.01
江　淮	0.712	0.303	0.10	18.23	7.15	0.020	0.98
海峡西岸	0.914	0.134	0.23	48.12	6.57	0.045	0.98
环鄱阳湖	0.518	0.138	0.10	16.78	7.43	0.019	1.01
中　原	1.111	0.183	0.14	17.34	25.34	0.033	0.93

城市群	CFD1	CFD2	CFD3	CFD4	CFD5	CFD6	CFD7
武　汉	1.132	0.132	0.11	11.18	11.59	0.037	1.00
环长株潭	0.897	0.195	0.14	6.33	9.55	0.030	0.99
北部湾	0.589	0.094	0.04	19.27	2.00	0.017	1.13
成　渝	0.693	0.311	0.33	22.34	4.82	0.043	1.02
黔　中	0.412	0.140	0.08	7.56	4.48	0.010	1.06
滇　中	0.570	0.097	0.05	16.84	6.96	0.020	1.03
关中—天水	0.616	0.165	0.13	11.46	4.00	0.025	1.01
天山北坡	0.376	0.080	0.04	10.48	3.81	0.014	0.91
宁夏沿黄	0.425	0.095	0.02	8.41	2.69	0.008	0.93

资料来源：《中国区域经济统计年鉴（2014）》和《中国城市统计年鉴（2014）》。

图 表 索 引

第四章

第六章

第八章